明治期の旧藩主家と社会

――華士族と地方の近代化――

内山一幸著

吉川弘文館

目次

序論……一
第一節　研究史の整理……一
第二節　課題と方法……七
第一部　旧藩主家における意思決定の仕組み
第一章　家令・家扶の役割と担い手……三
はじめに……三
第一節　御用人と家令・家扶……三
第二節　明治前期における家令・家扶……三
第三節　明治後期以降における家令・家扶……三
おわりに……完
第二章　明治期における旧藩主家と旧門閥家の関係……四
はじめに……四
第一節　明治初期における旧藩主家と旧門閥家……四八

第二節　明治十年代における意思決定の仕組みとその変容……五三
第三節　その後の旧門閥家……五六
おわりに……五九
第三章　旧藩主家における意思決定と家憲……六五
はじめに……六五
第一節　旧藩主家における家憲作成要因の再検討……六六
第二節　家憲作成以前における立花家の意思決定の仕組み……六八
第三節　家憲の成立と意思決定の主体の再編……七〇
おわりに……七七
第四章　大名華族の意識と行動……八四
はじめに……八四
第一節　立花寛治と農学……八五
第二節　農学に基づく「富国」の実践……九〇
第三節　農事試験場建設と三田育種場長補就任……九八
おわりに……一〇三

第二部　旧藩主家の財政と地域経済

第一章　旧藩主家の財政構造と家政改革……一一七
はじめに……一一七
第一節　立花家の財政構造……一一八
第二節　家政改革の展開……一三八
おわりに……一五三
第二章　明治十年代における旧藩主家と士族銀行……一六三
はじめに……一六三
第一節　立花家の資産と創業期の九十六銀行……一六四
第二節　立花家の為替制度とその機能……一七六
おわりに……一九〇
補節　士族授産会社興産義社の再検討……一九七
第三部　旧藩主家と立身出世の社会構造
第一章　旧藩主家と同郷会的組織……二〇七
はじめに……二〇七
第一節　上京遊学生にとっての旧藩主家……二〇九
第二節　東京における旧藩の先達の役割……二一三

第三節　柳川地方出身者による同郷会的組織……二一九
おわりに……二二七
第二章　私立尋常中学校の設立と存続問題……二三五
はじめに……二三五
第一節　柳川地方における私立尋常中学校設立運動の展開……二三七
第二節　会員制度と資金問題……二四一
第三節　会員制度と党派性……二四八
第四節　橘蔭学館のその後……二五三
おわりに……二五四
第三章　旧藩主家と育英事業……二六一
はじめに……二六一
第一節　酬義社の結成……二六三
第二節　橘蔭会の成立……二六五
第三節　旧藩主家にとっての育英事業の意味……二七三
おわりに……二七五
結　論……二八一

あとがき……二九一
人名索引

図表一覧

図1　立花寛治を中心とした親族・血族関係……九
図2　立花家の為替制度……一七八
図3　福岡県柳川地方の地図……二〇五

表1　大名華族住所……二
表2　旧藩領在住の大名華族一覧……三
表3　立花家家令・家扶一覧……二六〜二九
表4　旧門閥家一覧……四六・四七
表5　旧門閥家の窮状（明治十年代）……五五
表6　華族の家督相続発生件数……六七
表7　立花家「相談会」開催一覧……七三〜七四
表8　立花家家政会議議員名簿……七八・七九
表9　御有余金各年増減表……一三〇・一三一
表10　明治零年代柳川「御本方」収支一覧……一三三
表11　明治十年代柳川「御本方」収支一覧……一三四・一三五
表12　明治二十〜二十二年柳川「御本方」収支一覧……一三六
表13　柳川「御本方」収入内訳……一三七
表14　「御金御貸付御帳」……一三九
表15　「御家族様御金」……一三三
表16　御山開金受払（明治四〜九年）……一三四・一三五
表17　「御本方」予算（明治十八年一月）……一五四
表18　創業期の第九十六国立銀行の重役人事……一七四
表19　柳川邸「御本方」に見える為替金の内訳……一八二
表20　立花家時期別為替の史料件数……一八二
表21　立花家の為替を利用した上京遊学生……一八四〜一八六
表22　立花家の為替を利用した医者……一八七・一八八
表23　明治十年代における上京遊学生の保証人……二二五
表24　柳川親睦会開催状況……二三〇
表25　柳河学友会特別会員……二三三
表26　創立委員一覧……二四〇
表27　橘蔭学会収支一覧……二四二・二四三
表28　資金・寄付金地域別一覧……二四四
表29　会員・賛成員の実数……二四四
表30　地方寄留者による出金額……二四六

【凡例】

（1） 本稿で用いる史料のうち、「柳立」「藩政」「両掛箱」「洋館倉庫（1）」「洋館倉庫（2）」「北庫（2）」「北庫（4）」「北庫（5）」は、「旧柳河藩主立花家文書」（福岡県立九州歴史資料館分館柳川古文書館収蔵）の出納記号の一部である。また、特に断りのない限り、本書で用いる史料は同館収蔵のものである。

（2） 引用史料の表記については、新字体で統一した。また、助詞については「而」「者」「江」は原文通りに表記した。闕字、平出は原則として史料の表記通りとした。史料中の〔 〕は筆者の補足である。史料名の〔 〕は仮題である。引用史料の傍線は筆者の手による。なお、柳川の地名表記については、原則的に廃藩置県以前を「柳河」、それ以降を「柳川」とする。

序論

本書の基本的な問題関心は、大名が近代においてどのような歴史的役割を果たしたのかを解明することにある。一般に彼らは明治において（大名）華族となったことが知られる。華族について従来の研究は、大名華族の華族としての側面に注目していた。これに対して本書は大名華族の大名としての側面に注目する。そして大名華族がかつて統治した旧藩領とどのような関係にあったか、そしてその関係にどのような意味があったのかという課題を設定した。

右の課題を解明するために本書は次の方法を用いた。第一に、大名華族を単体として捉えるのではなく旧藩主家という組織体のなかに位置づけた。第二に、旧藩社会という枠組みを設定し旧藩領だけでなく東京も分析の対象に含めた。第三に、分析対象を旧柳河藩主立花家に限定することで、旧藩主家の複雑な家政機構や人事を分析し、旧藩主家と旧藩社会との関係を構造的に検討した。

以下、本書に関係する研究史を整理し、課題と方法の詳細について述べたい。

第一節　研究史の整理

旧藩主家を分析の対象とする筆者の研究は、これまでに積み重ねられてきた華族研究に対する批判から導き出された。よって、最初に華族を対象とした研究史の整理からはじめよう。

華族に対する従来の研究の評価は次の二点に集約できる。第一は、彼らは「皇室の藩屏」として華族制度の構成員となり、そのうちの一部は貴族院に議席を有したという政治史的意義である。華族制度の研究は宮内省職員であった酒巻芳男氏によって先鞭をつけられたが、(1)戦後の歴史学において、華族は「皇室の藩屏」の一語で片付けられ、天皇制の一支柱という評価に止まっていた。(2)そのため、華族は長らく実証的な研究の対象となることはなかった。

そうした中で自身も華族であった大久保利謙氏が実証的研究を積み重ねてきた。一九六六年に刊行された霞会館編『華族会館史』をはじめとして、大久保氏は霞会館による華族研究の中核を担い、一次史料の発掘とそれらの丹念な分析により華族制度の実像を描こうとした。そして明治維新以降、岩倉具視や伊藤博文らによって来るべき帝国議会開設へ向けた華族の政治的結集が行われ、まさに華族制が創出される過程を明らかにした。(3)

政治史における華族研究は、大久保氏の研究を下敷きとしながら一九八〇年代以降、新たな研究者によってさらなる発展を遂げた。坂本一登氏は華族社会における岩倉具視の役割や、伊藤博文の立憲構想と華族制の再編の意図を指摘した。(4)また、佐々木克氏は、明治憲法発布以前の段階において、立憲政治へ向けた華族たちの主体的な動きを明らかにした。(5)一九九〇年代に入ると、華族たちが議席を有した貴族院についても実証の精度が飛躍的に高まった。それまでの研究においては山県有朋とその配下によって一元的に支配された貴族院というイメージが強かったが、(6)小林和幸氏(7)や内藤一成氏(8)の研究により従来の一面的なイメージは修正された。また、近年は大久保氏の研究に対しても実証面においてより精緻なレベルでの批判も提起されている。(9)また、華族社会の特性と政治史を結びつけた論考も相次ぐ(10)など、華族制度や貴族院をめぐる研究は新たな段階に入りつつある。

当該分野における問題点を大名華族研究という角度から指摘するならば、政治的に重要な役割を果たした華族のみを分析対象としてきたといえる。そのため、右に該当しない華族はほとんど取り上げられることはなかった。また、華族の分類は説明されるが、元大名や元公卿という出自が近代においてどのような意味を有したのかという点についても問われることはなかった(11)。

従来の研究における華族の評価の第二は、資本家として明治期の日本の産業化を支えたという経済史的意義である。代表的な研究としては千田稔氏の華族資本研究が挙げられよう(12)。千田氏はまず華族の一般的な考察を行い、さらに熊本の細川侯爵家や土浦の土屋子爵家を事例として個別分析を深めた。そして、華族が株式投資や土地の購入などにより、いかにして資産を増殖させていったかを検討した。本書の問題関心からすれば、金禄公債の受給額に注目することにより、華族の資産状況の二極分化を指摘した点、そして家令・家扶や家政会など華族の家政機構にも踏み込んで分析を加えた点は注目される。

しかし、千田氏の議論には次の点で疑問が残る。同氏の分析は、華族を否定的なイメージでとらえることが前提となっており、彼らの財産規模の肥大化をその特権性（例えば世襲財産制度）に求めることにより華族が特別な階級であったことを論じる。つまり華族の財産規模の解明を進めれば進めるほど、華族の特殊性・特権性が強調され、その結果として華族の財産分析がそのまま華族批判へと展開される論理構造を有している。この点は、華族の株式への投資活動を分析した伊牟田敏充氏(13)や、世襲財産制度に注目した小田部雄次氏(14)、後藤靖氏(15)の分析にも同様のことが指摘できる。一九八〇年代までの経済史的なアプローチによる華族研究では、戦前期における華族の「特権階級」としての評価の確認行為がなされ続けてきたといえよう(16)。

大名華族を対象とする実証的な歴史研究は、一九八〇年代までは低調であったといわざるを得ない。ではなぜこのような研究状況が続いてきたのであろうか。

その理由としては二点考えられる。一つは研究の潮流の問題である。戦後の歴史学は社会経済史研究に比重が置かれていたが、一九六〇年代よりはそれに対抗する形で民衆史研究が盛んになる。日本近代史研究においては国家権力へ立ち向かう民衆運動の歴史へ注目が集まり、多くの研究成果が生み出された。その一方で、近世における支配者であり、近代においては特権階級であった華族を対象とする研究はその潮流に抗うものであった。したがって、元華族であった大久保利謙氏以外の研究者がこの分野へ参入するのは容易ではなかった。

もう一つは史料状況の問題である。大名華族個人の文書についていえば、早くから史料も公開され、人物によっては日記なども翻刻されている。そうした人物は政治家として著名であるという共通の特徴がある。裏を返せば大名華族が政治家として無名であれば史料調査の対象にならなかったことを意味しよう。

また、旧藩主家という組織の文書群についていえば、史料の整理と公開に問題があった。前者については、旧藩主家の文書群の明治期以降の分は、前近代に比して圧倒的に数量が多い。また、かつては旧藩主家に関する史料整理は日本中世・近世史の研究者によって担われてきた。さらに、明治期以降の旧藩主家が研究対象としてどの程度の意義を有するか明確な見通しが得られていなかったとすれば、これらの文書群の整理が滞ってきたのも無理からぬことである。旧藩主家に関する明治期以降の文書群は未整理状態が継続し、旧藩主家が研究対象とならないがゆえに、それらの文書群の整理は遅々として進まないという悪循環が長らく続いてきた。

一方、史料公開については、史料保存機関の性格によりさらに二つに分けられる。一つは、旧藩主家の史料を購入もしくは寄託された公共の保存機関のケースである。そのような場合、史料保存機関へ移管された段階でそれらの文書群は本来の分量からすれば大幅に少なくなっている。もう一つは、旧藩主家が設立した財団系の保存機関のケースである。これらの機関は大量の文書群を保有している。それらが研究に活用されたなら、旧藩主家に関する実証研究の水準は飛躍的に高まることが予見される。しかし、これらの機関の多くは、明治以降の旧藩主家を私的な領域と捉え、それらの文書群の利用や公開に慎重である。したがって、旧藩主家の文書群の残存状況はそれらを保有する機関が現存する旧藩主家に近いほど多くなるが、それに反比例して史料の整理や公開の度合いは下がるという、研究者にとっては二律背反の関係にあったといえよう。

一九八〇年代までの華族研究を概観したが、右の政治史と経済史からのアプローチは、総じて明治期に諸侯（大名）に対して新たに付与された華族という属性を特徴づける研究である。しかし、一九九〇年代より新たな華族研究の潮流が生じる。大名華族の元大名という側面にも着目し、彼らが明治期において旧藩領の社会秩序や人びとの思想・文化にどのような影響を及ぼしたのかが問われ始めた。

その先駆けとなったのが柳教烈氏の一連の論考であろう。[17]同氏は華族土着論に注目し、明治憲法体制との関連のなかで明治十年代から二十年代にかけて大名華族の旧藩領に対する影響力を政治的に利用できるかが政府内で議論されていたことを明らかにした。同氏の研究は、大名華族の旧藩領への影響力が同時代においてもリアリティのあるものと認識されていたことを示した。

また、後藤致人氏は明治期の旧藩主家で生じた御家騒動を分析することで、華士族の世代間における御家意識をめぐる葛藤を描き出した。[18]このほかに、真辺将之氏は旧佐倉藩主堀田家を事例に、旧藩主家と重臣との結合とその重臣たちと旧藩士たちとの意識の乖離を指摘した。[19]近年では『九州史学』一五九号（二〇一一年）で「大名華族と旧藩意識」[20]が、また、『地方教育史研究』三四号（二〇一三年）で「明治期、地域の学校・文化・産業と華族」[21]の特集が組まれた。

このように大名華族と旧藩との関係を問うことは一つの研究の潮流を成している。ここでは、これまでの研究に対する問題を二点指摘しておきたい。第一に、大名華族と旧藩の関係について具体的な部分の分析が欠如している点である。従来の研究は、士族たちの御家意識などの残存に注目するといった思想史的なアプローチが中心となっており、大名華族と旧藩の関係を実体的に捉えようとする意識は希薄である。そのため従来の政治史や経済史の成果と断絶を生み出すことにもなっている。

もっとも、大名華族と旧藩の関係を実体的に捉えようとしても、この点は容易ではない。というのも、大名華族自身は基本的には東京に在住しているためである。場合によっては海外に赴任ないし留学しており、当人が日本に長期不在の家もある。それにもかかわらず、彼らは旧藩主家の当主として何らかの影響力を旧藩に対して行使しているのである。このような難点も克服した上で両者の関係を問うためには、従来とは異なる角度からのアプローチが必要となろう。詳細は次節で述べるが、本書では組織体としての旧藩主家という視点を用いたい。

第二の問題点は「旧藩」が指し示す範囲である。論者によって用いられ方は異なるが、従来の研究では大名がかつて統治していた旧藩領内の社会ないし空間を「旧藩」として設定してきたと思われる。筆者は、大名華族（というよりも旧藩主家）の社会的な役割を議論する上では、旧藩領だけでなく東京も分析の対象にすべきであると考える。廃藩置県以降、大名華族自身は東京に在住することになるが、それに加えて一部の旧藩士やその子弟、さらには平民たちが旧藩領から上京する。そのため旧藩領だけでなく東京においても旧藩主と旧藩士（さらにはその子弟）という関係が生じるし、さらには旧藩士ではない者もこのコミュニティに入ってくる。本書では旧藩領と東京の双方に形成される旧藩関係者のコミュニティを旧藩社会と呼ぶ。そして旧藩主家とその旧藩社会がどのような関係にあり、その関係にいかなる意味があったのかを問うことにする。

第二節　課題と方法

以上の研究史上の問題点を踏まえ、本書では次の課題を設定することで、明治期における旧藩主家と旧藩社会との関係を具体的に解明する。

第一に、組織体としての旧藩主家という視点から、大名華族を単体で捉えるのではなく組織内に位置づけて、組織として旧藩主家がどのように活動したかを解明する。[22]前述したように、旧藩主家においては大名華族本人が国内にいないケースもあり得た。また、国内に在住していても、そもそも彼らが様々な案件に対して主体的に判断を下していたかどうかは検討する必要がある。実際にある程度の規模の旧藩主家になると、多数の家職を抱え、さらには旧藩領出身の有力者が家政に関して助言を行う。また、親族に相当する大名華族も場合によっては相談相手となった。それゆえに誰がどのような形で大名華族の意思決定に関与していたかを解明しなければなるまい。よって、本書では大名華族を単独で採り上げるのではなく、その周囲の人物たちも含めて組織体としての旧藩主家のなかに大名華族を位置づけて分析を行う。

もっとも、これらの検討を行うためには、旧藩主家の家政に関する基礎的な事実関係から説明する必要がある。ここで注目したいのは、明治政府が明治二年（一八六九）六月のいわゆる諸務変革令によって各藩主に対して人事と財政の分離を求めたという点である。この二点は旧藩主家の家政の成立を考える上でも重要な問題であるといえよう。よって本書では、①旧藩主家の意思決定の仕組みを解明すると同時に、②旧藩主家家政の制度と組織の検討、③旧藩主家の財政状況と構造の解明を行う。

第二に、旧藩主家が接することになる旧藩社会の内部構造を解明する。明治前期に国立銀行や士族授産会社の設立時などにおいて旧藩領の旧藩士たちが能動的な活動を示したことに異論はなかろう。本書では彼らによって構成される社会に加えて、東京に形成される旧藩社会も検討の対象とする。よって本書では、④旧藩領および東京で形成された旧藩社会がそれぞれどのような構造となっており、かつ両者がどう影響しあったのかも見据えながら検討する。⑤それぞれの旧藩社会と旧藩主家とを繋ぐ主体がいかなる人物でどのような役割を果したかを解明し、⑥旧藩主家とそれぞれの旧藩社会との関係が地方の近代化においていかなる歴史的な意義を有したかを明らかにする。

なお、右の課題の検討に際し、教育史、経済史、政治史のいずれかに特化するのではなく、これらの学問領域を横断する形で分析を進める。このような方法を用いることで、従来の研究では見過ごされてきた要素や既存の学問領域を跨がる部分にも注目したい。

以上の課題について本書では旧柳河藩主立花家（以下、立花家とは特に断らない限り同家を指す）を事例に検討する。同家は次のような歴史を有する。[23]

柳河藩主となる立花家は豊後大友氏の一門を称し、その中でも名門に位置づけられている。細かな問題はあるが、近世立花家の淵源は、元亀二年（一五七一）に戸次道雪が立花城に入った時点に求められる。道雪の跡を継いだ立花宗茂は豊臣秀吉により大名に取り立てられ、筑後柳河一三万石余を領した。関ヶ原の合戦では西軍に付いたため改易されて浪人となる。しかし、宗茂は徳川秀忠の御伽衆に列せられ陸奥棚倉に一万石を与えられて大名として復帰し、元和六年（一六二〇）に再び筑後柳河一〇万九六〇〇石を領した。それ以降、明治維新を迎えるまで立花家は同地を治める。明治四年の廃藩置県により最後の藩主鑑寛が妻子とともに東京下谷の屋敷に移住する。その鑑寛は明治七年末に家督を息子の寛治に譲り、同十一年に柳川邸に転居する。家督を継いだ寛治も同二十二年に柳川に貫属を換える。したがって明治中期以降より立花家では柳川を中心とした家政が展開する。また、明治十七年には華族令により立花寛治は伯爵となる。なお、寛治を中心とした系図は図1の通りである。

　このような歴史を有する立花家を個別事例として分析する意義は二点ある。第一は、議論の普遍化を行う上で、適切な事例と考えられる点である。その理由を同家の一般性と特殊性の二つの角度から説明しよう。

　一般性についていえば、立花家の当主である鑑寛や寛治は幕末や明治以降の政治史において目立った活躍をしてい

図1　立花寛治を中心とした親族・血縁関係

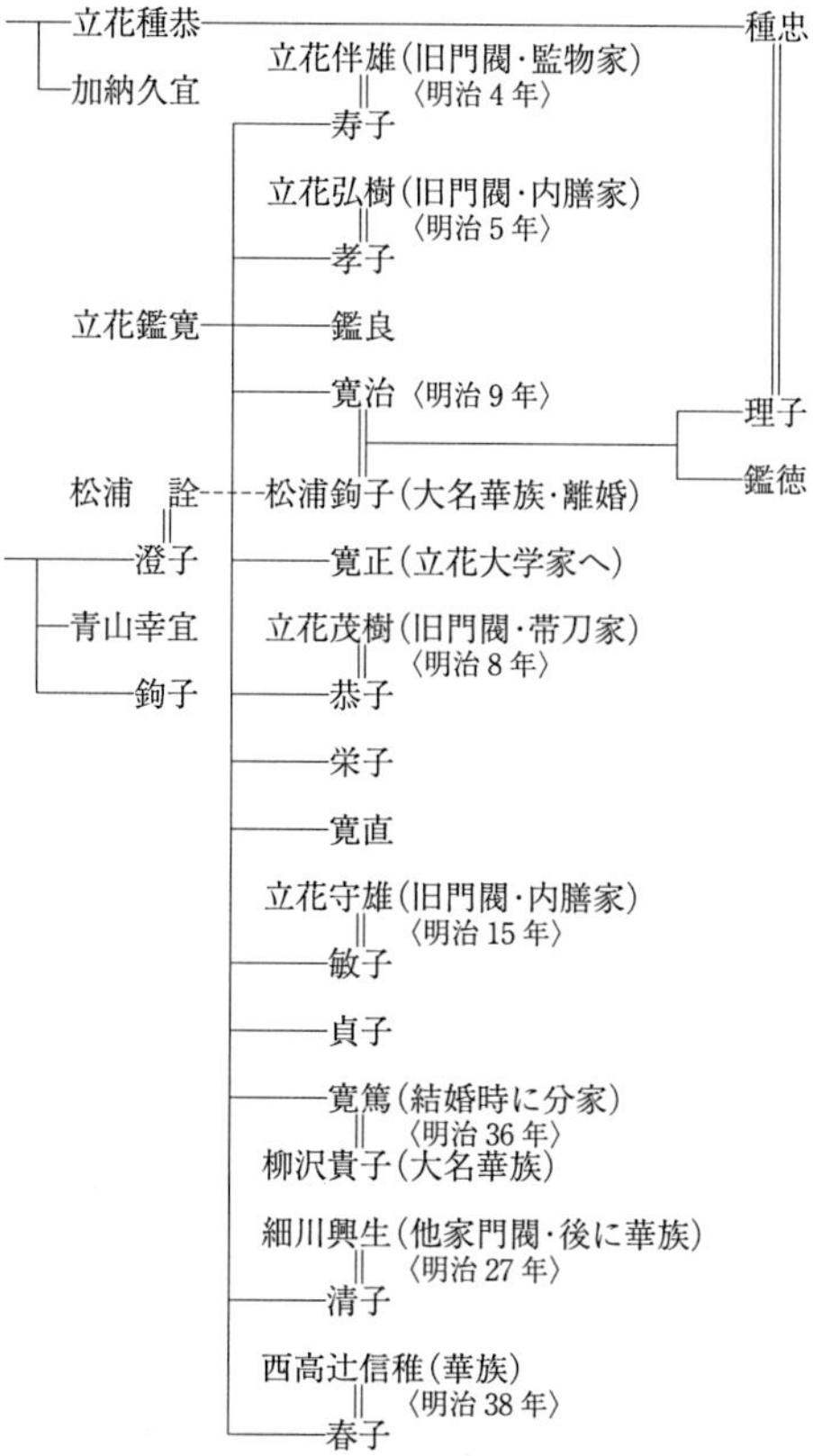

備考　〈　〉内は結婚した年を指す．寛治は明治17年に再婚，同31年に再々婚をする．

ない点を挙げられる。明治六年前後に島津久光の擁立をめぐって麝香間祗候の華族たちが政治的に結集した際に、鑑寛も加わっていたことが近年、明らかとなった。[24] また、寛治は明治二十三年に貴族院伯爵議員に当選しており、二期一四年にわたりその職にあった。しかし、彼ら二人が政治史で言及されることはほとんどない。筆者はその点に同家を分析する意義を見出している。従来の研究では、政治史の表舞台に立つ大名華族に分析が偏っていた。しかし、前述したように大名華族の多くはそのような人物ではなく、家の意思決定において主導的な役割を果たしたわけではない。本書で扱う立花寛治もそうした多数派と呼びうる存在であるため、議論の一般化が計りやすいといえよう。

また、立花家は大名華族のなかでは中規模な家に相当する。千田氏が指摘するように、大名華族が資産家として成功するか否かは、基本的には明治初期の金禄公債の受給高に基因している。[25] つまり、近世における石高の違いが、そのまま近代における旧藩主家の財力に反映された。本書で扱う立花家は伯爵クラスであるため、一定規模の旧藩主家のモデルケースと見なし得ると考える。

特殊性については、立花家の当主たちは最終的には東京ではなく旧藩領である柳川に移住する点である。当時、どのくらいの大名華族が旧藩領に移住したかを確認しておこう。表1・2は明治三十三年に発行された『新編華族名鑑』（秀英舎編輯所）に基づいて作成したものである。同書には全華族の当主の姓名とその住所および電話番号が記載されており、編者が宮内省に確認した上で作成したものと銘打たれている。ここで注目したいデータは住所である。住所をどこに設定していたかは、彼ら自身の帰属意識を探る指標となろう。

表1の「旧藩領」は出身地のみの住所を記載した華族、「旧藩領＋」は出身地とほかにもう一ヵ所の住所（多くは東京）を記載した華族、「その他」は出身地以外の住所を記載した華族である。ここで指摘できることは大名華族の「旧藩領」在住者の割合が少ないことである。他方、大名華族以外で「地元」の住所を記載するケースは、奈良・京

都出身の公卿華族であり、「その他」の住所を記載するケースは職務の都合上、地方に在住せざるを得ない知事や軍人といった官僚である。表2は「旧藩領」および「旧藩領+」の項目に該当する大名華族の一覧である。子爵については、資産が小規模なため東京の物価に耐えられず、やむなく旧藩領に在住する事例(26)も存在する。そこで子爵を省き伯爵以上でこの表を区切った場合、注目すべきことは「旧藩領」在住者は五名に過ぎないことである。そしてその一つが立花家に該当する。

このような特殊性を有する家を分析することは、次の二点において意味がある。一つは、旧藩領における旧藩主家の動向や彼らが果たした役割がクリアに映し出される点である。当主が旧藩領に戻っており、旧藩領の邸が家政の中心となることは、同地域内との接触について記した史料の情報量が多くなると推測される。したがってそのような家に伝来する文書群には旧藩領との接触の様相が多様に盛り込まれており、ひいては旧藩主家と旧藩社会との関係を具体的に捉えられると考える。

もっとも、当然ながら東京側の情報が希薄になるという問題も生じる。この点は立花家東京邸から柳川邸への役状、東京邸に詰めた者の日記、あるいは東京邸へ出入りしていた者の書翰などで補うことにする。

もう一つは旧藩主家の分析を通じて中央と地方の問題を逆説的に提示できる点である。他の多くの大名華族は廃藩置県以降、基本的には東京に居住し続ける。したがって立花寛治のように明治中期以降、旧藩領に在住する大名華族は少数派ということになる。

表1　大名華族住所

爵位	旧藩領	旧藩領+	その他	総数
公爵	0 0%	1 33%	2 67%	3 100%
侯爵	2 13%	2 13%	11 73%	15 100%
伯爵	3 9%	6 19%	23 72%	32 100%
子爵	18 8%	25 11%	177 80%	220 100%
総数	23 9%	34 13%	213 79%	270 100%

備考1　上段が実数，下段が同爵位中の比率．
　　2　四捨五入のため比率の合計は必ずしも100%にならない．

表 2　旧藩領在住の大名華族一覧

爵位	名前	旧藩領	元石高	旧領
公爵	毛利元昭	周防山口	369,000 石	
侯爵	徳川義禮	尾張名古屋	619,500 石	○
	松平康荘	越前福井	320,000 石	○
	山内豊景	土佐高知	242,000 石	
	細川護成	肥後熊本	540,000 石	
伯爵	上杉茂憲	出羽米沢	140,000 石	
	酒井忠篤	出羽庄内	120,000 石	○
	堀田正倫	下総佐倉	110,000 石	○
	井伊直憲	近江彦根	200,000 石	
	立花寛治	筑後柳河	119,600 石	○
	松浦　詮	肥前平戸	61,700 石	
	宗　重正	対馬厳原	100,000 石	
	島津忠亮	日向佐土原	27,000 石	
子爵	津軽承叙	陸奥黒石	10,000 石	
	松平信安	羽前上ノ山	27,000 石	
	内藤政潔	陸奥湯長谷	14,000 石	○
	安藤信守	陸奥磐城平	30,000 石	
	松平頼平	常陸松川	20,000 石	
	井上正巳	常陸下妻	10,000 石	○
	牧野貞寧	常陸笠間	80,000 石	
	石川成秀	常陸下館	20,000 石	○
	新庄直陳	常陸麻生	10,000 石	○
	酒井忠一	上野伊勢崎	20,000 石	
	大久保忠順	下野烏山	30,000 石	
	戸田忠友	下野宇都宮	70,850 石	
	加納久宜	上総一宮	13,000 石	
	阿部正敏	上総佐貫	16,000 石	○
	内田正學	下総小見川	10,000 石	○
	久松勝慈	下総多古	12,000 石	○
	米倉昌言	武蔵六浦	12,000 石	
	三宅康寧	三河田原	12,000 石	○
	間部詮信	越前鯖江	40,000 石	○
	小笠原勁一	越前勝山	22,777 石	○
	遠山友悌	美濃苗木	10,021 石	○
	分部光謙	近江大溝	20,000 石	○
	植村家壺	大和高取	25,000 石	
	九鬼隆治	丹波綾部	19,500 石	○
	松平信正	丹波亀岡	50,000 石	○
	建部秀隆	播磨林田	10,000 石	
	森　忠恕	播磨赤穂	20,000 石	
	本多貞吉	播磨山崎	10,000 石	
子爵	三浦基次	美作真島	23,000 石	○
	蒔田廣孝	備中浅尾	10,000 石	○
	毛利元敏	長門豊浦	50,000 石	○
	吉川経健	周防岩国	60,000 石	○
	毛利元功	周防徳山	40,010 石	○
	毛利元忠	長門清末	10,000 石	○
	鍋島直彬	肥前鹿島	20,000 石	○
	松平忠和	肥前島原	70,000 石	
	細川行真	肥後宇土	30,000 石	○
	毛利高範	豊後佐伯	20,000 石	○
	木下俊哲	豊後日出	25,000 石	○
	稲葉順通	豊後臼杵	50,060 石	
	内藤政擧	日向延岡	70,000 石	○
	秋月種英	日向高鍋	27,000 石	
	伊東祐弘	日向飫肥	51,080 石	

備考 1　出典は『新編華族名鑑』(明治 33 年) による.
2　「旧領」の欄の○は旧藩領のみを, 空欄は 2 ヵ所を記載した者.
3　伯爵の宗重正は 10 万石格.

しかし、そのことが逆に大名華族が東京に居住していることの意味や、東京に形成された旧藩社会が大名華族にとってどのような意味を有していたかを明らかにできるはずである。

立花家が事例として適切である第二の理由は、同家に伝来した史料群の存在である。福岡県立九州歴史資料館分館柳川古文書館所蔵の「旧柳河藩主立花家文書」は数次にわたり旧藩主家から同館へ移管された。総点数は三万七〇〇〇点余に及び、明治以降の分も含めてそのほとんどがすでに整理・公開されている。(27)したがって、同史料群を用いることでこれまでの史料上の問題点を克服できよう。

同史料群の利用にあたり、本書の分析と関係する部分で必要な情報を記しておきたい。一定規模の旧藩主家は旧藩領と東京の二ヵ所に邸を有することになる。立花家の場合も両方に邸を有していたが、今日に伝わる「旧柳河藩主立花家文書」は旧藩領である柳川邸に伝来した史料群が中心である。本書では柳川邸の家政機関が作成した財政の帳簿、日記、御用状・役状を主として分析する。財政の帳簿については第二部第一章で説明するとして、ここではそれ以外の史料について説明しておく。

日記については、作成主体により、家令・家扶、勘定掛家従、奥掛家従、女中、御隠亭家従に分けられる。本書で用いる日記の多くは家政運営の中心となる家令・家扶（第一部第一章で詳述）の日記である。同日記は彼らによって記される業務日誌であり、一部欠落はあるものの、明治十一年から昭和十二年（一九三七）まで一年に一冊ずつ書き記されたものが現存する。内容としては、家令・家扶が担当した業務内容やそれにともなう文書の写や同邸への来訪者などが記される。なお、東京邸については家扶が作成した日記が若干数伝わるが、劣悪な状態であるため利用は困難である。

御用状・役状は東京邸と柳川邸にそれぞれ詰める家令・家扶との間で取り交わされていた書翰である。御用状は継紙で明治零年代のものである。立花家では同時期に受信したものをこよりで一括の束にし、箱に入れて保管していた。また、明治十二年以降は罫紙が用いられるようになる。これらの罫紙は「役状」と呼称される。それらは纏めて帳簿に合綴され保管された。(28) 東京邸と柳川邸の間で共有されるべき情報はこの御用状・役状に記される。さらに立花家では明治五年より「朱答」（朱書で来翰に返信を認めて送り返していた）という書式を用いたため、一通の御用状・役状に記される情報は濃密である。日記とともにこれらの書翰群が立花家の意思決定過程を探る上で重要な史料となる。

なお、本書は序論と結論を除き、以下の三部から構成される。

第一部　旧藩主家における意思決定の仕組み

第二部　旧藩主家の財政と地域経済

第三部　旧藩主家と立身出世の社会構造

各部の概略についてはそれぞれの冒頭に記したので一読を願いたい。

註

（1）『在りし日の華族制度』（非売品、一九五四年）。『華族制度の研究』と題して霞会館より一九八七年に復刻。酒巻については梶田明宏「酒巻芳男と大正昭和期の宮内省」（『年報・近代日本研究・二〇　宮中・皇室と政治』山川出版社、一九九八年）に詳しい。

（2）岩井忠熊「成立期近代天皇制と身分制―華士族制度を中心として―」（『日本史研究』二一一、一九八〇年）、鈴木正幸

「華族制をめぐる若干の問題」（同）。

（3）代表的な成果としては「華族会館の成立―天皇政治支配体制成立期の問題として―」（『駒沢大学史学論集』四・五合併号、一九七五年）、「木戸孝允と華族」（『日本歴史』三二九、一九七五年）などがある。それらの論考は『大久保利謙歴史著作集三　華族制の創出』（吉川弘文館、一九九三年）として一書に纏められている。

（4）坂本一登「華族の立憲制への対応と岩倉―明治一一年華族会館改革運動を中心に―」（『日本歴史』四二三、一九八三年）、同「華族制度をめぐる伊藤博文と岩倉具視」（『東京都立大学法学会雑誌』二六―一、一九八五年）。

（5）佐々木克「華族令の制定と華族の動向―旧華族間の対立をめぐって―」（『人文学報』六二、一九八七年）、同「初期議会の貴族院と華族」（同六七、一九九〇年）。

（6）高橋秀直「山県閥貴族院支配の展開と崩壊―一九一一～一九一九―」（『日本史研究』二六九、一九八五年）、同「山県閥貴族院支配の構造」（『史学雑誌』九四―二、一九八五年）。

（7）小林和幸「山県内閣『宗教法案』と貴族院内諸会派」（『日本歴史』四七三、一九八七年）、同「貴族院の制度化―自立と自制―」（前掲『宮中・皇室と政治』）。いずれも後に『明治立憲政治と貴族院』（吉川弘文館、二〇〇二年）に所収。

（8）内藤一成「貴族院における山県系の結集と貴族院糾合運動―幸倶楽部結成とその周辺―」（『ヒストリア』一六〇、一九九八年）、同「山県閥・官僚系・幸倶楽部」（大濱徹也編『国民国家の構図』雄山閣出版、一九九九年）、同「貴族院における華族の『本分』の追求と実践―研究会『是々非々主義』の形成と展開―」（『書陵部紀要』五一、一九九九年）など。いずれも後に『貴族院と立憲政治』（思文閣出版、二〇〇五年）に所収。

（9）久保正明氏により明治零年代から十年代にかけて華族の政治的動向の再検討が進められた。「華族の論理と行動についての一考察（Ⅰ）（Ⅱ）―『部長局―宗族制』形成過程の検討を通じて―」（『政治経済史学』五一五・五一六、二〇〇九年）、「明治十四年政変後の華族の立憲制への対応―華族制度形成に関する一考察―」（『九州史学』一五七、二〇一〇年）、「華族会館創設過程における華族結集の論理」（『年報近現代史研究』三、二〇一一年）、「華族制度の創出と華族」（『政治経済史学』五四二、二〇一一年）、「華族令制定後の伊藤博文と華族―いわゆる『九条建議』問題の検討を通じて―」（『日本歴史』七八三、二〇一三年）、「明治六年政変後の島津久光派」（『日本史研究』六一一、二〇一三年）。

また、刑部芳則『明治国家の服制と華族』（吉川弘文館、二〇一二年）は、服制の再構築という観点から華族社会の動向を描く。

(10) 内藤一成「有爵議員互選選挙をめぐる貴族院の会派と華族―大正期の「研究会」を中心に―」（『九州史学』一一六、一九九六年）、同『貴族院』（同成社、二〇〇八年）。

(11) 公卿華族については、刑部芳則氏によって近年、研究が深められつつある（『京都に残った公家たち―華族の近代―』吉川弘文館、二〇一四年）。また、尚友倶楽部・華族史料研究会編『四條男爵家の維新と近代』（同成社、二〇一二年）は、四條家の多様な姿を明らかにした。

(12) 千田稔「華族資本の成立・展開―一般的考察―」（『社会経済史学』五二―一、一九八六年）、同「華族資本としての侯爵細川家の成立・展開」（『土地制度史学』二九―四、一九八七年）、同「華族資本の成立・展開―明治・大正期の旧土浦藩主土屋家について―」（『社会経済史学』五五―一、一九八九年）。

(13) 伊牟田敏充「華族資産と投資行動―旧大名の株式投資を中心に―」（『地方金融史研究』一八、一九八七年）。

(14) 小田部雄次「一九二〇年代における華族世襲財産の変様―華族世襲財産に関する新資料を中心に―」（『日本史研究』二八八、一九八六年）。

(15) 後藤靖「日本資本主義形成期の華族の財産所有状況」（『立命館経済学』三四―六、一九八六年）、同「華族世襲財産の設定状況について」（『立命館経済学』三七―四・五、一九八八年）の研究がある。

(16) 千田氏や小田部氏が近年に上梓した一般書ではそのような傾向は希薄である。

(17) 柳教烈「華族と地域―明治憲法体制期の確立期を中心に―」（『神戸大学史学年報』一〇、一九九五年）、同「明治憲法制定期における華族士着論―青木周蔵の士着論を中心に―」（『ヒストリア』一五三、一九九六年）。

(18) 後藤致人「明治期における華族社会と士族社会―明治の『お家騒動』をめぐって―」（『文化』六〇―三・四、一九九七年）。後に『昭和天皇と近現代日本』（吉川弘文館、二〇〇三年）に所収。

(19) 真辺将之「明治期『旧藩士』の意識と社会的結合―旧下総佐倉藩士を中心に―」（『史学雑誌』一一四―一、二〇〇五年）。後に『西村茂樹研究―明治啓蒙思想と国民道徳論―』（思文閣出版、二〇〇九年）に所収。

(20) 掲載論考は次の通りである。小川原正道「福沢諭吉の地域開発論と華族―中津・延岡・福岡を例に―」、野島義敬「大正・昭和期における有馬頼寧と『旧藩地』人脈の形成」、拙稿「新たな大名華族像を求めて」、内藤一成「大名華族と旧臣会をめぐる若干の考察」。小川原氏は『評伝岡部長職―明治を生きた最後の藩主―』（慶應義塾大学出版会、二〇〇六年）をはじめとして、慶應義塾出身の大名華族について精力的に分析を行っている。

(21) 掲載論考は次の通りである。熊澤恵里子「越前松平康荘の英国留学と試農場の創設」、拙稿「育英組織の設立をめぐる郡と旧藩―橘蔭会を事例に―」、藤方博之「明治期佐倉における旧藩主堀田家の活動―教育・産業分野を中心に―」。

(22) ここでいう旧藩主家には近世の観念的な「御家」は含まれない。そうした意味での「御家」観が近代において旧藩主と旧藩士との関係にどのように作用したのかは今後の検討課題としたい。

(23) 立花家に関する通史としては、柳川市史編集委員会編『柳川市史別編　図説立花家記』（柳川市、二〇一〇年）を参照。

(24) 刑部前掲書『明治国家の服制と華族』、久保前掲論文「明治六年政変後の島津久光派」。

(25) 千田前掲論文「華族資本の成立・展開」。

(26) 例えば、明治四十一年に立花寛篤が旧備中浅尾藩主蒔田家に養子入について寛治に相談を持ちかけた書翰によれば、「子爵ハ現今旧領隠遁（窮乏之為）し村長を致し居られ目下旧臣之家ニ仮寓し」ており、三〇〇〇円余の借金を抱えていることなどが報告されている（明治四十一年七月三日付立花寛治宛立花寛篤書翰「洋館倉庫（1）」J四四三―一）。

(27) 史料群の概要については、柳川市教育委員会・柳川古文書館編『旧柳河藩主立花家文書調査報告書』（柳川市、二〇〇二年）ならびに拙著『近代における旧藩主家文書の基礎的研究―「旧柳河藩主立花家文書」の検討を中心に―』（九州大学比較社会文化研究院地域資料情報講座、二〇〇四年）を参照願いたい。

(28) 「旧柳河藩主立花家文書」の史料番号は原則として簿冊単位に与えられている。したがって役状が簿冊にまとめられている場合は簿冊の史料番号を記し、個々の役状を区別するため日付・差出人・宛名を記すことにする。

第一部　旧藩主家における意思決定の仕組み

第一部では、旧藩主家における意思決定の仕組みを検討する。

序論でも触れたが、旧藩主家では当主がトップダウンですべての物事を決めているわけではない。特に家の規模が大きくなればなるほど、意思決定の場に関与する人物が増え、当主は周囲の意見を承認する形となり、当主の役割は相対的に小さくなる。よって、旧藩主家における意思決定のあり方や、そこに携わる主体がどのように変遷したかが具体的に明らかにされなければなるまい。

旧藩主家の意思決定の仕組みを考える上で注意すべきは、問題の性質によって扱われ方が異なるという点である。例えば、当主の家督相続をめぐる問題を、その家の家職だけで対処するようなことは通常は起こりえない。よって、本書では議論をわかりやすくするために、当主の家督相続や結婚などの問題を御家レベルの問題、家令・家扶・家従たちの日常的な業務に関する問題を家政レベルの問題と呼ぶことにする。もとより両者は厳密に峻別できるものではないが、便宜上このような区分を用いる。

あらかじめ立花家における意思決定の仕組みについての見取図を示しておくと以下のようになる。家政レベルの問題に関しては一貫して家令・家扶が扱う。一方、御家レベルの問題に関しては、明治初期では旧門閥家が扱うが、明治十年代後半には特定の旧藩士層を中心に形成された「相談会」が扱う。そして、この会合が後に家憲に基づく家政会議の原型になる。

一見すると、第一部の内容は旧藩主家内部に限定された議論にしか見えないかもしれない。しかし、ここでの検討から得られる成果は、旧藩主家と旧藩社会との関係を考える上で重要なものであり、第二部および第三部の内容とも関連がある。具体的に述べれば、旧藩領においては相談会に出席する特定の旧藩士層が旧藩主家と旧藩領のほかの旧藩士などとの調整役となる。また、東京においては維新期に明治政府に出仕した旧藩士のうちの幾人かが旧藩主家の顧問的な役割を果たすと同時に、旧藩領から上京遊学してきた青年たちの世話役になる。そのような人物が含まれていることを念頭に置いて旧藩主家の意思決定の場がどのようなものであったのかを見ていこう。

第一部における各章の内容は以下の通りである。

第一章では、旧藩主家の家政レベルの問題を扱っていた家令・家扶を分析する。明治政府によって定められた家令・家扶・家従という新たな制度が、既存の慣行を有する旧藩主家においてどのように受容されたのか、またその職制がいかなるものであったか、そして家令・家扶の担い手の特徴を明らかにしていく。

第二章では、近世において藩主家の御家レベルの問題を扱っていた旧門閥家を検討する。彼らが旧藩主家の意思決定の仕組みのなかでどのような位置に置かれたのか、また、その位置づけの変容と原因について解明する。

第三章では、旧藩主家において一応の安定的な意思決定の仕組みとなる家政会の成立および家政会を規定する家憲の成立過程を分析する。これにより旧藩主家の意思決定に携わる主体の問題をどう解決しようとしたか、そして家憲が作成された意義を明らかにする。

第四章では、旧藩主家の意思決定における当主の影響力について検討する。立花家の当主寛治は多額の費用を要する農事試験場の建設を目論む。そこに至るまでの本人の自己認識と、当人の意向が旧藩主家の意思決定の仕組みのなかでどう扱われたかを検討する。

第一章　家令・家扶の役割と担い手

はじめに

本章では旧藩主家の家令・家扶[1]について、その役割と担い手の検討を行う。

明治二年（一八六九）六月二十五日に華族は家令・家扶・家従を置くよう定められた。このうち家令・家扶については明治初期に一定の役割を占めていたことはすでに指摘されている[2]。しかし、この制度が（旧）藩主家にどのように定着したのか、あるいはその職がいかなる人物によって担われたのかなど不分明な点も多い。本章の目的は旧藩主家の家政に関する基礎的な部分を明らかにすることにある。ただし、そのような作業の持つ意味は、単純に研究史上の空白を埋めるだけではない。

そもそも家令・家扶は常時、当主の側におり、旧藩主家の家政を主導する立場にあった。したがって、旧藩主家の意思決定の仕組みを解明するという第一部の検討課題からすれば、家令・家扶に就任する人物の経歴や家政内における位置を丁寧に明らかにする必要があるだろう。さらに、旧藩領内や東京における彼らの役割までも視野に入れれば、そのような作業は、明治期における旧藩主家と旧藩士らとの結合のあり方や、同家と旧藩社会との関係を具体的に解明することにもつながると思われる。

よって本章では、前近代における藩主家の組織や慣行を踏まえつつ、立花家を事例として次の課題を検討する。第一に、家令・家扶の家政内における位置を意思決定の仕組みに注目しながら考察する。第二に、家令・家扶が具体的にどのような人材によって担われていたのか、その人事の特徴を明らかにする。

なお、序論でも述べた通り、明治初期において立花家の当主であった鑑寛は明治十一年に、また同七年に家督を継いだ寛治も同二十二年に東京から柳川に貫属を換えた。そのため、立花家では次第に柳川が本邸、東京が控邸という位置関係になる。この東京と旧藩領との物理的距離は家政を考察する上で注意しておきたい。また、明治前期において立花家の東京詰の家職は柳川において雇い入れられ(3)、交代で東京に詰めた。しかし、明治三十年代からはそれぞれの邸で家職が雇われるため、両邸間での異動は見られなくなる。

第一節　御用人と家令・家扶

明治二年に明治政府は各藩主(諸侯)を公卿とともに華族に列し、藩と家との分離を促した。その際に華族の家政については新たに設けた家令・家扶・家従に委ねることを定めた。一般に各藩主家が藩庁機構とは別に家政を担う奥組織を有していたことはよく知られる。本節では明治政府によって設けられた家令・家扶・家従という新たな制度が、すでに奥組織を有していた(旧)藩主家にどのように受け入れられたのかを検討したい。

最初に華族の奥組織に関わる法令について確認しておこう。明治元年十月二十八日の行政官布告第九〇二号により、明治政府は諸藩に対して藩主の側近である御用人の名称を家知事に改めさせ、彼らを「内家」の業務に専任させるよう命じた(4)。また、明治二年六月二十五日の行政官達第五七六号により華族に対して藩の実収入の一〇分の一を家禄として付与すること、また華族は家禄に応じて家令・家扶・家従を置くこと、そしてそれまでの家知事を家令と称するように申し渡す。さらに明治三年九月十日の太政官布告第五八一号によって華族の家令は一名、家扶等の員数は適宜と定めた。これらの法令において留意しておきたいのは、明治政府は家令・家扶・家従という名称は設けたが、「藩屏ノ機務ニ混セシメス専ラ内家ノ事ヲ掌ラシムヘシ」と命じるほかは家令以下の職掌について具体的に定めなかった点である。この規定の曖昧さが家令・家扶・家従の制度の導入に多様な解釈ないし運用方法を生み出す素地となる。

これらの法令に対する家レベルの具体的な対応を、立花家を事例に見てみよう。人事の変遷について必要な点を述べると、先述の行政官布告第九〇二号に応じて、翌明治二年二月一日に御用人の名称が家知事に改められた。(5) その後、確認できる範囲で人事を記すと、同年十月一日に町野参郎兵衛（後に詮と改名、通称は当時のもの）・永松伝・小野作十郎が他の役から家知事に転じる。(6) さらに十月二日に一旦、家知事全員の名称が家令に改められたが、明治二年の行政官達第五七六号に準じ、同月十九日に町野のみが家令、小野（平）が家扶、矢島・幸丸・佐野・十時・大城・永松・小野（作）の七名が家従を申し付けられた。しかし、翌三年閏十月十九日には、同年七月に辞任した幸丸を除く六名の役名が家従から家扶に改められた。(7)

新たに家令・家扶に任じられた者たちの特徴を、彼らの履歴から抽出してみよう。表3のように家扶の大城・十時・小野（平）・佐野・幸丸は御用人の経験を有していた。小野作十郎は平三郎の嫡子であることから、「老年」(8) の父親の後継と目されよう。永松は御用人の経験を欠くものの、御次、近習と奥向きの役を歴任している。このように初期の家扶には御用人経験者が求められる傾向にあったといえよう。

もっとも、家令の町野に限っては他の家扶とは履歴が異なる。町野は安政年間に番頭として上総警護に当たり、後に中老に取り立てられた。藩主鑑寛からの信任も厚く、詮という名も拝領したものといわれる。(9) 町野のこのような履歴は後述する意見書の作成にも少なからざる影響を与えたと考えられる。

次に職制における変化について述べよう。柳河藩の御用人の職務とは以下のようなものであった。御用人は藩の政治に関与することから家老、中老と併せて「三役」と称されていた。定員は七、八名で、その職は二つに大別される。①「幕府ニ対スル奉仕ノ事及外交上ノ事ニ関ス」ることであり、近世後期には彼らの中から江戸留守居役を兼ねる者が選出された。②「小姓頭」として、御腰物方・奥御納戸役・御櫛役・奥御右筆・定御供などの役を勤める近習から成る「小姓組」を配下に置いた[10]。

これらの職務は家令・家扶・家従の制度に移行した際に、以下のように扱われることになった。①における「外交」とは他の大名との交際を指すと思われるが、明治初期にほかの華族から立花家に到来する書状には「家知事」、後に「家令」の宛名が確認でき、彼らが華族間の交際を取り次いでいた。また、「幕府」は明治政府へと読み換えが可能であろう。②の「小姓組」は、明治初期に「御内事掛」という形に再編され、職制上は藩とは分離される（同家ではこれを「御引分」と称する）。これが柳河藩における「内家」に相当しよう。この御内事掛には明治二年十月二十一日に御次頭取五名、御次勤二二名が、御膳部方・家令筆生・御目付・御腰物方・御納戸方・御茶道頭・御櫛役・御右筆・定御供・御能方・御厩方・御路地役・御猟方・御作事方・勘定出納方のいずれかの役（兼役の場合もある）に任じられた[11]。これらの役職の多くは小姓組から引き継がれたものであり、この点では小姓組と御内事掛の連続性が指摘できる。

ただし、次の点で変化も見られる。一つは御試番・御近習・奥御目付・奥御役人・御花畠御路地役・公文所役のように十月二十一日付で廃止された役があった[12]。もう一つはそれまで御用人の配下には見られなかった勘定出納方が設けられた。この役は家禄を主たる財源とする「御内事掛」の財政を一元的に管理するようになる。

人事および履歴の検討から、細かな変動は認められるものの、華族に対して新たに導入された家令・家扶・家従の

前　　歴	後　　歴	離任理由
番頭　中老役席		解雇
立花家家扶	山門・三池郡長　第九十六国立銀行取締役　三池紡績取締役　立花家家政会議員	任用
立花家家扶	柳川師範学校附属中学校長　三池郡長　立花家家政会議員	任用
立花家家扶		病気
立花家家扶　山門郡第三大区長　三池郡長　山門郡長　第九十六国立銀行取締役	家令心得（明治19年7月5日～19年12月29日）	解雇願
福岡県会議員	三池紡績取締役	解雇願
	立花家家政会議員　臨時家令（明治27年5月1日～27年6月30日）	解雇願
立花家家政会議員	—	老衰
二等小隊長　第三調所戸長　三池郡書記　城内村会議員　山門郡会議員　福岡県会議員　衆議院議員　瀬高酒造社長　家令心得（大正2年6月2日～）	立花家家政会議員	老衰
立花家家扶		
御試番　奥頭分　御用人		解雇
御目付　御用人	若殿様御傅役	
番頭	北海道移住	解雇
御次　御用人		病気
御物頭　御用人御小姓頭		解雇
御猟方目付　御試番　御次目付		解雇
御次　近習　御物頭	立花家御隠亭家従	解雇
御次		痛所
評定所吟味役　伝習館教授　若殿様御傅役	地理誌編集掛　銀水義塾	任用
近習　御用人　御中老　文武局少参事	山門郡第三大区長　三池郡長　山門郡長　第九十六国立銀行取締役	痛所
立花家家扶　若殿様御傅役		解雇
—		
—		痛所
番頭　断隊第一小隊長　民事局少参事　権大参事	立花家家令	家令昇進
会所目付　寺社町奉行　評定所奉行　権大参事　三潴県十一等出仕	立花家家令	家令昇進
刑事局権少参事	上妻郡北山村戸長	不快
御目付　物頭　文武局権少参事		不快
御用人　民事局権少参事　山門郡第二大区長	立花家家令	家令昇進
御近習　一等小隊長　陸軍大尉	—	死去
御目付　権大属（出納掛兼市井掛）　山門郡第七大区長　立花家勘定掛家従		痛所
本御中老家席　三池郡宮部村戸長	三池郡役所書記　三池郡長　福岡県属兵事課長　福岡県会議員	病気
郡中監察　郡奉行　郷村掛　三潴県十三等出仕　山門郡第二大区小二十一区長　権少属　少属　権中属　福岡県十二等出仕　同七等出仕	興産株式会社社長　福岡県会議員	

表3　立花家家令・家扶一覧

職名	名前	生没年月日	元石高＋役知	在任期間
家令	町野　詮	(文政12年)～明治29年3月5日	300＋50石	明治2年10月19日～5年1月6日
	大村　務	(天保12年)～明治39年7月31日	300石	明治11年1月5日～15年1月30日
	杉森憲正	天保5年8月13日～明治30年7月31日	200＋50石	明治11年1月5日～11年8月20日
	小野忠三郎	(天保2年)～明治34年1月8日	150＋150石	明治16年3月13日～27年7月5日
	吉田孫一郎	天保14年3月16日～大正2年2月23日	400石	明治16年9月15日～17年5月20日
	吉田孫一郎	—	—	明治23年5月25日～25年2月6日
	吉田孫一郎	—	—	明治25年4月27日～25年8月29日
	吉田孫一郎	—	—	明治27年9月8日～43年10月8日
	由布惟義	嘉永2年11月26日～大正14年7月22日	200石	大正3年2月9日～10年5月10日
	安東守男	明治6年～？	—	昭和15年3月～（20年8月）
家扶	小野平三郎	？～明治8年7月12日	100＋100石	明治2年10月19日～5年1月6日
	幸丸弥次郎	文政10年6月14日～明治41年1月25日	200＋100石	明治2年10月19日～3年7月20日
	矢島　衛		350石	明治2年10月19日～5年4月25日
	佐野六太	(天保5年9月)～明治18年4月21日	400石	明治2年10月19日～9年9月
	十時　貢	(文政5年)～明治21年7月19日	250石	明治2年10月19日～5年1月6日
	大城伴九郎	(文化11年12月)～？	130＋70石	明治2年10月19日～5年1月6日
	永松　伝	天保6年11月～明治38年1月14日	130＋70石	明治2年10月19日～5年1月6日
	小野作十郎	天保4年12月6日～明治22年7月14日		明治2年10月19日～9年6月20日
	志賀喬木	(天保2年)～明治12年6月8日	220石	明治4年8月14日～5年11月
	吉田孫一郎	—	400石	明治4年8月15日～4年11月5日
	幸丸弥次郎	—	—	明治4年9月7日～5年1月6日
	大城伴九郎	—	—	明治5年1月6日～7年12月20日
	幸丸弥次郎	—	—	明治5年1月6日～8年6月9日
	大村　務	(天保12年)～明治39年7月31日	300石	明治6年5月1日～11年1月4日
	杉森憲正	天保5年8月13日～明治30年7月31日	200＋50石	明治7年3月6日～11年1月4日
	矢島行治	(天保元年)～明治40年11月4日	300石	明治8年3月21日～10年9月16日
	淡輪彦三郎	文政11年11月29日～明治43年11月30日	160＋40石	明治8年8月20日～11年7月12日
	小野忠三郎	(天保2年)～明治34年1月8日	150＋150石	明治9年6月20日～16年3月12日
	桜井正如	(天保13年)～明治15年8月8日	200石	明治10年2月14日～15年8月8日
	野波八蔵	？～明治31年3月16日	150石	明治11年2月5日～13年12月14日
	由布惟允	(天保14年)～大正13年9月7日	250石	明治11年7月12日～13年1月29日
	三池親義	(天保6年)～明治32年4月16日	100石	明治12年5月14日～24年5月5日

城内村村会議員	警視庁消防司令	任用
御普請役　市郷方　少属郷村掛　少属出納掛　三潴県十三等出仕租税課　小学校二等助教　十三等出仕庶務課　権少属　戸長　立花家勘定掛家従	紫潟社幹事　山門郡蚕糸業組合長　福岡県製糸同業者委員　城内村会議員　柳河精米所監査役　立花家家政会議員	内輪難渋
郡役　一等小隊長　権少参事　立花家家従		家内病気
洋学校校長　上妻郡第三大区長	立花家家政会議員　柳河授産所長	家事都合
警視庁消防司令	警視庁消防司令第五分署勤務	任用
警視庁消防司令	—	病気
御物頭　二等小隊長　警視庁巡査長　警部　家扶心得（明治26年1月18日～）	—	死去
立花家試験場掛家従	—	病気
箱館府司事席　神奈川県九等出仕　大阪控訴院判事　大審院判事	—	死去
城内村助役　山門郡会議員	立花家家政会議員　柳河銀行頭取　城内村会議員　興産会社監査役	病気
立花家家従　柳河銀行監査役　城内村会議員	立花家家政会議員　立花家什器整理委員長	病気
富山県農学校教諭　富山県農事試験場事務嘱託　長崎県農事試験場技師　佐賀県農事試験場技師　熊本県農事試験場技師	—	病気
日本鉄道会社社員　国民雑誌主幹	立花家家令	家令昇進
—	柳河銀行取締役　立花家家政会議員	病気
県農事試験場技師　朝鮮総督府農務課長　樺太庁農政課長　立花家家政会議員	—	死去
立花家家政会議員	—	
立花家出納係家従		

帳』（柳川市，1998年），『柳河新報』，渡辺村男『旧柳川藩志』（青潮社，1980年，復刻版），『福岡県史
軍省日誌』より作成.

制度とは、御用人が家知事、そして後に家令・家扶・家従へと名称が改められたにすぎないと捉えることもできる。しかし、先述したように立花家においては明治二年十月に定められた家扶・家従の格が翌三年閏十月に改められており、この制度が定着するまでに多少の時間を要している。ではなぜそのような曲折が生じたのであろうか。この問題を検討する上で、明治四年八月に家令町野詮が藩主鑑寛に呈上した意見書[13]を採り上げたい。前文によれば、本意見書は同年七月二十九日の鑑寛の「御内命」に応じて作成され、家政上の弊害を総括し、その除去を願い出たものであるという。おそらくは廃藩置県により鑑寛自身が柳川を離れるため、同地の家政に不安を覚えて「御内命」を下したと思われる。

	立花通誠	嘉永6年8月4日〜大正2年8月22日	1000石	明治14年3月7日〜15年2月5日
	椿原基長	天保11年8月1日〜明治31年7月16日	150石	明治14年12月〜18年9月18日
	戸次親林		250石	明治16年3月13日〜16年8月4日
	十時嵩	(天保13年)〜大正元年11月25日	350石	明治17年2月12日〜32年6月29日
	立花通誠	—	—	明治18年3月3日〜19年4月
	立花通誠	—	—	明治25年2月6日〜大正2年2月17日
	曽我祐正＊	天保10年8月12日〜明治38年10月20日	120＋80石	明治31年5月11日〜38年10月20日
	淡輪信一	安政2年3月28日〜大正5年4月13日	—	明治31年10月29日〜大正5年3月23日
家扶	十時三郎＊	弘化4年5月〜大正10年10月7日	—	明治39年1月6日〜大正10年10月7日
	十時　允	明治4年12月〜昭和10年4月23日	—	明治39年6月5日〜40年10月4日
	大村五郎	明治11年4月23日〜昭和18年5月5日	—	明治44年1月21日〜昭和5年6月15日
	吉田武治	明治4年8月1日〜昭和34年7月1日	—	大正6年4月12日〜8年12月9日
	安東守男＊	明治6年〜？	—	大正11年3月1日〜昭和15年2月
	吉田武治	—	—	大正11年9月1日〜昭和2年9月30日
	立花通年	明治11年5月5日〜昭和7年11月19日	—	昭和4年1月16日〜7年11月19日
	大村五郎	—	—	昭和8年5月28日〜13年7月
	中野省三	明治17年3月31日〜昭和42年10月2日	—	昭和13年7月〜（20年8月）

備考1　「旧柳河藩主立花家文書」，各家文書，過去帳，墓石，柳川市史編集委員会編『柳河藩立花家分限
近代史料編　三潴県行政』（西日本文化協会，1985年），「叙位裁可書」（国立公文書館所蔵），『陸

2　「元石高＋役知」は元治元年時.

3　空欄は不明，生没年月日の（　）は推定.

4　名前の＊は東京邸詰専任.

内容は詰所内における勤務態度や士族・卒族との接し方など全九条にわたるが、本章の問題関心からここでは家令・家扶に関する指摘に絞って議論を進めよう。意見書によれば立花家の家令・家扶の差違は段階的に生じたものであるという。明治二年十月十九日の時点では、家令と家扶の関係は「同等同局中之意を含一局中之異名」であったが、その後、同三年閏十月二日に両者間に一等の違いが設けられた。しかし、「先入主と成ル」すなわち最初の制度が払拭されなかったため、「分別不相立」に事務に混乱を招いたという。しかも無理に分別しようとすると家令と家扶に「無余義間隔」が生じ、「一和之筋ヲ失し内輪ニ混雑を醸し出」し、明らかに不都合であったと記す。家令が首席、家扶が次席という序列は華

族研究においては自明のことであるが、立花家ではその序列が試行錯誤の過程で定着したことが町野の意見書からわかる。むしろここでは家令と家扶を「同等」とすることに家政を担う者たちが違和感を覚えていない点に着目すべきであろう。

また、立花家において家令・家扶という制度の導入の過程で、家令という地位が定まっていない位置にあった町野が、居心地の悪い思いをしたであろうことは想像に難くない。であるならば右の意見書は町野が不満を列ねたものであり、ひいては鑑寛による町野の家令への登用が誤りであったという評価になるが、この人事には別な側面もある。鑑寛は町野に対して家政の「御規格」を立てることを命じている(14)。このことから、本意見書の作成の遠因ともいえる町野の登用は、家政運用のあり方を意識した人事であったと見るべきであろう。その詳細については判然としない部分もあるが、町野は意見書において家扶の日常における勤務態度を「兎角旧格旧例ニ沈」みがちであり、「元御用人之旧習を止メ諸人ニ対し諸事謙遵ニ仕度奉存候」と指弾するなど、全般的に御用人に対して手厳しい。これらの記述から藩主鑑寛・家令町野と家扶（旧御用人）との間には、家政運営の慣行をめぐって何らかの齟齬が生じていたことは指摘できよう。

さらにここで興味深いのは、この家政運営をめぐる齟齬が家令・家扶・家従の制度の曖昧さが内包する矛盾を映し出している点である。明治政府は家令・家扶・家従の名称は準備したものの、その運用や職制の中身までは具体的に定めなかった。よって制度を受容する側は、既存の秩序に沿いながら政府の法令を解釈することが可能であった。制度の曖昧さはこの点では有効に作用した。本章では立花家の事例しか扱っていないが、その解釈や運用はもう少し多様であったと考えられる。他方で、その曖昧さは家政の運営方法を争点化させる可能性も秘めていた。既存の制度を維持するにしても、新たな家政の運用方法を模索するにしても、政府による明確な法令を欠くため、それらの意見を調整するには少なからざる労力を要したのである。町野の意見書とはそのような対抗関係を映し出しているといえよう。

第二節　明治前期における家令・家扶

本節および次節では、旧藩士たちが家令・家扶に就いていた明治前期と、彼らの子弟の世代が就いていたそれ以降の時期とに分けて、家令・家扶にどのような人物が就任したのかを検討したい。本節では明治四年七月の廃藩置県より明治二十年代までを対象とする。

最初に家政組織の変遷について確認しておこう。前節で指摘したように廃藩置県までに立花家の家政組織は、家禄を取り扱う財政部門が新たに加わり、なおかつ若干の役職が整理されたことを除けば、既存の奥部門と連続するものであった。しかし、廃藩置県以降、次のように大きく変容した。

まず旧来の奥部門は家政改革によって大幅に縮小された。立花家の場合、鑑寛らが上京した後、明治五年一月十五日に、頭取・御腰物掛・御納戸掛・御茶道掛・御作事掛・御厩掛・調掛・御路地掛・御膳部掛・御猟方・御能掛の役が廃止され、御道具受持・御櫛懸・奥掛の三つが残された(15)。さらにこれらの掛も明治十年頃までには奥掛に一元化される(16)。また掛の統廃合にともない人員も削減された。

奥部門が縮小された理由としては次の二点が考えられる。一つは役職の存在意義の問題である。具体的には同部門が管理していた大名道具等が売却ないし廃棄されたり(17)、あるいは新時代の風潮にともなう藩主家の生活習慣の変化などにより、奥向きの役職に多くの人員を割く必要はなくなりつつあった。もう一つは財政上の問題である。周知のように旧藩主家は多額の家禄を受給していたが、家政の担い手たちはその額の継続的受給に対して懐疑的であり、支出削減の必要性を早くから認識していた。(18)

一方、明治初期に設けられた家禄を扱う財政部門は、奥部門とは対照的に拡充傾向にあった。立花家の場合、御引分以降、同家の財政部門を担っていた勘定掛（後に出納掛と改称）とは別に、明治四年九月八日に新たに御山御開御蔵掛（後に御開掛そして地所掛へと改称）が設けられた。(19)同掛は廃藩置県後に県庁より同家へ移管された山林、干拓地（「開地」と称される）、備蓄米を納めていた蔵を管理した。また小作米の徴収や土地の売買を担当し、明治零年代半ばから干拓地特有の重層的な権利関係より生じた「鍬先騒動」(20)の調停にも当たった。この時期、私有財産の確保・管理は家禄のそれとともに家の存続に関わる重要な問題であった。こうした問題を円滑に処理する掛に比重が置かれるようになった背景には、藩主の御手許金や、廃藩置県、地租改正など複雑な問題があったと考えられる。(21)

次に奥および財政部門を束ねた家令・家扶の職掌について見てみよう。彼らは「内家」が成立した当初から、出納簿をあらためるなど財産管理の主たる責任者であった。しかし、なかには不正を行う家令・家扶も見られたため、明治九年九月に華族会館長岩倉具視は、華族の当主が自ら財産の監視を行うこと、そして宗族・親族との協力関係を強化するよう求めた。(22)これ以降、華族の家政の運営主体は家令・家扶から宗族・親族に移ったとも評される。(23)

もっとも、立花家を見る限りでは、明治十年代における財政問題、具体的には秩禄処分による収入の減少と物価騰貴による支出の増加に対する宗族・親族の協力は見られない。(24)むしろ実際に対処にあたったのは家令・家扶たちであることから、当該期における家政内の彼らの位置は決して低いものではなかったと考える。(25)

では家令・家扶は具体的にどのような人物によって担われていたのであろうか。表3の検討から立花家の家令・家扶について次の四点を指摘できる。第一に、当該期においても依然として中上級の旧藩士が雇い入れられている。このことは、旧藩主家の当主の間近で働くためには、それ相応の家柄が重視されていたことを意味しよう。家扶より下級になる家従の話になるが、明治十年代後半までは立花家内において旧下級藩士出身者は家丁止まりであり、その上の家従に就任できなかった。この時期まではそうした旧来の序列は残存していたと考えられる。

第二に、彼らの履歴に着目すると、家令・家扶には旧藩士のなかで実務に長けた者たちが就任している[26]。先述の御用人出身の家扶が職を離れた明治零年代後半においては、大村・杉森・矢島（行）・淡輪・小野（忠）のように、明治二年の藩治職制下において参政（中老職に相当）の地位にあった者たちが家扶となっているが、この時期に参政にあったことには重要な意味がある。藩治職制下における柳河藩では、執政（家老職に相当）は従来と変わらなかったが、参政には家柄にとらわれず優れた人材が多く登用された[27]。つまり彼らの家扶への登用はその実力を買われてのものと推測されよう。また明治十年代に家扶に就任した者たちは、勘定掛家従からの昇進が目立つが、彼らは藩政もしくは藩治職制下において郡役や出納掛など財政実務の経験を有している[28]。

第三は、当該期の家扶たちの在任期間がその後に比して短い点である。明治四年八月の志賀喬木から同十八年三月の立花通誠までで、のべ一九名の在任期間の平均が三年一〇ヵ月である。それに対して、明治二十五年の立花通誠から昭和二十年（一九四五）の中野省三（離任日は不明のため昭和二十年八月としておく）までの五三年間で、のべ一二名の平均が九年一一ヵ月である。つまり家扶人事は多人数・短期から少人数・長期へと変化している。定員の減少については財政上の都合として説明できるが、この家扶の流動性の高さの原因はいかなる理由によるものであろうか。

彼らが家令・家扶が職を辞した具体的な理由を、立花家の家令・家扶の「日記」や「役状」などから探った。それが表3の「離任理由」の項目である。内容から①家令・家扶側の問題、②解雇、③府県への異動、の三つに大別できよう。

①については、在任中の死去や高齢による隠居、あるいは病気・怪我の療養などの身体的な事情によるものと、「家事都合」や「内輪難渋」という家庭内の都合により依願退職した人物を指す。これらの該当例はいずれの時期にも見られ、最も一般的な離任理由といえる。

②は雇い入れる側の事情により、職を解かれたケースを指す。立花家の場合、明治五年一月の家政改革にともなう異動がこれに相当する。柳川に詰めていた小野（平）・幸丸・十時・大城・永松が解雇され（同日に大城と幸丸は再び雇い入れられた）、東京詰から下京した矢島もその直後に解雇された[29]。なお、立花家では「待罪書」を提出し一時的に自ら謹慎する場面は見受けられるが、重大な過失により解雇された家令・家扶は見当たらない。

③は、家令・家扶在職中に府県に任用された者を指す。「任命」と記された者がこれに該当する。立花家の場合、家扶在任中に志賀が三潴県の地理誌編集掛に、杉森が柳川師範学校校長に、立花通誠が東京において警視庁消防司令に、それぞれ任用されたことが確認できる。また、吉田、矢島、由布のように病気を理由として辞任した後、ほどなく郡長や戸長に任用されるケースも見られる。

このように家令・家扶がその職を離れる理由は多様であるが、③の事例の多さが当該期の特徴として指摘できる。このことは府県も旧藩士中より有為な人材を行政組織に取り込もうとしていたことを示唆していよう。例えば、明治八年一月の御用状写[30]によれば、立花鑑寛は小野忠三郎に「兼而〔家扶〕御申付之思召」であったが、「不快勝ニ而御見合ニ成居最早強壮ニ付今度御申付」の寸前に、三潴県が小野を区長に任命したため、「御迷惑ニ被思召」ながらも家扶の採用を断念したという[31]。

もっとも、旧藩主家側の家職が一方的に府県へ異動したわけではなく、由布惟允（九郎）を家扶に雇い入れる際に、適当な理由を設けて当時勤めていた戸長職を辞めるよう立花家が指示した事例も見られる[32]。その実態についてはさらなる検討を要するが、さしあたりここでは家令・家扶に就任する者の能力が、旧藩主家の家政運営のみに留まるものではなかったこと、そして旧藩士中の有為な人材は府県と旧藩主家との間を回遊していたことを確認しておきたい。

なお、これに補足して、家職と地方議員職との関係について触れておこう。大村務（明治十一年十月・同十三年六月当選、同年九月辞任）、立花通誠（明治十四年一月当選、同年四月辞任）、十時嵩（明治十九年一月当選、同二十年十月辞任）、三池親義（明治十三年一月当選、同十四年一月任期満了）は、家令・家扶在任中に福岡県会議員に当選したが、彼らは家令・家扶を辞めることなく、いずれも議会の開会中は福岡区に出ており、その間の家政は同僚に委ねていた。逆に立花通誠のように、県会議員在職中に家扶の就任および東京邸詰の要請を受けた際に、議員を辞職したケースさえも見られる(33)。彼らは地方議員職よりも家令・家扶職に重きを置いていたようである。

当該期における家令・家扶人事の特徴の四点目は、地域の軸となる人物の登用である。具体的には杉森憲正、大村務、吉田孫一郎のように、明治十年代においては郡長を歴任し、県会議員もしくは衆議院議員に当選を果たすなど柳川地方において枢要な位置を占めていた者たちである。旧藩主家内および旧藩士たちのあいだでの彼らの位置の検討については別の章に譲るが、彼らは家政会（後述）という形式が採られる以前から、相談人（第一部第三章で詳述）という立場で立花家を家政の外（場合によって内からも含む）から支援していた。

第三節　明治後期以降における家令・家扶

本節では明治後期以降における家令・家扶の家政内での位置づけと人事を検討する。

明治中期以降、華族は家憲を作成する傾向にあったが、それらの家憲には以下の二点の特徴が見られる。一つは当主の家督相続や婚姻、分家など家系に関わる原則を記したこと、もう一つは予算等の家政全般に関する問題を審議する家政会の規定を設けた点である。[34] こうした内容から、家令・家扶の家政内における位置は、家憲の成立以降に低下したといわれる。[35] たしかに家憲の条文を読む限りでは、意思決定過程において家政会が議決、当主がそれを裁可する図式となり、家令・家扶は家政会に従属するように映る。実際、立花家の場合、家令・家扶は家政会（立花家では「家政会議」という）内において発言権は有するものの、議決権は認められていない。[36] しかし、その運用の実態まで踏み込んで見てみると、両者の関係は異なっている。

まず家憲によって定められていた家督相続や婚姻、あるいは養子など当主に関わる問題については、当主からの諮問という形で家政会議に諮られる。これらの問題は当初から家職が取り扱う性格のものではなく、家憲成立以前の段階から彼らが主体的に取り扱う領域ではなかったと考えられる。次に予算など家政に関する諸問題について述べれば、たしかに最終的には意思決定機関の議決を経ることになっているが、家令・家扶がそれらの議案（例えば予算案など）を作成・提出することになっていた。[37] また、事前に家政会議議員の意見の集約を行うなど、会議以前の段階で合意の形成を働きかけている。さらに家令・家扶と家政会議議員との間での異動の障壁は低い。例えば、昭和五年まで立花家の家扶を勤め、その後に家政会議議員となった大村五郎は、家扶に欠員が生じた際には同職に復帰している。このように家令・家扶と家政会との関係は、条文の解釈のみから推し量れるような垂直的な権力関係ではなく、家政運営をめぐって協調的な関係にあったと捉えるべきであろう。

家政会と家令・家扶との関係は以上のようなものであったが、家政組織内における家令・家扶の位置は家政会の成立によってどのように変化したのであろうか。明治二十六年十二月に制定された立花家の「職制」[38]には次のように規定される。家令は「家主ノ命ヲ承ケ家政諸般ノ事務ヲ総理ス」（第二条）、家扶は「家令ノ職務ヲ扶ケ家政諸般ノ事務ヲ管理ス」（第四条）とある。また、同家の「会計定則」第一七条には「総テ財産ノ保管出納ノ管理ハ家令家扶之ニ任」するともある。その職掌については漠然とした向きもあるが、彼らの家政組織内における地位は従来と大きく変わるものではなかったと考えられる(39)。

次に実際に当該期にどのような人物が家令・家扶に就任したのかを検討しよう。表3から次の二点が指摘できる。

第一に、この頃から東京邸と旧藩領邸にそれぞれ専従で詰めるようになり、両者の履歴にも特徴が見られる。旧藩領である柳川邸に詰めた家扶には父親に家令・家扶経験を持つ者が多い。具体的には、淡輪信一・吉田武治・立花通年・大村五郎が相当する。さらに立花家の相談人であった十時一郎の長男に当たる十時允も同系統と目せよう。一方、東京邸に詰めた家扶は、曽我祐正・十時三郎・安東守男の三人であるが、彼らはいずれも東京で職を得て、退職後あるいは在職中に同家に雇い入れられた者たちである。

なお、立花家では東京邸詰の家職はすべて柳川から半年交代で派遣されていたが、曽我祐正が明治二十六年一月に家扶心得として東京邸詰となった頃から、柳川邸と東京邸との間での異動がなくなる。元来、柳川在住者にとって東京邸詰は家族の問題や物価高など負担をともなうものであった。そのため東京邸詰の家職を現地で採用するようになったと思われる。しかし、東京で採用された家職は生活基盤が同地に根付いているため、以前とは異なり柳川への異動を望まなかった。例えば、大正二年（一九一三）に柳川邸詰の家扶立花通誠が退職した際に、立花寛治は東京邸詰家扶の十時三郎を呼び寄せようと試みたが、十時は「五十余年前ニ出郷」しており、さらに「細君モ東京人」であるため、「自然親戚旧故ト申スモ柳河ニ少く東京に多」いため、「今更一家ヲ挙テ柳河移転ハ何分ニモ事情難許候(40)」という状況であった。こうした事情が家職の勤務地の固定化に繋がったといえよう。

第二の特徴は在任期間の長期化である。この時期の家令・家扶は病気により退職もしくは死去するまで勤め上げる傾向にあった。その一因として明治前期に見られたような府県の官吏などへの異動が無くなったことも考えられるが、それだけではない。当主からの強い要請を受けた吉田武治(41)や「家範」の規定により家政会議議員から臨時家扶となった大村五郎(42)が再任されたことに鑑みると、明治前期に比して旧藩領より家令・家扶を確保することが困難になったと見るべきであろう。

最後に当該期において家令・家扶がどのような基準で選出されたのかを見ておきたい。史料で確認できる範囲では、履歴および資産が評価の基準となっていたようである。例えば、大正二年に立花寛治より新たな家令の人選の相談を持ちかけられた曽我祐準は、由布惟義を推薦し、「此人ナラハ他世間ニ対シ而モ履歴モ有之、不足有之間敷被存候」と答えた(43)。たしかに由布は表にあるように主な履歴だけでも申し分ない。また、家扶淡輪信一が亡くなった際に、新たな家扶について相談を受けた白仁武は、学識および資産の観点から当時立花家の出納係家従であった垣田永雄を推薦している(44)。このように当該期の家令・家扶は、明治前期に見られたように実務経験を有する旧藩士から選ばれるのではなく、学歴や資産といった価値観によって選抜されていた。このような価値観と、近代的な学校制度により優秀な人材が地方から中央に集まる社会構造を念頭に置いたとき、地方において家令・家扶を担うに足る人材が得られにくくなったことは想像に難くなかろう。

他方で、このような状況下で有為な人材を旧藩主家の家政運営に参与させようとすると、その手段は二つ挙げられる。一つは彼らの退職を待つことであり、もう一つは臨時的に参与させることである。多忙な彼らを旧藩主家の家政運営に取り込もうとした時、家政会という臨時的に開かれる意思決定機関は両者にとって適合的な制度であったともいえよう。

おわりに

以上の検討から、旧藩主家は廃藩置県以降の社会変動に応じられる人材を旧藩士中より確保するために様々な手段を講じていたことが明らかとなった。従来、華族は明治政府の法令によって手厚く保護されていたというイメージで語られてきたが、家政の担い手の問題一つをとってもわかるように、彼らにも自助努力が求められていたといえよう。

また、旧藩主家が近代社会へ放り込まれたことによって生じた家令・家扶の位置の変化についても指摘しておきたい。彼らは家政内における（旧）藩主の側近という旧来からの立場に加えて、旧藩主家と旧藩出身の有力者や旧藩士を繋ぐ役目を担うようになる。そのような意味で彼らは新たに生じた社会集団の結合において重要な位置を占めていた。さらに見逃してはならない点は、そうした役目を担っていた家令・家扶の中から県会議員や郡長などのように地域の担い手となる人物までもが出現したことである。旧藩主家の歴史的位置づけを探るためには、このような人物の具体的な動向を明らかにする必要がある。この点については第二部および第三部で検討したい。

註

（1）家令・家扶とは本来、古代律令制における貴族の執事を意味するが、本書では華族の家に置かれた役職を指すこととする。もっとも家によっては家令を置かない場合もある。

（2）例えば、千田氏は家政運営の主体が家令・家扶から親族・宗族、そして協議会（そのほか「家政会」や「家政会議」とも呼ぶ）へ変遷すると指摘する（千田稔「華族資本の成立・展開——一般的考察——」『社会経済史学』五二—一、一九八六年）。しかし、その実態は本章でも確認するように右のような単純な図式ではない。なお、宗族制については大久保利謙『華族制

の創出』（吉川弘文館、一九九三年）二五七～二七四頁、上野秀治「明治期の宗族制と安倍氏」（『学習院大学史料館紀要』一一、二〇〇一年）を参照。
（3）廃藩置県以降の旧藩主家と家令・家扶との関係は、近世的な主従関係と近代的な雇用関係の中間に位置するものと考えられるため、ここでは「雇い入れ」・「解雇」という表現を採りたい。
（4）明治政府の法令についてはすべて『法令全書』による。
（5）「日記」（「柳立」三七一八）。
（6）「日記」（「柳立」三七二一）。
（7）明治二年十月二日、同月十九日、同三年閏十月十九日の「御申付」を記した覚書（「藩政」五〇一一）による。矢島衛他六名は同二年十月十九日時点では家従であるが、実質的な職掌は家扶と異ならないため、表3ではこの時期も家扶として扱った。なお同三年閏十月十九日には、それまで家従の支配下にあった「御次頭取」および「御次勤」と呼ばれる者たちの役名も家従に改められた（「御内事掛　達帳」〈「藩政」一二一二〉）。
（8）「藩政」一二一二。
（9）「問注所文書写」福岡県立図書館所蔵コピー版による。
（10）渡辺村男「柳河藩政一班」（『福岡縣史資料　第二輯』福岡県、一九三三年）四二八頁。
（11）「藩政」一二一二。家扶・家従はこれらの諸役の「上聞」となり、御次頭取・御次勤を配下に置いた。ただし、家扶たちは一つの役を複数名で分掌していたため「遠慮之心持より譲合様」な弊風があった。この点は後述する町野の意見書において批判される。
（12）「日記」明治二年十月二十一日条（「柳立」三七二一）。
（13）「藩政」一〇二四。
（14）意見書の前文において、町野は「最早己巳以来雖及三年、御規格不相立候段恐懼仕合今更ニ難尽、実ニ悲歎之至幾重モ奉恐縮候」と詫びている。
（15）「藩政」一二一二。

(16) 特別な道具の手入れの際には、元職の者を臨時的に雇い入れることで対処した。
(17) 大名道具は旧来、城内にも保管されていたが、廃藩置県によりその施設を明け渡したため収納場所の問題が生じた。例えば、〔明治四年〕十月二十二日付の役状（「柳立」四六四四）によれば、「是迄之県庁兵部省之管割」の御納戸御道具等を御花畠（立花家の私邸）へ移す話が出たため、「御花畠御納戸御蔵も取片付、荒物其外崩れ物等之御道具ハ夫々相潰、或ハ焼捨、亦ハ御手加勢申上候面々江拝領」し、天守下の櫓にあった御腰物掛御預りの品々や御宝蔵の御道具については「元会所之御蔵壱ヶ所御借り受」けて、そこに納めたという。
(18) 例えば、立花家では明治四年十月の段階で家禄の受給について「是迄之通　御拝領ニ可相成、折而者御減録ニモ可相成哉奉恐察候、就而ハ今日御省略之筋相立居不申而者、顕然御差支ニ可相成候」と述べる者もいた（〔明治四年〕十月十五日付町野詮宛今村多治馬御用状〈「両掛箱」Ｂ二―一―三―一〉）。
(19) 「藩政」一二二二。
(20) 同騒動については、胡光「地租改正と干拓地所有権―旧柳河藩領における鍬先騒動―」（長野暹編『西南諸藩と廃藩置県』九州大学出版会、一九九七年）を参照。
(21) 上野秀治「大名の私的資産に関する一試論」（『皇學館史学』三、一九八九年）。
(22) 岩倉の指導については、霞会館編『華族会館史』（霞会館、一九六六年）八〇〇～八〇二頁を参照。
(23) 千田前掲論文「華族資本の成立と展開」。
(24) 詳細は第一部第二章第一節を参照。
(25) 立花家の財政問題については第二部第一章を参照。なお、家令・家扶の奥に関する職務には、当主の御供、年始年末の儀式、歴代藩主の法要、定日における寺社への参拝など、藩主家のライフサイクルに関わる儀礼の継承が依然としてあったことにも留意しておきたい。
(26) 家令については、家扶からの昇進が多いため、両者の履歴に大きな差異はない。
(27) 例えば、明治三年六月二十九日の時点では、少参事・権少参事八名中、六名は中老に満たない家柄から登用されている（古賀長善編集校訂『柳河藩中老　吉田孫一郎留記』一九九一年）。

(28) 立花家において勘定掛家従を採用する際には、帳簿の取り扱い経験や筆算の能力が重視されていた。例えば、明治十六年に同職の候補に挙がった山田圓次郎について「元出納方御帳役公用方書役」にて「筆算モ能ク出来、人物モ宜敷」、北原善平について「筆算達ニテ随分仕事モ丈夫」とある（明治十六年六月六日付三池親義・戸次親林宛椿原基長・小野忠三郎役状〈「柳立」四四五二〉）。
(29) 「藩政」一二一二。解雇の理由は定かではないが、奥部門の余剰人員の削減と町野が問題視した御用人の旧習の排除の二点が関係すると推測される。
(30) 「一月廿一日東京之郵便同三十日着」（「御用状抜書」〈「柳立」四六〇六〉）。
(31) 三潴県官吏岡田孤鹿の話によると「地券税発行前必用之人物」という理由で小野は区長に任用されたという（〔明治〕八年二月十七日付小野作十郎・杉森憲正宛同役中御用状〈「両掛箱」A一〇七―三―四〉）。
(32) 令扶「日記」明治十一年七月十二日条には、寛治は「何ニトカ申立戸長免職ニ相成候上　御雇ニ相成出京有之度　思召」であったと記される（「柳立」三七二四―一）。
(33) 立花家を見る限りでは、立花通誠以外に議員当選のため家令・家扶職を辞した者は確認できない。
(34) 家憲については第一部第三章も参照。
(35) 例えば、千田前掲論文「華族資本の成立・展開」。
(36) 立花家「家憲」第二六条。
(37) 立花家の場合、明治二十六年に作成された家憲上ではその旨が記されていないが、家政会議に関する史料でその運用については確認できる。
(38) 「柳立」三三五〇九。
(39) 立花家の「家政諸般ノ事務」に相当する部分は家従が担当するよう定められており、明治二十六年時では次のような分掌であった。書記掛（記録ノ事ニ従ヒ併テ宝器宝物等ノ保存ニ従事ス）、出納掛（出納及ヒ庶務ニ従事ス）、地所掛（地所及ヒ庶務ニ従事ス）、奥掛（奥向及ヒ庶務ニ従事ス）、試験場掛（試験場及ヒ庶務ニ従事ス）。
(40) 大正二年三月七日付（立花）伯爵宛（曽我）祐準書翰（「柳立」四一六一―一八一）。

(41) 令扶「日記」大正十一年三月八日(「洋館倉庫(1)」C一〇)。
(42) 令扶「日記」昭和八年五月二十八日条(「洋館倉庫(1)」C一五)。
(43) 大正二年五月二日付立花寛治宛曽我祐準書翰(「柳立」四一六一—一七六)。
(44) 大正五年五月二十七日付立花寛治宛曽我祐準書翰(「北庫(5)」D五—一二)。

第二章　明治期における旧藩主家と旧門閥家の関係

はじめに

第一部第一章では旧藩主家における意思決定の仕組みとその主体をめぐる問題について、明治政府によって設けられた制度の受容という観点からの検討を行った。具体的には、家令・家扶という新たな制度が既存の慣行を有する旧藩主家内にどのように受容されたのか、またこれらの職がいかなる人物によって担われたのかを検討し、その結果、彼らは一貫して家政運営において重要な地位を占めていたことを明らかにした。

しかし、彼らは旧藩主家における意思決定のすべてを担っていたわけではない。当主の家督相続のような家の存続に関わる重要な局面については別な角度から検討する必要があろう。本章ならびに次章では、既存の意思決定の仕組みを旧藩主家自身がどのように改変していったのかという観点から、御家レベルの問題への対応を採り上げる。

この問題を議論する上で想起したいのは、家憲ならびにそれによって規定される家政会という機関の存在である。(1)明治十年代後半より華族の多くは家憲を作成したが、その特徴は、①家督相続など当主に関わる規則を定めたこと、②家政会を設けることで会計をはじめとした家政の諸問題を旧藩出身の有力者に委ねたことにある。(2)したがって家憲とは旧藩主家が抱えていた御家レベルの諸問題を対処する上で適合的な制度であったといえる。しかし、家憲が導入される以前の段階で、御家レベルの問題は旧藩主家においてどのように取り扱われていたのかという疑問が残る。本章では旧門閥家に注目することでこの問題に迫りたい。
そもそも近代においては不要に見える旧門閥家という存在も、そのような家柄が設けられた当初はそうであったわけではない。近世において門閥家が存在するのも藩主家の側が必要としたためであろうことは容易に想像できよう。実際に、近世段階において藩主家で御家レベルの問題が生じた際には、その解決に彼らが重要な役割を果たした。(3)そのような慣行を有していた旧藩主家が、家憲を作成するまでの期間においてどのような意思決定の仕組みを有していたのかという問いは、第一部の問題関心からすれば重要な検討課題といえよう。よって本章では藩主家と門閥家との関係が明治期にどのような形で引き継がれ、旧門閥家が旧藩主家との関係においていかなる位置を占めていたのかを検討する。

一般に門閥家とは、藩主の兄弟が興した家や藩祖の功臣の家をいう。本書ではそれらの家の明治以降を旧門閥家と呼ぶこととする。検討に先立ち、対象となる立花家の旧門閥家について述べておこう。本章で検討の対象となるのは表4の家である。

立花家の旧門閥家は「一門」と「十家」の二つに分類できる。(4)一門は藩主家の分家にあたり、いずれも立花姓を称した。この一門は家が興った時期によりさらに「御両家」と「御一統」の二つに分けられる。御両家とは近世初期に成立した内膳家と帯刀家を指す。内膳家は柳河藩二代藩主忠茂の実兄立花種俊を、一方の帯刀家は三代藩主鑑虎の庶兄茂虎を祖とする。御一統は「監物家」と「大学家」を指す。監物家は五代藩主貞俶の五男致傳を、一方の大学家は七代藩主鑑通の三男通厚を祖とする。なお、立花寛治は幕末から明治初期にかけてこの大学家に養子に出ていたことがある。

十家は家老家を指すが、これも大きく二系統に分けられる。一つは近世において軍団長であった「大組頭」の家で

生没年月日	主な履歴	父親
嘉永3年12月9日～大正11年11月26日	第九十六国立銀行頭取　上内村長　立花家家政会議議員	種生
嘉永3年2月15日～明治41年8月20日	第九十六国立銀行取締役	茂徧
文政11年10月～明治23年11月 ？～明治20年9月29日 ？～昭和11年10月9日	 学習院	立花種善 寛愷 伴雄
安政4年9月5日～昭和4年2月5日 安政6年5月13日～昭和14年2月19日	貴族院議員 慶應義塾　福岡県会議員　柳河銀行取締役　立花家家政会議議員	立花鑑寛 立花鑑寛
天保8年12月12日～大正4年8月11日 安政5年4月21日～昭和12年1月15日	第九十六国立銀行取締役　三池紡績会社取締立花家家政会議議員 三池町助役　三池町町長　柳河銀行取締役　立花家家政会議員	立花茂官 隆基
（天保元年）～明治35年9月25日 ？～昭和25年2月1日	 朝鮮東山農場経営	十時惟治 （不明／養子）
天保7年1月27日～明治29年1月6日 安政2年3月12日～大正15年3月9日 慶応4年閏4月3日～大正3年1月11日		惟時 雪下 雪下
天保3年5月27日～明治37年12月10日 （嘉永6年）～大正9年12月20日	 慶應義塾　立花家家政会議議員	惟美 立花茂徧
（文政9年）～明治26年4月5日 ？～明治29年6月23日 明治11年1月24日～？	 中学伝習館卒　立花家家従（明治36年9月～大正5年9月）　一等砲兵	惟治 雪斎 惟康
天保2年5月15日～明治14年7月25日 嘉永5年～明治6年11月23日 安政2年～大正4年6月2日 ？～昭和18年8月	 朝鮮東山農場 東洋拓殖会社	十時惟治 親雄 親敬 親義
（嘉永6年）～大正2年8月22日 明治11年5月5日～昭和7年11月19日	福岡県会議員　立花家家扶　警視庁消防司令 県農事試験場技師　朝鮮総督府農務課長　樺太庁農政課長	寛亮 通誠
？～明治21年10月5日 （安政4年）～？	 立花家家従（大正元年10月19日～昭和11年11月11日）	 篤翁
（寛政12年）～明治20年4月4日 （天保14年）～明治27年2月10日 元治元年6月10日～？	 八女郡会議員　三池銀行取締役	 友木 小野隆基
？～明治8年9月19日 ？～明治12年5月24日 ？～明治15年5月15日 明治3年9月～昭和6年8月23日	 立花家家従（明治29年8月6日～？）	親博 十時惟治 親徳 汎愛

牟田市史』，『小野和泉と後裔』による．

表4　旧門閥家一覧

分類	家格・職	家名	石高	氏　　名
一門	御両家	立花内膳家	1,300石	立花弘樹（種整）
		立花帯刀家	2,300石	立花茂樹（松千代）
	御一統	立花監物家	1,000石	立花寛愷（伊予） 立花伴雄 立花薫
		立花大学家	1,000俵	立花寛治 立花寛正
十家	大組頭	小野家	2,000石	小野隆基（茂承・滝之助・若狭） 小野隆樹（田鶴若）
		矢島家	2,000石	矢島静斎（行敦・隼人・采女） 矢島生三
		由布家	1,500石	由布雪下（熊若・惟益・安芸） 由布真事（熊若・惟敏） 由布惟精（長三郎）
		十時兵庫家	1,000石	十時直宿（兵庫） 十時幹（峰之助）
		十時摂津家	2,000石	十時雪斎（惟恵・長門・摂津） 十時惟康（千代治・下総） 十時惟昌
		立花壱岐家	1,500石	立花親雄（熊五郎・峰之助・壱岐） 立花親敬（熊千代・備中・猶人） 立花親義 立花親恒
	組迯	立花織衛家	1,000石	立花通誠（長熊・弾正・栄春） 立花通年
		立花対馬家	1,000石	立花篤翁（縫殿助・対馬） 立花勝次郎
		立花志摩家	1,500石	立花友木（茂官・斎宮） 立花茂稔（辰之助・左京） 立花茂義（乙壽郎）
		立花但馬家	1,500石	立花雪叟（親郷・主計・但馬） 立花親徳（伊賀・駿河） 立花汎愛 立花親諦（半四郎）

備考1　出典は「旧柳河藩主立花家文書」,『柳河新報』,『三池郡誌』,『大
　　2　生没年月日の（　）は推定.

ある。近世中期頃には六家による世襲となる。もう一つは「組迯」と呼ばれる藩主官房ともいうべき組織において家老を世襲した家である。近世中後期より四家が順次、家老格の家となった。なお、「十家」あるいは旧来の石高から「千石以上取」と総称されることもあるが、これらの表記は明治期以降に用いられるものである。

第一節　明治初期における旧藩主家と旧門閥家

本節では、明治初期の旧藩主家において御家レベルの問題がいかなる主体によって扱われたのかを検討する。具体的には、家の存続に直結する家督相続をめぐる問題を取り上げる。

明治初期における華族の家督相続に関する法令として、明治三年（一八七〇）閏十月十七日の太政官布告第七四一号が出された。同令では、五〇歳以上の華族の隠居（病気などの理由がある場合はこの限りではない）や実子がいない場合、年齢にかかわらず養子願いが認められた。[5] さらに、明治六年には太政官布告第二八号および第二六三号により、華士族の家督相続については総領の男子を優先とし、その者に事故あるときは次男・三男・女子、該当者を欠くときは血統の者の順で相続を行うことが定められた。[6] ここでは華族の当主が嫡子へ家督相続を行う際、当主やその親族の署名による願出の提出は必要であるが、その願書を作成する段取りについては特に規定はないことを指摘しておく。

では旧藩主家における家督相続の決定が具体的にどのような手順を経るのかを立花家の場合で見てみよう。同家では明治七年に当主鑑寛が神経痛のため隠居を望んだため家督相続の可能性が生じた。その際に同家の東京邸詰家扶は柳川邸へ次の御用状を送っている。

今般
殿様〔鑑寛〕御隠居之
思召ニ被為在、右ニ付今度茂樹殿帰県之節、古老江御下問之儀
御申付ニ相成居、早速被申談候処、何れも異存無之候間、右御請被申上候趣、従同人被申聞候条、此段被達御聴

可被下候、(7)

鑑寛が隠居を決断するにあたり「古老」に対して下問が行われたことがうかがえる。右の過程から鑑寛の隠居、寛治の家督相続をめぐって「茂樹殿」と「古老」が重要な位置を占めていたことがわかる。「茂樹殿」は立花帯刀家の当主であり、「古老」とはこの場合、旧家老家の者たちを指す。彼らはいずれも立花家の旧門閥家の者たちである。

これらの家は明治初期の段階でも旧藩主家と血縁関係にあった。立花鑑寛の娘のうち成人した者について述べると、寿子は立花伴雄へ(明治四年)、孝子は立花弘樹へ(明治五年)、恭子は立花茂樹へ(明治八年)、敏子は茂樹の弟守雄へ(明治十五年)とそれぞれ一門の家へ嫁いだ。また養子縁組について述べると、鑑寛の子息のうち、次男であった寛治は大学家(後に明治七年二月十四日に本家へ戻る)、三男の寛正は十時兵庫家の養子となった後、明治七年二月十四日に大学家へ、幹は帯刀家から明治八年一月二十八日に立花家へ入り同年三月十日に十時兵庫家の養子となる。幹の場合、立花家から養子入りした寛正が十時兵庫家と養子縁組を解消したことで両家の結びつきが希薄化したのを補うため、幹を一度、立花家へ養子入りさせて十時家へ出したと推測される。血縁関係自体が当該期においても様々な意味を有していたが、その部分の検討はひとまず脇に置き、ここでは明治初期における立花家の家督相続の手続きには旧藩領の特定の者たち(＝旧門閥家)の合意を必要としたことを強調しておきたい。

では彼ら旧門閥家は家督相続以外の場面ではどのような位置を占めていたのであろうか。象徴的なのが、明治九年八月の金禄公債証書発行条例に対応する場面である。よく知られるように同条例により華族に与えられていた家禄は金禄公債へと切り替えられ、さらにそれらは第十五国立銀行の原資として集められた。その結果、彼らは毎年、同行の株式配当を得ることになる。しかし、その額は家禄が給せられていた時期と比較すれば大幅な減少となった。(8)

右のような事態に対して各旧藩主家では対応策を講じる必要が生じた。立花家の場合、明治九年九月の段階で前当主鑑寛は次の書翰を家扶たちに送った。[9] まず「日業之法方〔ママ〕」について「不動産之授業」に活路を見出したいと述べ、さらに「於其地も各始一家役員中定而確たる見込も可有之」と柳川邸詰の家扶たちにも意見を求めた。前当主自らが財政に関する方針を家扶に示すという姿勢からは収入減少に対する強い危機感を看取できる。もっとも、ここで注目したいのはこれに続く「一門古老等之向モ互ニ恩走之末此節ニ至候而者種々勘考致居候義ニ存候」という一文である。若干意味がわかりづらい部分もあるが、鑑寛は旧藩領の家扶以外の者たちが、旧藩主家の危機を察し、妙案を寄せてくれることを期待していたことが読み取れる。最終的には家扶たちが熟議し、成案を上京の際に持参するように指示しているが、旧藩主家の意思決定に制度上は無関係である「一門古老等」を参与させる可能性があった点を見逃してはならないだろう。

右のような旧藩主家と旧門閥家との結束は、柳川に貫属を換えた鑑寛が明治十一年七月に、当主寛治が九月に相次いで帰郷した際にも再確認された。同年十月の家令・家扶の「日記」には次のような記事が見える。

御一門古老列御寛話被為在度、今日午後二時御花畠へ罷出候様手紙差出置候ニ付、左之面々罷出ニ相成候、御両殿〔鑑寛・寛治〕様御寛話被為在候、追々御一家之義ニ付而御相談ニ相成、且此後ト申候而モ猶御相談ニモ可相成、万事心得致候様御願ニ相成候、[10]

同日記には招かれた「御一門古老列」の名は記されていないが、同日の奥掛家従の「日記」[11]によれば、一門の立花弘樹、立花寛愷、十家の小野隆基、十時雪斎が寛治と茶話をともにした記事が見える。このことから、少なくともこの四名は「左之面々」に含まれることは間違いない。

以上のように御家レベルの問題への対応を検討することにより、明治十年頃における旧藩主家と旧門閥家との関係を明らかにしたが、この事実は次の点で興味深い。従来の研究においては、明治十年前後の旧藩主家ないし大名華族は、宗族・親族と相互扶助の体制を構築したといわれる。より具体的に述べれば、金禄公債証書発行条例により華族の困窮化が懸念されたため、明治九年九月十三日に華族会館長岩倉具視は華族に対して宗族・親族との提携の強化を促した。そして、その指導を受けて各家は宗族条約を締結して、相互に家政の監督を行ったという(12)。しかし、中には立花家のように宗族や付き合いの薄い親族との提携に不満を表す者も見られた(13)。この問題についてはより多くの事例を分析する必要があるが、立花家の検討結果は、明治十年代の旧藩主家は岩倉の指導に従って宗族・親族との提携を強化したという一面的な捉え方に対して見直しを迫るものといえよう。

もっとも、旧藩主家と旧門閥家との関係について次の二点を留意しておきたい。第一に、彼ら旧門閥家の意思決定への参与という場面が見られたとはいえ、それは日常的なものではなかったという点である。先に家政について旧門閥家からの進言を期待する旧藩主鑑寛の発言が見られたが、管見の限りでは、実際に立花家の家政に対する旧門閥家の参与と認められる動きは、明治十一年に生じた同家が所有する干拓地をめぐる訴訟問題が唯一である(14)。しかし、一方では先述したように、当主らによって旧門閥家に対して家政運営への協力が求められている。この要請と右に述べた実態との齟齬をどのように理解するべきであろうか。たしかに立花家の場合、旧門閥家との関係を新たに再編するという方法を採ったが、秩禄処分の影響を受けて、同家の家計に相当する「御本方」は直ちに悪化に転じ(15)、次第に家政レベルの問題の重みも増していった。このような状況下で、それらの問題への対応能力が未知数であった旧門閥家との提携に重点を置いた形へ意思決定の仕組みを再編することへは踏み切れなかったのではなかろうか。明治十年頃までの立花家における意思決定の仕組みは、家令・家扶を中心としつつも旧門閥家との関係については手探りな状態にあったといえよう。

第二に、門閥という地位は世襲によるものであるがゆえに、意思決定の仕組みを彼らに依存する形にした場合、それは同時に旧門閥家そのものの存続をどのように行うのかという問題も孕んでいた。近世においては門閥の存続は基本的には自明のことであったが、明治以降はその限りではない。したがって旧門閥家自身の存続が危うくなった場合、旧藩主家側は意思決定の仕組みを見直す必要があった。そして次節で述べるように明治十年代の経済変動によって両者はこの問題に直面することとなった。

第二節　明治十年代における意思決定の仕組みとその変容

本節では明治十年代における旧藩主家の意思決定の仕組みについて旧門閥家との関係を中心に検討する。具体的には当該期の立花家において「実ニ御一家之重大事件」[16]とも評された立花家の当主寛治の離婚問題を糸口としたい。

明治七年十二月に立花家の家督を相続した寛治は、同九年十二月に旧郡上藩主青山幸宜の妹で旧平戸藩主松浦家の養女となった鉤子と結婚した。しかし、同十六年十二月二十五日に寛治は離婚を届け出る。まずはここに至るまでの過程を見ておこう。

寛治と鉤子の関係が悪化した理由は定かではないが、明治十六年の夏頃に鉤子が養家の松浦家に引き籠もったことにより両者の不仲が問題化したようである。そのため立花家は松浦家側と善後策を講じる。立花家の交渉役は東京邸詰の家扶三池親義と親族の立花種恭の二人であり、前者が主導的に行った。その際、柳川の家令・家扶へは三池から数次の報告がなされたが、柳川での協議を経る前に離婚の話が進展する。この点については東京に在住する当主の寛治の決断も早かったためと考えられる。そして九月二十八日までに松浦家より鉤子の「御引取」が示唆されたという[17]。立花家側は「於御当家者却而御幸福」あるいは「雨降地堅リ候」と記しているように、この騒動やそれ以前の振る舞いから鉤子に対する心証は良くなかったことがわかる。しかし、この頃に鉤子の妊娠も判明しており、離婚の決定に至るまでには複雑な背景が絡み合っていた。

ところで、この時点で柳川邸へ具体的な説明が必要になったためであろう、立花家では東京邸詰家扶の交代を行う。明治十六年九月十五日付で在京中の寛治から吉田孫一郎へ家令の辞令が下り、十月二日に吉田がそれを受諾、同月二十二日に同人は柳川を出立した。そして吉田の東京到着の後、十月二十九日に鉤子の養家である松浦家は同人の引き取りを正式に立花家へ申し入れた。一方の三池は十一月七日に出京、十三日に柳川に着く。十五日に柳川で家令小野忠三郎と家扶椿原基長および十時一郎、杉森憲正、大村務と協議し、その結果を十六日に立花鑑寛へ上申した。十九日に再度、家令・家扶および十時ら三名と協議を行う。そして柳川での決定の内容を携え十二月四日に三池が東京へ向け出発、同月二十五日に宮内省と居住区の下谷区長に寛治と鉤子の離婚を届け出た。さらに翌十七年一月十二日に東京から柳川にその知らせが届き、家令より鑑寛とその夫人へ上申が行われた。

一連の過程から次の二点を指摘しておきたい。一つはこの問題に対する旧門閥家の参与が確認できない点である。彼らに対して立花家がとった行動は、寛治の離婚の決定後に、「御一統」へは家扶が出向き、「御両家且千石以上」へは奉札にて報告を行ったのみである。(18) 前節で確認した旧門閥家に対する態度と比較すると著しく落差が見られる。もう一つは、家令・家扶や旧門閥家とは異なる特定の人物（十時一郎、杉森憲正、大村務）が問題解決に携わっている点である。九月に家令となった吉田も就任の経緯を辿ると彼ら三名と同一視できる。(19)

このように明治十年代の半ばにおいて立花家では吉田など、特定の人物たちが意思決定の一翼を担うようになるが、では前述した旧門閥家は立花家内においてどのような位置づけになったのであろうか。結論から述べれば、この時期、彼らは立花家の意思決定の場面から姿が見えなくなる。それどころか明治十年代半ばよりは彼ら自身が家計上の理由から立花家の家政レベルの問題として俎上にのぼることとなった。

この点についてもう少し具体的に説明しておこう。明治維新以降、秩禄処分などを経ることにより旧藩士たちは次第に困窮化していくが、なかでも西南戦争後の極度なインフレは彼らの生活に大きな痛手を与える。その結果、明治十四年に入ると立花家内にも旧柳河藩士の窮状が次々と伝えられる。例えば、同年の立花家の役状には「昨年来紙幣下落、諸式高直ニテ日ヲ追ヒ士族困窮ニ陥リ実ニ菜色ヲ顕シ景況」[20]とか、あるいは「士族日増ニ困窮之模様ニ御坐候、一好就産ト申候テモ無御坐候、唯困窮咄計ニ御坐候」[21]と記される。右のような経済状況のため、旧柳河藩士の中にはこの頃から手持ちの第九十六国立銀行[22]の株式を売却する者が見られるようになる。

旧門閥家は「当今金融六ヶ敷故歟全買手無之」[23]状況となった明治十六年前後から立花家へ株式や土地を売却しに来た。同家の史料から確認できる範囲では、表5にあるように旧門閥家のうち一門では四家中三家、十家では少なくとも五家については借金や所有する大口の動産・不動産の買い入れを立花家へ願い出ている。彼らの場合、インフレ期は他からの借金で凌げたが、デフレ期になって現金の調達に窮したと推測される。

ここでは彼らの困窮化について、二つの家を事例として挙げておく。一つは一門の立花帯刀家である。家令・家扶が伝えるところによれば、当主の立花茂樹は明治十六年五月の時点で「借金之方モ壱万千百六拾円四銭程」あり、「外ニモ弐千円計内輪借金」を抱えていたという[24]。ここまで借金を重ねた過程は判然としないが、親戚筋の話として「輝徳院様御存生中ハ年ニ多分之御入費」も必要とし、さらに「御家柄且於恭様モ御出ニ相成」るため安易な生活ができなかったとある[25]。「輝徳院」は九代藩主鑑寿の三女輝子で帯刀家に嫁いでおり、この前年の明治十五年十月二日に亡くなる[26]。「於恭」は鑑寛の娘で立花茂樹の妻である。近世においては家柄の源泉ともなった藩主家との血縁という要素が、近代においては皮肉にも自らの生活を苦しめる一因と化している。旧門閥家の困窮化にはこうした構造的

表5　旧門閥家の窮状（明治10年代）

家名	年月日	出　願　内　容
立花帯刀家	明治16年5月15日	立花茂樹より地所御買揚願，同年11月29日買揚願御断
	明治16年12月28日	中山屋敷地所御買い上げ願に付800円支払い，翌年1月24日に残りの300円を支払う
	明治17年5月31日	立花茂樹より第九十六国立銀行株式30株御買揚願に付き，1,950円にて買い入れ
立花監物家	明治16年1月5日	立花伴雄より願出，1）月々30円宛明治16年1月より満10年間御扶助，2）新御屋敷を御借家，3）以後他借一切嘆願等致さず，4）於寿様御金は10年間御願，10年後右元利金で御一家御暮の事
立花大学家	明治19年2月1日	立花寛正より400円の拝借願い
矢島家	明治15年2月13日	矢島静斎屋敷御買入願に付き，金522円余にて購入
由布家	明治16年5月15日	由布雪下より地所御買揚願の件相談，11月29日に御買揚願御断
	明治19年6月30日	由布雪下，真事より銀行株券御買揚願
十時摂津家	明治15年中	十時惟康家屋敷御買揚
	明治16年11月27日	十時雪斎より正明開御払願の義叶わず
立花壱岐家	明治18年2月20日	立花親義元屋敷1町1反5畝余を代金500円にて買入
立花但馬家	明治15年7月8日	立花汎愛屋敷1町3反19歩5合5勺（含水田，桑畠）を買い上げ

備考　出典は家令・家扶の「日記」および「役状」による．

な要因も含まれていたといえよう。

もう一つは十家の由布家である。第九十六国立銀行の関係者の話によれば、由布雪下は銀行の株式や公債証書を抵当に入れて銀行から借金をしていた。しかも、返済期限が来ても利子も払わないため、銀行側も「大迷惑」であったという。雪下自身は色々と画策をして「是迄之失策ヲ取返ス之積リ」であったが、「何事モ山師事ニテ仲々危ク」と評されるように、積極的な投資活動が裏目に出たようである[27]。実際に旧柳河藩士で東京在住の官僚であった清水彦五郎を通じて官営三池炭礦の払い下げ先を探ろうとするなど[28]、その投資意欲は旺盛であった。金禄公債証書によりまとまった資産を手にしたことで、投機市場に積極的に関与して却って痛手を負ったことが察せられよう。

もとより旧門閥家のすべてがこのように困窮化したわけではない。しかし、実際に明治十年代半ばにおける立花家の相談会には彼らの動産・不動産の購入や救済が議題として見られることも事実である。さらに重要なのは彼らからの購入をめぐる嘆願書には親族も連署を行っており、その親族もまた多くが旧門閥家の者であった点である。表5に見られる窮状はほかの旧門閥家にも連帯して関係するものでもあった。したがって立花家側としてはこれらの問題への対応を彼ら以外の者に担わせざるを得なかった。前述の四人が登場するのもこの旧門閥家が抱えていた問題と無関係ではないと考える。(29)

第三節　その後の旧門閥家

前節までで明治十年代までの旧藩主家と旧門閥家の関係を検討したが、その結果からさらに二つの課題を導き出せよう。一つは立花家の意思決定のなかで彼らはどのような位置になったのかという問いと、もう一つは旧門閥家自体はその後、どうなったのかという問いである。前者については家憲や家政会とあわせて検討すべきであるため次章に譲り、本節では後者について検討したい。

明治後期以降における立花家の旧門閥家を見ていくと三つに類型化できる。

第一は、経済的に困窮化して旧藩主家に経済的に依存するパターンである。旧門閥家のうち半数を超える家は、明治中期以降も生活状況は改善しなかった。その後の動向を判明する限りで記すと、一門の立花監物家の薫、十家の十時兵庫家の幹、矢島家の生三、立花壱岐家の親義は明治四十年前後に朝鮮に渡って農業を試みた。十時幹は明治三十九年十二月に渡韓の決意を立花家に告げ、農地購入費用として三〇〇〇円の借用を願い出た。立花家側は鑑寛と寛治の判断により翌年一月に幹へ同額を無償で下げ渡した。(30)また、親義は大正二年（一九一三）の時点でも立花家から借用中の七五〇〇円の返済猶予を願い出ている。(31)その際の書類によれば、朝鮮における農地取得が滞り、なおかつ日本人移民の増加で物価が騰貴したことにより、思うように貯蓄ができなかったと記される。

このほかに、立花但馬家の親諦は明治二十九年八月より、立花対馬家の勝次郎は大正元年十月から昭和十一年（一九三六）十一月まで、十時摂津家の惟昌は明治三十六年九月から大正五年九月まで立花家の家従として雇われている。(32) 惟昌については明治三十一年より家従として雇われる直前まで立花家より毎日玄米二升ずつの補助を受けており、家従への雇用は生活支援の一環であったと見なせよう。

第二は、地方の名士へと転化したパターンである。ここでの名士とは地方における首長や議員経験者を指す。一門の家では立花内膳家の弘樹と立花大学家の寛正が右の条件に該当する。立花弘樹は明治二十二年に合併最初の三池郡上内村の村長をつとめている。(33) このほかに、明治十二年に柳川で創業した第九十六国立銀行の初代頭取、後に取締役をつとめた。大学家の立花寛正は、昭和十四年に死去した際に地元の新聞に掲載された記事(34)によれば、福岡県会議員に当選し、城内村会議員として長く村治に努力するなど政治家として活躍したこと、第九十六国立銀行の後身にあたる柳河銀行取締役、柳河興産会社社長、福岡県農工銀行重役として「地方金融産業」の発達に尽くしたこと、さらには子息や孫たちの就職や在学、嫁ぎ先などが列記され「一門繁栄納めて子福長者」と評されている。

十家では小野家の隆基、隆樹、立花織衛家の通誠、立花志摩家の茂義が該当する。小野隆基は石炭を産出する平野山を所有していた。明治維新により同山は国有化され、隆基は政府から一万五〇〇〇円を払い渡される。その後、隆基は銀行や会社への投資により着実に資産を増やしていた。隆基の子の隆樹は明治二十二年に初代三池町長に選出され、さらに三池郡に設立された三池銀行の頭取や取締役を歴任した。また、柳河銀行の取締役にも選任された。(35) 立花通誠は前章でも述べたように長年、立花家の家扶を勤めた。旧門閥家でありながらも家扶として雇い入れられたこと自体が同人の能力の高さを示していよう。さらに表3に見えるように、同人は福岡県会議員に選出され、東京邸に在勤中に警視庁消防司令にも抜擢されるなど異色の経歴を有する。このほかに、立花茂義は八女郡会議員[36]や三池貯蓄銀行取締役などを歴任した。[37]

このように明治二十年代以降も、没落せずに地域において一定の地位を保持できた旧門閥家は複数確認できる。少なくとも表面的には家政が保たれていれば、旧門閥家という家柄は明治期の地域において一定の社会的な意味を有していたといえよう。社会集団の結合の象徴としてのおさまりの良さは何も大名華族に限ったものではないということである。むしろ町村レベルの場合、大名華族ではその規模には不釣合であり、旧門閥家の方が適正規模であったと見るべきであろう。明治二十二年に合併した町村の町長や村長に彼らが請われるという点はまさにそのことを意味していよう。[38]

ただし、次の点にも注意しておきたい。立花家の史料を仔細に分析すると、彼らのうち半数については別の側面が浮かび上がってくる。結論から述べれば、一部の旧門閥家は地元の名士のように映っても、その地位は立花家からの金銭的支援によって維持されていたという点である。つまり第二の特徴を有しつつも、第一の特徴も帯びているという第三のパターンである。具体的には一門の立花内膳家と立花大学家が該当する。

内膳家の立花弘樹は明治三十四年十二月時点で元利あわせて四万一一六〇円余の負債を抱えており、その処理のため立花家に対して低利で二万一〇〇〇円の借金を申し込んでいる。[39]また、大正二年に再び家計困難に陥り、同年より一〇年間、毎年一二〇〇円の補助を立花家から受けることとなった。[40]あわせてこの時に弘樹は立花家の家政会議員を辞任した。

大学家の立花寛正の場合、明治三十三年九月の時点で元利あわせて一万七三九円余の負債を抱えていた。[41]寛正はそのような事態になった理由について、「地方ノ義務トシテ不得止多少ニ係ハラズ各会社ノ株式ヲ引受ケ、其払込金ハ頗ル多額ニ相成」ったという。さらに不景気のため投資先の会社の解散や、無配当の影響を蒙り、生活費に不足が生じたと述べている。無論、同家が膨大な負債を抱えるようになった理由はそれだけではなかろうが、右にあるように「地方ノ義務」により様々な会社の株式を引き受けざるを得なかったという記述は注目すべきであろう。

家柄や血統の良さから、旧門閥家は旧藩士たちの間で日常的に敬意を払われていた。例えば、立花家や旧柳河藩士の史料を見ると彼らには「殿」や「様」などの敬称が付されおり、周囲から丁重に扱われていた様子がうかがえる。しかし、彼らは非常時には周囲よりも多くの寄付や出資などを求められる立場にあった。大名華族も同じような立場にあるが、彼らの多くは財政的な基盤が強固であり、また、旧藩のなかの優秀な人材が支えてくれた。旧門閥家はこれらの点で大名華族と決定的な差異があるゆえに、多くが没落することになったといえよう。

おわりに

以上、明治期における旧藩主家と旧門閥家との関係を検討した。最後に本章の議論を二つの角度からまとめておきたい。

第一は、旧藩主家の意思決定の仕組みの再編成という観点からすれば、立花家の場合、明治十年代後半に特定の旧藩士層を中心とした形になる。ただし、そこに至る過程は単純ではなかったことを指摘できよう。

旧藩主家の御家レベルの問題については、それまでの関係から旧門閥家が一定の地位を占める可能性があった。しかし、明治十年代半ばの経済変動にともない、同じ階層内でも極端な格差が生じた。その結果、彼らのうちの半数以上の家が旧藩主家に対して資産の売却を行うようになる。また、同じ階層内であるがゆえに、明治期においても経済的な問題を抱えていなかった旧門閥家も連帯的な責務を負うことになった。そのため、この旧門閥家の階層は全体的に旧藩主家内における地位を低下させることになる。

第二は、藩主家と門閥家との関係は近代に入って直ちに断絶したわけではなく、緩やかに解体していったことが明らかとなった。旧門閥家のいくつかの家では、明治二十年代以降も経済状況が改善せず、より一層、旧藩主家に経済的に依存する形となった。

そうであるならば、どのような理由で立花家は彼らに対して経済的援助を行うのかという疑問が浮かぶ。一門のように婚姻関係のある家もあるが、それだけでは困窮した十家の家までも援助する理由とはならないであろう。立花家の史料を見る限りでは、同家の家職や家政会議議員たちのあいだで旧門閥家へ援助を行うことに異論は生じていない。本章第一節で述べた明治十年頃の旧門閥家への当然のような期待などを鑑みると、旧藩主家と旧門閥家の明治期の関係は、我々が思う以上に強固であったのではなかろうか。

旧門閥家が旧藩主家にもたらす目に見えるような利益はない。あるとしたら旧門閥家という家柄それだけである。その彼らは、立花家における冠婚葬祭などの様々な儀礼に毎回、招かれている。同家における明治以降の儀礼については、旧藩主家としての自己認識や「御家」をめぐる観念と関わる問題であるため、現状ではこれ以上深く言及する準備はできていない。ただ一つ言えることは、立花寛治が明治二十二年に旧藩領に貫属を換えたことにより、両者の物理的な距離は格段に近くなったという点である。

しかし、明治三十年代後半から相次いで旧門閥家が朝鮮へ渡ることで、彼らと立花家柳川邸とのあいだに物理的な距離が生じたことは、個々の家との関係は別にして、旧藩主家と旧門閥家全体との関係の終焉を意味することになったと考える。

註

（1）家政会については、家政会議や家政相談会など家によって名称が異なるが、本書では一般的な議論を行う場合は家政会と表記しておく。立花家では家政会議と称している。

（2）千田稔「華族資本の成立・展開―一般的な考察―」（『社会経済史学』五二―一、一九八六年）。このほかに華族の家憲についての一般的な考察は、近藤斉『近世以降武家家訓の研究』（風間書房、一九七五年）、米村千代『「家」の存続戦略―歴史社会学的考察―』（勁草書房、一九九九年）、森岡清美『華族社会の「家」戦略』（吉川弘文館、二〇〇二年）第二部第二章三節がある。

（3）御家騒動を扱った研究は数多く知られるが、ここでは代表的なものとして、笠谷和比古『主君「押込」の構造―近世大名と家臣団―』（平凡社、一九八八年）、福田千鶴『幕藩制的秩序と御家騒動』（校倉書房、一九九九年）を挙げておく。

（4）以下、近世における立花家の門閥および家老家の記述については渡辺村男『旧柳川藩志』（青潮社、復刻版、一九八〇年）、同「柳河藩政一班」（『福岡縣史資料　第二輯』福岡県、一九三三年）、中野等「解説」（柳川市史編集委員会編『柳川歴史資料集成第三集　柳河藩立花家分限帳』柳川市、一九九八年）による。また内膳家については、内野喜代治編『立花内膳家』（一九三九年）も参照。

（5）明治政府の法令についてはすべて『法令全書』による。

（6）女子の相続後に夫を迎えるか養子を貰い受けたときは、同人へ戸主を譲ることとされている。

（7）明治七年六月十日付小野作十郎・大村務宛杉森憲正・大城伴九郎・佐野六太・幸丸弥次郎御用状（「両掛箱」Ａ九八―七―二）。

（8）霞会館編『華族会館史』（霞会館、一九六六年）第三章。立花家は同行の株式を一〇六五株取得した。この点については第二部を参照。

（9）〔明治九年〕九月二十二日付大村務・杉森憲正・矢島行治宛立花鑑寛書翰（「藩政」一八二四）。

（10）令扶「日記」明治十一年十月二十五日条（「柳立」三七二四―一）。

(11)「藩政」四六八。
(12)千田前掲論文「華族資本の成立・展開」、森岡前掲書。なお、ここでいう親族とは当主との婚姻や養子縁組みによる血縁関係を有する華族を、宗族とは明治政府によって生み出された擬制的同族関係となった華族を指す。宗族については、大久保利謙『華族制の創出』(吉川弘文館、一九九三年)、上野秀治「明治期の宗族制と安倍氏」(『学習院大学史料館紀要』一一、二〇〇一年)を参照。
(13)例えば、前掲書翰において立花鑑寛は次のように記している。
扨岩倉演説ニ縷々有之宗族親戚熟議之条其家其人ニより甚以難事ニ有之、此義ハ追々同族之中申合候ニ何れも迷惑之様ニ聞及候、当家ニ而も島津家抔者於当地全熟談之義不相成、
このとき、島津家は立花家と同類の宗族であったが、岩倉が説く宗族との提携の強化に違和感を示している点は注目されよう。さらに親族について鑑寛は次のように記す。
折々元三池抔と申合候丈者如何様とも相成申候得共、外親類者遠々敷向多く不行届之義ニ候、誠ニ成丈日業之法方《〔マヽ〕》相立候様と申事最以異論有之、実ニ難事ニ候、
右に見える「元三池」とは柳川立花家の親族にあたる三池立花家であるが、両家は近世期を通じて養子縁組みが行われるなど血縁関係が深かった。鑑寛はこの三池立花家との連帯については問題視していないが、縁遠い親類と協同して「日業之法方」を立てることには難色を示している。
ただし、筆者は華族の親族関係が有する意味を全面的に否定するものではない。この点については拙稿「大名華族の婚姻に関する一考察—明治期の旧柳河藩主立花家を事例に—」(『明治維新史研究』一二、二〇一四年)を参照。
(14)令扶「日記」明治十一年四月十五、十六日条。この際に同家の家扶は同年四月に立花親雄、小野隆基、矢島静斎、由布雪下を相次いで訪れている。ただし、この動きについては訴訟問題の原因となった干拓地の開発の起源を旧家老に確認に行ったとも考えられ、家政への参与という点では疑問が残る。
なお、古老たちが立花家に参集していたことは、「御本方」の帳簿に「古老」呼び出しの節の酒肴代が記されていることからもわかる。具体的には、明治九年十二月三十一日(「洋館倉庫(1)」B一一)、明治十年十月三日、十一月九日(「洋館

倉庫（1）」B一二）、明治十一年十月三十一日、十一月三十日（「洋館倉庫（1）」B一四）の支払い分が確認できる。また、「奥掛家従日記」明治十年九月十六日条（「藩政」四六七）に、「千石以上之御方々御家扶部屋ニ而御集会有之、御酒御拝領有之」とある。

（15）この時期の立花家の財政構造および家政改革については第二部第一章を参照。

（16）〔明治十六年〕九月二十八日付三池親義宛椿原基長・小野忠三郎役状（「柳立」四四五二）。以下、立花寛治の離婚問題については特に断らない限り、明治十六・十七年の令扶「日記」、および吉田孫一郎「備忘」（「甲木与一郎先生収集史料　吉田文書」三七）明治十六年十〜十二月条による。

（17）同右役状。

（18）令扶「日記」明治十七年一月十二日条（「柳立」三七二四―九）。

（19）明治十六年三月に、吉田も含めた大村、十時、杉森の四人のなかから一人が上京するように鑑寛からの依頼があった（前掲吉田「備忘」明治十六年三月一日条）。

（20）明治十四年三月二十二日付大村務・桜井正如宛三池親義・小野忠三郎役状（「柳立」四四六六）。

（21）明治十四年五月二十日付大村務・三池通誠宛小野忠三郎役状（「柳立」四四六六）。

（22）第九十六国立銀行は柳川地方に明治十二年一月に設立される。同行については第二部第二章で詳述したい。

（23）明治十六年五月九日付三池親義・戸次親林宛小野忠三郎・椿原基長役状（「柳立」四四五二）。

（24）同右。

（25）〔明治十六年〕六月一日付三池親義・戸次親林宛椿原基長・小野忠三郎役状の別紙（「柳立」四四五二）。

（26）明治十五年十月二日付東京御同僚中宛三池親義役状（「柳立」四四五二）において輝徳院死去を柳川から東京へ伝えている。なお、前掲『旧柳川藩志』では輝子の死亡年を明治十年としている（一四二頁）が、これは誤りである。

（27）〔明治十五年〕一月二十八日付清水藤一宛清水彦五郎書翰（「清水家文書」六一六、大牟田市立三池カルタ・歴史資料館所蔵）。

（28）〔明治十五年〕三月十七日付清水藤一宛清水彦五郎書翰（「清水家文書」六四〇）。

(29) 例えば、明治十六年の由布雪下と立花茂樹の地所買い上げの件で彼ら四人が召し出されている(令扶「日記」明治十六年八月五日条〈「柳立」三七二四―八〉)。
(30) 令扶「日記」明治四十年一月二十五日条(「柳立」三七四五)。
(31) 大正二年七月五日付由布惟義・淡輪信一・大村五郎宛立花親義「御恩借年賦金之義ニ付御願」(「要用書綴」〈「洋館倉庫(1)」K二一八〉)。
(32) いずれも各年の令扶「日記」による。
(33) 内野喜代治編『立花内膳家』(一九三九年)。
(34) 『柳河新報』昭和十四年二月二十五日。
(35) 小野家については、内野喜代治編『小野和泉と後裔』(一九四〇年)を参照。
(36) 本庄敏行編『八女郡全誌』(歴史図書社、一九七九年)二三八頁。
(37) 『昭和人名辞典』第三巻(日本図書センター、一九八七年)、底本は谷サカヨ編『大衆人事録』第一四版(帝国秘密探偵社、一九四三年)。
(38) ここで念頭にあるのは、柳田國男が『明治大正史世相編　新装版』(講談社学術文庫、一九九三年)で述べる「とにかくに大字は対立するものであった」(一七四頁)という明治二十二年の町村合併後のイメージである。この点については、有馬学「ムラの中の『民党』と『吏党』―近代日本の地域・選挙・政党―」(近代日本研究会編『年報・近代日本研究・一九地域史の可能性―地域・日本・世界―』山川出版社、一九九七年)も参照。
(39) 明治三十四年十二月二十九日付吉田孫一郎宛立花弘樹「歎願書」(「明治三十一年七月改要用書綴」〈「洋館倉庫(1)」D五一〉)。
(40) 大正二年十一月十二日付由布惟義・淡輪信一・大村五郎宛立花弘樹「御請書」(前掲「要用書綴」)。
(41) 明治三十三年九月二十五日付吉田孫一郎宛立花寛正「願書」(前掲「明治三十一年七月改要用書綴」)。

第三章　旧藩主家における意思決定と家憲

はじめに

前章では、家憲を作成する以前において旧藩主家がどのような意思決定の仕組みを抱えていたのかを、御家レベルの問題に注目しながら検討した。その結果、立花家では、明治十年前後において旧門閥家がその仕組みに組み込まれていたこと、彼らは明治十年代の経済変動の影響により家計の維持に苦慮していたこと、そして資産維持や借金の整理の際に旧藩主家に依存したことを明らかにした。彼らは旧藩主家の重要問題について助言する立場から、旧藩主家にとっての問題の因子へと立場を替えてしまったといえる。であるならば、旧藩主家において御家レベルの問題はその後、どのような形で処理されていったのかを検討する必要があるだろう。

また、旧藩主家の意思決定の仕組みをめぐっては、家憲そのものが旧藩主家にどのように導入され、定着していったのかということすらよくわかっていない(1)。大名華族の家憲とは家訓のような心得ではなく、家の運用方法を厳格に定めたものであり、当主の活動を様々な形で制約するものでもあった(2)。それにもかかわらずこのような制度が多くの家で強制されるまでもなく、積極的に受け容れられたこと自体が注目すべき現象であろう。

従来の研究では家憲導入の契機を外在的な要因に求めていた。具体的には明治十七年（一八八四）の華族令の施行や同二十二年の大日本帝国憲法の発布、あるいは明治二十七年に示された宮内省による家憲の登録を促す命令などである。(3)しかし、これらの点については状況証拠しか示されていないため、実際に作成された各家の家憲の作成時期と照合する作業が求められよう。

以上のような問題関心のもと、本章では立花家における家憲の作成過程を検討する。同家は明治二十六年に家憲を作成・施行したことは明らかとなっているが、(4)実は明治十年代後半に一度、その作成を行っているため家憲導入の早い事例に該当する。したがって旧藩主家と家憲の問題を検討する上で恰好の素材になり得ると考える。本章では家憲の導入に主導的であった特定の旧藩士層に着目することで、同家の意思決定の仕組みがどのようになったかを明らかにしたい。

第一節　旧藩主家における家憲作成要因の再検討

本節では、華族における家憲の導入の理由について、これまでの研究で示された論点の再検討を行いたい。

まず各家における家憲の導入時期について確認しておく。従来の研究は明治二十年代を家憲作成の一つの画期としてきた。しかし、筆者が確認できた家憲を比べるだけでもその導入時期は家によって著しく異なっている。現在、閲覧が可能な旧藩主家の家憲・家範を確認してみると、明治十年代に作成された家憲だけでも、旧久留米藩主有馬家「家範」(明治十三年九月、久留米市文化財収蔵館「鶴久文庫」)、旧名古屋藩主徳川家「家法条目」(明治十五年十二月、徳川林政史研究所)、旧福岡藩主黒田家「家憲」(明治十七年十月九日、九州大学文化史研究所「三奈木黒田家文書」)、旧岡山藩主池田家「家法節目」(明治十八年九月、岡山大学附属図書館「池田家文庫」)、旧平戸藩主松浦家「家政規則」(明治十九年十月、『松浦詮伯伝』二巻)を挙げることができる。したがって、外在的な要因のみで各家による家憲導入という現象は説明がつかないといえよう。

この点についてもう少し補足しておくと、従来の研究では家の危機を強調することで家憲の導入を指摘する。[5] 具体的には家督相続や財政の問題である。後者については財政構造の問題であるため、家憲導入を説明するための動機と見なすには無理がある。この点は第二部でも触れたい。

また、家督相続についてはどうであろうか。実際に発生した家督相続の件数を見てみると、これも家憲の作成時期を規定する要因とはいいがたい。表6は廃藩置県以降、家憲が頻出しはじめるとされる明治二十年を下限として、華族の家で生じた家督相続の件数である。同表によれば、大名華族にはこの期間に一七八件、月平均およそ〇・九件の割合で家督相続が生じている。若干の多寡は見られるが、特に家憲が多く作成されはじめるといわれる時期に家督相続が頻出するものではなかったことがわかる。

また、家憲の導入を明治二十年代に設定する理由の一つに、明治二十七年に華族令に新たに追加された第一一条および一二条[6]の影響を指摘する研究[7]もある。同令第一一条は華族に関する規定の範囲内において華族が家範を定めることを認めたものであり、第一二条には家範の施行については宮内大臣の認許を経ることとある。

表6 華族の家督相続発生件数

年号	旧大名	旧公卿
明治4年	9	3
5年	15	8
6年	17	9
7年	12	6
8年	9	10
9年	16	12
10年	16	4
11年	9	4
12年	10	3
13年	10	5
14年	8	7
15年	12	4
16年	11	8
17年	7	9
18年	5	4
19年	6	1
20年	6	3
合計	178	100
総家数	283	142

備考 1 対象の家は『華族制度資料集』4～26頁に，相続年は『平成新修華族家系大系』による．
2 華族を辞退した浅野家，士族に降格した大澤家は総家数には含まない．
3 女子の相続も含む．
4 明治4年は8～12月のみを採録．

実際に華族たちが宮内省に家憲・家範の認許を求めた事例については、宮内省爵位寮に保管されていた「家範登記簿」(8)によって確認できる。同帳簿には、明治二十八年二月六日に秋元家と小笠原家の家憲が登記され、それ以降、昭和十八年十二月十七日の龍田家まで合計五二点の華族の家憲・家範が登記されている。同帳簿を確認すると、家憲を作成した大名華族のすべてが宮内省へ届け出たわけではないことがわかる。例えば、旧久留米藩有馬家「家範」（明治三十五年十二月十二日、国立国会図書館憲政資料室「有馬頼寧関係図書」）、旧安中藩主板倉家「板倉氏家憲」（明治三十一年四月二十六日、国文学研究資料館「上野国安中板倉家文書」）などは登記されていない。つまり、前述の華族令第一二条に記載される宮内省による家範の認許については、届け出の義務や強制力はなかったと見るべきである。したがって華族令第一一条および一二条を大名華族たちの家憲作成の主要因とは見なしがたい。

なお、この「家範登記簿」には次の内容が記載されている。①家名と出願者、②家憲の認許の出願ならびに認可を受けた年月日、③家憲の実施期日、④家憲の条章数、⑤家政会議員の人名とその類型ならびに就任と解職の年月日である。⑤について補足をしておくと、宮内省は家政会議員を次の通りに分類していた。甲は親族、乙は旧藩士等、丙は顧問または監督的任務者、丁はその他の者である。家憲の条文に改正や家政会議員に異動が生じた際には「家範登記簿」にある家は届け出を行った。登記簿の記載内容を見る限りでは、宮内省側は各家の家政会議員を把握しようとしていたと思われる。

第二節　家憲作成以前における立花家の意思決定の仕組み

前章では明治十年代前半においては旧門閥家が意思決定の仕組みに組み込まれる可能性を指摘した。繰り返しになるが、旧門閥家への依存という仕組みは彼らの存続が前提となっていた。しかし、明治十年代半ばに彼ら自身の存在が旧藩主家にとって問題化することで、その仕組みは頓挫した。では、この時に旧藩主家の意思決定を支えていたのはどのような人物たちであったのかを、御家レベルと家政レベルとに分けて検討しよう。

御家レベルの問題については、前章で明らかにした事実関係から説明が可能である。立花寛治の離婚問題の事例から、明治十六年後半の時点で旧門閥家はこの問題には関与しておらず、彼らに替わって吉田孫一郎、大村務、十時一郎、杉森憲正の四人が中心となってこの問題に対処していた。彼らは明治維新期に参政（中老）に登用されて頭角を顕わした者たちであり、本書では特定の旧藩士層という呼び方をしたい。

次に家政レベルの問題について見ていく。明治十年代以降、経済情勢の変動や投資の選択肢が増えるなど、旧藩主家の家政の問題が複雑化した。そのため、この時期以降に家政を維持するためには意思決定に関与する者の能力が重要になってくる。立花家の場合、こうした問題に新たに関与するようになったのも前述した特定の旧藩士層であった。

この点について具体的なデータを示そう。表7は、家令・家扶が家職以外の人物と協議を行った日付と場所を判明する限りで一覧にしたものである。同表から明治十年代後半から家令・家扶と吉田ら四人との会合の頻度が上昇していることが読み取れよう。この会合は「相談会」と呼称され(9)、さらに「会議留」(10)も用意されていることから、ある時期から定例化されたといってよい。

この相談会で扱われた議題については「会議留」が現存しないため、その全貌を明らかにすることは難しいが、少なくとも東京邸と柳川邸との間で往復されていた「廉付」と呼ばれる文書の内容を協議していたと考えられる。「廉付」の形態は横帳で、その書式は案件を箇条書きにしたものである。それを受けた側の邸の家令・家扶は、東京であれば当主の寛治と、柳川であれば前当主の鑑寛と協議し、朱書により承諾ないし提案を略記して返送した。実際に前述した寛治の離婚問題で柳川へ戻った家扶の三池親義も「廉付」を携えている。[11] 現存する「廉付」や家令・家扶の「日記」から垣間見える範囲では、この相談会では主に立花家の収支に関する問題が協議されていたと考えられる。

また、大村や杉森が家令として立花家の家政を担っていた時期[12]にこうした形式の会議を確認できない。したがって相談会の成立時期は、彼らが退職した明治十四年末より以前に遡ることはないと思われる。ただし、会議という形式にこだわらず四人の集合という点に着目するならば、もう少し早い事例も見られる。例えば、明治十三年一月十一日に「兼而旧知事公〔鑑寛〕ヨリ御約束」のためこの四名が招かれている。[13] また、その後も寛治が帰郷した際に観月会などの催しにも招かれている。[14]

さらに個々人に注目すると、明治十四年に十時が立花寛治より東京における農事試験場用地の取得に関して下問を受けたり、[15] あるいは同十五年に吉田が鑑寛の三男寛正の「遊学一件」について御隠亭へ召されるなど、[16] 彼らはたびたび当主たちより重要な諮問を受けていた。

以上の事実関係から、彼ら四人と当主や前当主との緊密な関係が深まっていくことで次第に相談会という新たな意思決定の仕組みが形成されたと考えられる。このことは家憲によって家政会議が置かれてはじめて家職や親族以外の有能な旧藩出身者に依存するようになったのではないことを意味しよう。家憲作成以前の段階で後述する家政会議の原型ができあがっていたのである。

第三節　家憲の成立と意思決定の主体の再編

表7にもあるように、立花家の相談会は結果的には明治二十年代半ばまで存続している。明治二十六年以降、同会

が消滅するのは、この時に家憲によって定められた「家政会議」という新たな意思決定の機構が成立するからにほかならない。本節では家令・家扶に特定の旧藩士層を交えた相談会という意思決定の仕組みが、その後に成立した家政会議へとどのように繋がったのかを検討する。

「はじめに」でも述べたように、立花家では明治十年代の後半においてすでに家憲の導入を準備していた。具体的な動きは以下の通りである。令扶「日記」における家憲作成の初出は、明治十八年四月十九日に「憲法之事」を相談する記事[17]であるが、それより以前の同十七年三月二十九日に同家の家令（当時）であった吉田の「備忘」に、東京で旧柳河藩士の曽我祐準に面会し「小事件相談致ス、家憲並佐藤抔之学資ノ事共談ス」という記事[18]が見える。立花家においては華族令が出される明治十七年七月七日以前の段階ですでに家憲に関する議論が始まっていたことがわかる。

その後、同家における実際の家憲作成の開始は、現存する家憲の草案の書き込み[19]から、明治十八年初頭と考えられる。それ以降は次のような過程を経る。明治十八年初頭に柳川邸詰の家令・家扶により原案が作成され、同年三月に吉田らの四人により原案が修正される。その後、東京に送られ、同年冬に東京邸詰の家扶および旧三池藩主で親族の立花種恭との協議により再訂正される。翌十九年二月に柳川においてさらに修正が行われる[20]。このような経緯を辿った後、柳川に一時帰郷していた当主寛治は「御当家御改正之儀」について「御許可被遊御満悦[21]」の意を示した。

この間における家憲の作成主体を確認しておくと、家令・家扶および吉田らの四人、そして親族の立花種恭であり、ここでも旧門閥家の姿は見られない。さらにその家憲案の条文においても旧門閥家について特別な役割は記されていない。例えば、家政会議議員については定員九人とされているが、その資格は「旧柳河藩士族中ノモノトス」（第二〇条）と規定されるのみである。この時点での立花家内における彼らの位置が理解できよう。

このように立花家では明治十九年の段階で家憲を施行する準備が整っていた。しかし、同年十二月に行われた家政

表7　立花家「相談会」開催一覧

年月日	場所	大村	吉田	十時	杉森
明治一六年一月一六日	十時一郎宅	◎	◎	◎	◎
明治一六年一月二七日	小野忠三郎宅	◎	◎	×	◎
明治一六年三月三日	御花畠	◎	◎	◎	◎
明治一六年三月七日	御花畠	◎	◎	◎	◎
明治一六年三月八日	御花畠	◎	◎	◎	◎
明治一六年五月一五日	御花畠	◎	×	◎	◎
明治一六年八月五日	御花畠	×	×	◎	◎
明治一六年八月一三日	御花畠	◎	◎	◎	◎
明治一六年九月八日	御花畠	◎	○	○	○
明治一六年九月二四日	御花畠	○	●	○	◎
明治一六年一〇月一日	御花畠	◎	●	○	○
明治一六年一一月一五日	御花畠	◎	×	◎	◎
明治一六年一一月一九日	御花畠	◎	×	◎	◎
明治一七年一月一四日	御花畠	◎	×	◎	◎
明治一七年三月一四日	中町大和屋	◎	×	◎	◎
明治一七年五月一九日	御花畠	◎	●	○	○
明治一七年八月二日	御花畠	◎	○	○	○
明治一七年九月一一日	御花畠	◎	◎	◎	◎
明治一七年九月二三日	御花畠	◎	◎	◎	◎
明治一七年九月二八日	御花畠	◎	○	○	○
明治一七年一〇月一五日	御花畠	◎	○	○	○
明治一七年一一月二日	御花畠	◎	○	○	○
明治一七年一一月二四日	御花畠	◎	○	○	○
明治一八年一月八日	御花畠	◎	○	○	○
明治一八年二月二日	御花畠	◎	○	○	○

改革では財源の移管のみが実施され、家憲については「追テ御発表被為在候」[22]として、その施行は延期されている。その理由については、同年四月二十九日に公布された華族世襲財産法の影響があったと考えられる。例えば、東京邸詰の家扶十時嵩は次のように記す[23]。

華族世襲財産法御発令ニ相成、右ニ就而ハ御互篤ト勘考モノト被存候、此節御下県前ニハ何卒諸家様之御釣合及ヒ御当家御親族御会議之御組織上、御聞合被成下度重畳奉希候、

実際に「御親族御会議」が開催されたかは不明であるが、同法の施行によって親族の意見を聞く必要があると判断したことがわかる。さらには他家の動向なども見極めたかったのではなかろうか。いずれにせよ同法の発令が立花家の家憲実施を遅らせたことは想像に難くない[24]。

この明治十九年の家憲発表の延期以降、しばらくは立花家において家憲作成に関する動きは見られない。しかし、明治二十六年三月に再び家憲作成に向けた動きが活発化する。令扶「日記」には次のようにある。

明治一八年二月一九日	御花畠	◎	○	○	○
明治一八年二月二五日	御花畠	×	○	○	○
明治一八年四月一九日	御花畠	◎	×	◎	◎
明治一八年四月二六日	御花畠	◎	○	○	○
明治一八年五月一日	御花畠	◎	○	○	○
明治一八年六月二四日	御花畠	◎	○	○	○
明治一八年八月三日	御花畠	○	○	○	○
明治一八年一二月二四日	御花畠	×	○	○	○
明治一九年二月八日	御花畠	○	○	○	○
明治一九年三月一〇日	御花畠	◎	○	○	○
明治一九年三月一六日	御花畠	◎	○	○	○
明治一九年三月一九日	御花畠	◎	○	○	○
明治一九年一〇月二六日	御花畠	○	●	○	○
明治一九年一一月一七日	御隠亭	◎	●	◎	◎
明治一九年一一月三〇日	吉田孫一郎宅	◎	●	×	◎
明治一九年一二月一日	御花畠	◎	●	×	◎
明治一九年一二月一一日	御花畠	◎	●	◎	◎
明治一九年一二月二一日	御花畠	◎	●	◎	◎
明治二〇年二月一日	御花畠	◎	◎	×	◎
明治二〇年三月五日	御花畠	◎	◎	×	◎
明治二〇年三月六日	御花畠	◎	◎	×	◎
明治二〇年五月一七日	御花畠	◎	◎	◎	◎
明治二〇年五月二一日	橘蔭学館	◎	◎	◎	◎
明治二〇年七月二日	御花畠	◎	◎	×	◎
明治二〇年七月一七日	御花畠	○	○	○	○
明治二〇年七月二五日	御花畠	○	○	○	○
明治二〇年八月八日	中山農事試験場	×	◎	◎	×
明治二〇年八月二一日	中山農事試験場	◎	○	○	○

御家憲御調之義ニ付、曽我〔祐準〕子爵、大村務、吉田孫一郎、十時一郎、〔小野〕忠三郎、〔十時〕嵩罷出、御両殿様御着座之上、調之義御相談相成、即日ヨリ調ニ懸リ夜ニ入引取ル、[25]

この会合以降、立花家における家憲の作成は、次のような行程を辿る。①曽我、大村、吉田、十時によって三月十六日より十八日までの期間に原案が作成される。この際、前当主の鑑寛も「御家憲草案条件ニ付種々御質問且御意見等」[26]を示すなど、その作成に関与している。その後、四月頃に吉田と十時が「御当家会計法立案」の作業を行う。六月には「御内家御家憲其他実則按」[27]について東京の曽我祐準から回答が送られる。そして八月三十日には「御家憲ニ関スル緊要事件ノ御垂問ノ為メ」大村、吉田、十時が立花寛治に召し出されている。その後、九月二十六、二十七日に、②「御一門始元千石以上」の者すなわち旧門閥家へ下問が行われる。さらに十月一日に、③立花政樹、立花寛正、立花親信、由布惟義、三池親義、野田卯太郎、渡辺純一、森軍治（欠席）、樺島與三郎（欠席）を招いて下問が行われ

明治二〇年九月七日	御花畠	◎	○	×	○
明治二〇年九月二一日	御花畠	○	○	×	○
明治二〇年一〇月三一日	中山農事試験場	◎	◎	×	×
明治二〇年一一月一九日	御花畠	○	○	○	○
明治二〇年一二月二日	御花畠	○	○	○	○
明治二〇年一二月一六日		○	○	○	○
明治二一年二月四日	御花畠	○	○	○	○
明治二一年三月二〇日	御花畠	○	○	×	×
明治二一年五月三一日	大村務宅	○	○	○	○
明治二三年二月二〇日	御花畠	◎	◎	◎	×
明治二三年二月二二日	大村務宅	◎	◎	×	×
明治二三年六月一八日	御花畠	×	◎	◎	×
明治二三年九月一七日	御花畠	×	○	○	○
明治二三年一一月一三日	大村務宅	◎	◎	×	×
明治二三年一二月五日	小野隆基旧宅	◎	◎	×	×
明治二三年五月六日	御花畠	×	◎	◎	×
明治二四年三月三〇日	中山農事試験場	◎	×	◎	×
明治二五年一月一四日	御花畠	◎	●	◎	×
明治二五年三月七日	御花畠	×	◎	◎	×
明治二五年三月一一日	御花畠	◎	×	◎	×
明治二五年三月一五日	中山農事試験場	◎	◎	◎	×
明治二五年九月二四日	御花畠	◎	◎	◎	×
明治二五年一〇月一一日	御花畠	×	◎	◎	×

備考1　出典は令扶「日記」および吉田孫一郎「備忘」による。
　　2　◎は名前が確認できる者、○は「例之人数」や「大村列」という表記から出席が推測される者、●は家令として出席。

た。彼らは、私立尋常中学伝習館館長の立花政樹を除けば、いずれも旧柳河藩領の山門郡および三池郡選出の現職県会議員である。このように明治二十六年の家憲作成は家令・家扶および特定の旧藩士層の三人が中心となってはいるが、同時に旧門閥家や地方有力者へも配慮がなされている。そして同年十二月五日に家憲が発表された。

この立花家の家憲[28]の発表をめぐっては以下の二点を指摘しておきたい。一点は関係者たちの間で共有されていた家憲に対する強い期待感である。細かな内容は省略するが、当日の式次第からは同家がこの家憲発表を重要な慶事と位置づけていたことが窺える。一連の儀式の終了後には、「奥表」の者たちがいずれも紋服着用の上、当主に「御祝儀」を申し上げている場面も見え、家憲の発表が御家の存続を保証してくれるかのような感覚を抱いていたことがわかる。

この点は鑑寛および寛治が執筆した家憲の前文からも読みとれる。同文には、同家が大友氏以来の名族という家系を維持し、皇室の藩屛として外に家名を轟かせねばならないという意志が示されている。そしてそのためには「家政内ニ治マラサレハ功績外ニ施スコト能ハス」として、「一定ノ家憲存スルニアラサレハ亦何ニ由リテカ永ク家政ノ斉治ヲ期セン」と記す。

ではなぜ、彼らは家憲に対してこのような期待感を抱いていたのであろうか。それを直接物語る史料は見当たらないが、他家の家憲から当事者たちの認識を推し量れそうである。例えば、明治二十七年八月に作成された旧館林藩主秋元家の「秋元家家範」には、「夫レ家ニ家範アルハ猶国ニ憲法アルカコトシ、国ニ憲法アリテ人民率由スル所ヲ知リ、家ニ家範アリテ子孫遵守スル所ヲ知ル」と記されている(29)。ここでは同時代における国家と憲法の関係を家と家憲に敷衍させている点に注目したい。立花家の場合、こうした趣旨の文面は見当たらないが、家憲の作成に携わったのは民権運動期において憲法に関心を寄せていた者たちである(30)。また当主の寛治自身も明治十四年の国会開設の詔以降、議院のあり方や柳川地方における私擬憲法の議論に強い関心を抱いていた(31)。彼らが家憲の存在を自明視するのもこのような経験に由来しているのではなかろうか。

もう一点は家政会議の成立によって生じた意思決定の主体の変化についてである。明治二十六年の家憲の作成の中心となったのが①のグループであることは間違いない。その中でも吉田、十時、大村は、繰り返しになるが明治十年代半ば以降より立花家の家政に影響を及ぼしてきた面々である(32)。しかし、立花家の初代の家政会議議員は彼らのみで構成されていない点にも注意しておきたい。最初の家政会議議員七名については家憲第三四条に基づき、家憲が発表された日に当主より委嘱が行われた(33)。十時、吉田、大村の①の面々は当然選任されている。これまでの経緯を踏まえれば、杉森もこのグループに入れられよう。他方で、東京在住の曽我が選ばれなかったことは、この会議が柳川邸で開かれること、ひいては同家の立脚地が旧藩領にあったことを示している。また、この他には②の「御一門始元千石以上」から立花弘樹、小野隆基が、③からは立花親信が選任された。家憲作成の際に目立つことのなかった者からも選ばれていることから、人数こそ①に比重を置きつつも、三者から議員を選ぶことで出自の均衡が計られている。

ここで注目すべきは②の旧門閥家についてである。明治十七年から十九年の時とは異なり、同二十六年の家憲作成の際には下問を受けており、立花家内での「復権」の様子が窺える。この点は家憲の条文にも反映されている。御家レベルの問題、具体的には、立花家の相続順位の変更、家主および相続人の結婚、男子の分家もしくは養子ならびに女子の婚嫁について、門閥は「嫡流戸主ニシテ公民権ヲ有スルモノニ限リ旧誼ヲ重ンシ」て諮問を受けるとある。さらに一代限りであるが、第三八条には「旧藩政ノ時ニ於テ家老職ニ任シタル者ハ〔中略〕諮問ヲナシ及家政会議議員ヲ嘱托スルコトアルヘシ」ともある。管見の限りであるが、大名華族の家憲において旧門閥家を特別視した例はほとんど見られない。そのため右のような規定は立花家特有のものといえる。この点は、立花家の当主寛治が明治二十二年に農事試験場の運営のため東京から柳川へ貫属を換え、その結果、同家の家政運営の比重が東京から旧藩領の柳川に移ったことと関連すると思われる。

最後に立花家の家政会議議員の構成の変化についても検討しておこう。同家の家政会議議員の資格は、①旧柳河藩士とその子孫にして満二五歳以上で地租または所得税を五円以上納める者か、②満三年以上、立花家の家令・家扶であった者のいずれかの条件を満たす必要があった（第一七条）。その後の被選者を確認すると表8の通りである。(34) 同表からは現任者が連続して当選していることがわかるが、二つの点で変化も見られる。

第一は、旧門閥家出身者の減少である。旧門閥家のうち新たに議員に選出されたのは資産家として成功した小野家の二人のみである。彼ら以外で家政会議議員に選ばれた旧門閥家の者たちの何人かは、前章でも確認したように、立花家の援助を受けながら資産を維持し、前述の議員資格①を満たしていた。

第二は、議員の居住地の変化である。会議そのものは柳川邸で開催されるため、立花家の家政会議は旧藩領に在住する人物に依存した仕組みであった。しかし、大正六年（一九一七）の白仁武[35]以降、次第に東京在住者が増加している。そのため、昭和五年（一九三〇）四月には家範の改正が行われ、半数の議員は東京において会議を行うこととなった[36]。家令・家扶と同様に家政会議議員についても、旧藩領からの人材確保が次第に困難になっていったといえよう。

おわりに

最後に本章で明らかにしたことをまとめておこう。旧藩主家においては御家レベルの問題の取り扱いは当初、旧慣的に旧門閥家の参与が想定されていた。近世からの関係上、それは旧藩主家にとって最も馴染みのある体制であったといえよう。もっとも旧門閥家の存続を前提としていたため、明治十年代の経済変動によってその体制の不安定さが露呈された。そのような中で、立花家では特定の旧藩士層によって相談会という後の家政会議の原型が形成された。さらに結果的に施行されなかったが、明治十九年の段階で家憲案を作成し家政会議を立ち上げようとした。

これまでの研究でも指摘されるように、家憲作成の基本的な目的が家の安定的な存続にあったことは論を俟たない。しかし、その導入の契機については本章でも確認したように華族令の施行や旧藩主家の財政の悪化といった外在的な要因とは直接的には結びついていない。むしろここで問題とすべきは、立花家内で意思決定の仕組みとしては相談会という形式ができあがっていたのにもかかわらず、家政会議を導入しようとしたのはなぜかという点であろう。

この問題については、旧藩主家の意思決定の担い手の確保という角度から答えられる。明治十年代から二十年代前半にかけて立花家の意思決定を担った吉田たちにも寿命があり、いずれは相談人の座から降りなければならない。そこで立花家の将来にわたって優秀な人物が同家を支えてくれる制度を構築する必要があった。その際に問われるのが

被選年月	主な履歴
明治26，32，38，44年	上内村長　第九十六国立銀行頭取
明治26，32，38，44年	第九十六国立銀行取締役
明治26，28年	柳川師範学校附属中学校長　三池郡長
明治26，30，36年	立花家家令　山門郡長　第九十六国立銀行取締役　三池紡績取締役
明治26年	福岡県会議員　山門郡長　第九十六国立銀行取締役　立花家家令
明治26，30，36年	柳河藩参政　権参事　額田県権参事　第三調所区長　福岡県会議員　山門三池郡長　衆議院議員　第九十六国立銀行取締役
明治26，28，34，40，大正2年	戸長　三潴県十二等出仕　区長　柳川師範学校校長　福岡県会議員　衆議院議員　柳河軌道社長
明治30年	三潴県13等出仕　小学校教員　立花家家従勘定掛　立花家家扶　成産社幹事　紫潟社役員
明治27，32，38，44，大正6，12年	福岡県会議員　柳河銀行取締役　柳河興産会社社長　城内村会議員　福岡県農工銀行取締役
明治32，34，40年	洋学校校長　福岡県会議員　立花家家扶　柳河授産所長
明治38年	
明治39，42，大正4年	戸長　愛知県官吏　城内村会議員　柳河銀行頭取
明治40，42年	城内村会議員　福岡県会議員　衆議院議員　瀬高酒造社長
大正2年3月，同年12月，8，15，昭和6年	立花家家扶　柳河銀行頭取　松岡紡織所取締役
大正2，4年	第四扱所戸長　山門郡書記　山門郡会議員　城内村会議員　柳河軌道株式会社社長
大正2，6年	下妻郡広瀬村・小田村戸長　連合町村会議員
大正4，6，12年	柳河銀行取締役
大正6，8，15年	抜刀隊　田川郡赤池炭坑　城内村村長
大正6，10，昭和2年	栃木県知事　八幡製鉄所長官　関東庁民政長官　日本郵船社長
大正6，10，昭和2年	三池紡績会社取締役　柳河銀行取締役　興産会社取締役
大正12年3月，同年12月	立花家家令
大正14，昭和4年	蚕糸学校長　朝鮮総督府農政課長　柳河町長
昭和3，6，12，18年	立花家家扶　柳河銀行取締役
昭和3年	県農事試験場技師　朝鮮総督府農政課長
昭和4，8，14年	福岡県立尋常中学伝習館長　青島税関長　大連税関長
昭和4，10年	同志社大卒　ミシガン大卒　日本銀行監事
昭和4，10，17年	東京市内記課長　本所区長　東京市外代々幡町長　東京市助役
昭和6年	立花家家扶　柳河銀行取締役
昭和10，12年	三井物産総務部長　平壌鉱山所長
昭和10年6月，同年12月，17年	東洋拓殖会社　三池銀行　柳河銀行取締役
昭和8，14年	東京帝国大学教授
昭和10，17年	横浜正金銀行リヨン支店長　日仏銀行専務取締役
昭和12年	—
昭和14年	—

よる．

を行っていない．

優秀な人物の出自である。

もう一度確認しておくと、意思決定への参与という点だけを見れば、旧慣的な関係にあった旧門閥家や、当主たちと特別な関係にあった旧藩士層のみによって構成された相談会については家憲を必要としていない。しかし、彼ら以

表 8　立花家家政会議議員名簿

氏名	住　所	生没年月日
立花弘樹	山門郡城内村	嘉永 3 年 12 月 9 日〜大正 11 年 11 月 26 日
小野隆基	三池郡三池町	天保 8 年 12 月 12 日〜大正 4 年 8 月 11 日
杉森憲正	山門郡城内村	天保 5 年 8 月 13 日〜明治 30 年 7 月 31 日
大村　務	山門郡城内村	天保 12 年〜明治 39 年 7 月 31 日
吉田孫一郎	山門郡城内村	天保 14 年 3 月 16 日〜大正 2 年 2 月 23 日
十時一郎	山門郡城内村	天保 14 年 11 月〜明治 37 年 12 月 24 日
立花親信	山門郡城内村	弘化 2 年 4 月〜大正 5 年 9 月 29 日
椿原基長	山門郡城内村	天保 11 年 8 月 1 日〜明治 31 年 7 月 16 日
立花寛正	山門郡城内村	安政 6 年 5 月 13 日〜昭和 14 年 2 月 19 日
十時　嵩	八女郡北山村	(天保 13 年)〜大正元年 11 月 25 日
十時　幹	山門郡城内村	？〜大正 9 年 12 月 20 日
十時文四郎	山門郡城内村	嘉永 6 年 1 月 18 日〜大正 5 年 12 月 17 日
由布惟義	山門郡城内村	嘉永 2 年 11 月〜大正 14 年 7 月 22 日
十時　允	山門郡城内村	明治 4 年 12 月 24 日〜昭和 10 年 4 月 23 日
山崎　断	山門郡城内村	(弘化 2 年)〜大正 6 年 5 月 23 日
沖　健雄	山門郡東山村	嘉永 3 年 9 月 13 日〜昭和 8 年 1 月 24 日
小野隆樹	三池郡三池町	安政 5 年 4 月 21 日〜昭和 12 年 1 月 15 日
内山田　収	山門郡城内村	嘉永 7 年 7 月 3 日〜昭和 8 年 1 月 13 日
白仁　武	山門郡城内村	文久 3 年 10 月 21 日〜昭和 16 年 4 月 20 日
竹原　苞	山門郡城内村	(嘉永 3 年)〜昭和 10 年 7 月 23 日
由布惟義	山門郡城内村	—
十時雄次郎	山門郡	明治 8 年 5 月 20 日〜昭和 6 年 6 月 25 日
吉田武治	山門郡城内村	明治 4 年 8 月 1 日〜昭和 34 年 7 月 1 日
立花通年	山門郡城内村	明治 11 年 5 月 5 日〜昭和 7 年 11 月 19 日
立花政樹	鎌倉市鎌倉山旭ヶ丘	慶応元年 9 月 21 日〜昭和 16 年 12 月 25 日
濱岡五雄		(明治 6 年)〜昭和 14 年 2 月 24 日
十時　尊	東京市世田谷区	(明治 12 年)〜昭和 28 年 6 月 10 日
大村五郎	山門郡城内村	明治 11 年 4 月 23 日〜昭和 18 年 5 月 5 日
淡輪雅信		明治 15 年 1 月 15 日〜？
山崎貞吉	山門郡城内村	
藤村　作		明治 8 年 5 月 6 日〜昭和 28 年 12 月 1 日
與田作造	東京市中野区	明治 11 年〜？
大村五郎		—
淡輪雅信		—

備考 1　出典は「家政会議々員人名簿」(「北庫（4）」A9),『柳河新報』に

2　大正 14 年 12 月は手違いにて，昭和 16 年 12 月は情勢に鑑みて選挙

3　生没年月日の（　）は推定.

外の人物も参与する家政会議は家憲のなかに位置づけられていた。この点を重視するならば、旧門閥家やそれに準じる者たち以外の者、例えば旧下級藩士や旧藩領内の県会議員のような旧家臣ではない人物などが、何らの制度的根拠を欠いたまま旧藩主家の御家レベルの問題を取り扱うことに対して抵抗感があったのではなかろうか。つまり家憲とは、本来、旧藩主家の意思決定に参与する資格のない者に対して制度的根拠を与えるものであった。別な角度からはこのようにいえるかもしれない。家憲が自明のものとして存在していて、その中に後から家政会が組み入れられたのではなく、意思決定の仕組みとそこに携わる主体の問題が前提として存在し、それを解決するために家憲という形式が求められたのであると。

また、もう一つ注目すべき点は、旧門閥家に替わって旧藩主家内で一定の地歩を占めるようになった特定の旧藩士層の出現である。なぜそれがある特定の人物たちによって占められたのかという課題は依然として残されているが、ここでは彼らの台頭こそが旧藩主家と旧藩士との関係の再編成を意味するという点を強調しておきたい。その再編成が明治期の旧藩領にどのような影響を及ぼしたのかという問題については第二部以降において論じたい。

註

（1）千田稔「華族資本の成立・展開—一般的な考察—」（『社会経済史学』五二—一、一九八六年）、近藤斉『近世以降武家家訓の研究』（風間書房、一九七五年）、米村千代『「家」の存続戦略—歴史社会学的考察—』（勁草書房、一九九九年）、森岡清美『華族社会の「家」戦略』（吉川弘文館、二〇〇二年）第二部第二章三節。大名華族の家憲に関する個別研究としては、寺尾美保「『家範』についての一考察」（『鹿児島歴史研究』二、一九九七年）、真辺将之「明治期『旧藩士』の意識と社会的結合—旧下総佐倉藩士を中心に—」（『史学雑誌』一一四—一、二〇〇五年）がある。

（2）旧福井藩主家の松平康昌は次のように述べている（東西文明社編『公卿・将軍・大名』東西文明社、一九五八年、二五一頁)。

　主人がこうしたいと思っても、家の顧問というものが反対すれば、主人の意思は通らない。〔中略〕主人の意見より、顧問会議の意見のほうが、たいていの場合強制力をもっていた。殿さまがへこむほかない。

(3) 例えば、千田前掲論文、森岡前掲書。
(4) 近藤前掲書。
(5) 森岡前掲書。
(6) 明治二十七年六月三十日宮内省達甲第二号(『法令全書』二七―四、四二六・四二七頁)。
(7) 森岡前掲書。
(8) 識別番号三一五四四(宮内公文書館所蔵)。
(9) 令扶「日記」明治二十年五月十七日、十一月十九日条(「柳立」三七二五)。
(10) 令扶「日記」明治十八年八月三日、十二月二十四日条(「柳立」三七二四―一〇)。「会議留」の存在は確認できていない。
(11) 令扶「日記」明治十六年十一月十五日条には「親義下県ニ付廉附持参之分十時、杉森、大村三氏夕方御花畑へ罷出候上相談致候事」、また十一月十六日条には「吉田氏出京之節持参ニ相成候廉付、東京ニ而御差図ニ相成候朱書之趣上申仕候事」とある(「柳立」三七二四―八)。
(12) 第一部第一章で見たように、吉田は明治初期に家扶に、そして同十年代以降は不定期的に家令に就任するなど、断続的に立花家に勤めていた。また、大村と杉森は明治零年代後半に家扶を勤め、後に家令に昇進している。
(13) 吉田孫一郎「備忘」明治十三年一月十一日条(「甲木与一郎先生収集史料　吉田文書」二〇)。鑑寛は明治十一年に柳川に貫属を換え、立花家敷地内の「御隠亭」と呼ばれる邸宅に居住していた。
(14) 例えば、吉田「備忘」明治十三年八月二十二日条、同十四年十一月四日条、同十五年二月五日条など。もっとも、この場で立花家が抱えていた問題まで話し合われたのかは判然としない。
(15) 明治十四年四月二十九日付小野忠三郎意見書(「北庫(2)」B八)。
(16) 吉田「備忘」明治十五年二月六日条(「甲木与一郎先生収集史料　吉田文書」二一)。

(17) 令扶「日記」明治十八年四月十九日条。
(18) 「甲木与一郎先生収集史料　吉田文書」三七。
(19) 「憲法書類」と記された包紙に在中のもの（「柳立」四四四五）と、明治末期における立花家内の書類整理の際に他の文書と合綴された簿冊（「藩政」一四五八）。
(20) 明治十九年二月十七日付三池親義・十時嵩宛小野忠三郎・立花通誠役状（「藩政」一二七二）。
(21) 令扶「日記」明治十九年二月八日条（「柳立」三七二四―一一）。
(22) 〔明治十九年十二月二十六日付〕役状（「藩政」一三三八）。
(23) 明治十九年六月十一日付小野忠三郎・三池親義宛十時嵩役状（「藩政」一二七二）。華族世襲財産法については、大久保利謙『華族制の創出』（吉川弘文館、一九九三年）を参照。
(24) 結局、立花家は世襲財産の設定を行わなかった。
(25) 令扶「日記」明治二十六年三月十六日条（「柳立」三七三三）。以下、同年の家憲作成に関する事実関係は特に註記がない限りは同日記に基づく。
なお、曽我祐準著・坂口二郎編『曽我祐準翁自叙伝』（曽我祐準翁自叙伝刊行会、一九三〇年）三七五頁には、曽我は旧来からの友人の吉田に依頼されてこの家憲作成を手伝ったとある。
(26) 吉田「備忘」明治二十六年三月十八日条（「甲木与一郎先生収集史料　吉田文書」四四）。
(27) 吉田「備忘」明治二十六年六月八日条。
(28) 立花家の明治二十六年作成の家憲については、原本と照合を行った結果、近藤書掲載のものは案文と判明した。本稿では原本を用いて論述したため、同書とは内容や条数が異なる。立花家の家憲全文については、拙稿「旧藩主家における意思決定と家憲―旧柳河藩主立花家を中心に―」（『九州史学』一四六、二〇〇六年）に掲載した。
なお、立花家は、「万々世モ御保存ヲ被要候最一之御重要書ニ御坐候間、御用紙之義永世御保存ニ適当ナル特別良好之紙質御精選ニ相成度」との理由から、特別に家憲の用紙を東京から取り寄せた（明治二十六年八月二十四日付曽我祐正宛小野忠三郎・立花通誠役状〈「柳立」四四七一〉）。

（29）宮内公文書館所蔵。旧稿では「上野国館林秋元家文書」（国文学研究資料館所蔵）の活版印刷の家憲を用いたが、毛筆で記された宮内公文書所蔵の同家の家憲と一部異なる部分があった。よって本章では後者を定本として用いた。なお、類似した論理を有する家憲として、青山家家範（明治三十八年十一月五日）、大関家家範（明治三十九年）がある（いずれも宮内公文書館所蔵）。

（30）柳川地方で立花親信らによる私擬憲法の構想があったことは江村栄一氏の指摘によって知られる（「解題」『日本近代思想大系九　憲法構想』岩波書店、一九八九年）。

（31）例えば、寛治は家扶の三池に対して「上院ヲ設立シ上ハ輔翼ノ任トナリ下ハ人民ヲ調和セント欲ス」、あるいは「其地政党ノ設ケアリ、其派両ニ曰ク、一院ヲ主トスト聞ク、然レハ撰挙方如何」と述べている（明治十五年七月付三池親義意見書に対する寛治の朱答〈「柳立」四四五二〉）。

（32）杉森については明治二十二年頃から同二十六年の家憲発表まで令扶「日記」から名前が見えなくなる。

（33）それ以降については後述するように家政会議議員同士による互選で選出する。また、立花家の家令・家扶は家憲の規定により家政会議議員には選出されない。

（34）同家の家政会議議員の選出方法は次の通りである。任期は六年であったが、改選については二年に一度、三分の一ずつが改選された（最初と二回目の改選対象者は抽選で決める）。選出は非改選議員、すなわち現職議員による投票（改選議席一議席につき二人を連記）が行われ、獲得投票数の上位に該当する複数名（改選議席数の二倍の人数）が当主に推薦される。そして当主はその中から改選数だけ議員の嘱託を行う（第一九条）。

（35）白仁の居住地の表記は柳川であるが、実際には内務官僚として各地を転々としていた。

（36）立花家では大正十三年に家憲が改正されて表題も「家範」と改められている。

第四章　大名華族の意識と行動

はじめに

立花家の当主寛治は明治十七年（一八八四）に伯爵を授爵、同二十三年に貴族院議員に当選、二期一四年にわたりその職にあった。寛治は実学としての農学を選択し、明治十年代後半に旧藩領の柳川に私設の農事試験場の建設を企図し、さらに明治二十二年には試験場の運営のために同地に貫属を換えた人物である。そして寛治が福岡県山門郡中山村（当時）に築いた農事試験場は、大名華族が行った同種の事業の嚆矢とされる。(1)そのような事績から、立花寛治は旧藩領のために私財を投じて農事試験場を建設し、旧藩領の発展に貢献した大名華族というイメージで語られてきた。(2)たしかに寛治は同試験場を通じて様々な種類の作物を実験的に栽培した試験事業や、出版物の刊行および農談会・種苗交換会の開催といった普及事業に尽力したため、(3)右のイメージで捉えることも可能である。しかし、本章で明らかにするように、農事試験場設立に至るまでの寛治の思惑は単純なものではなかった。

さらにこの問題が複雑なのは、これまでにも述べてきたように、旧藩主家における意思決定が当主と親族や家職あるいは相談人といった周囲の者たちとの合意によって形成される点である。したがって、大名華族は自身の意向を周囲へ説明しなければ思うように家を動かせなかった。立花寛治自身が記した史料がほとんど残されていないという制約はあるが、同人の周囲の人物が記した史料を分析することで寛治の意図を把握したい。

以上を要するに、本章では立花寛治と周囲との関係に着目しつつ、寛治の農学の選択からその成果の応用に至るまでの過程を検討することで、明治前期における大名華族の意識と行動の一端を明らかにする。

第一節　立花寛治と農学

本節では、立花寛治の農事試験場建設を検討するための前提作業として、彼が農学を選択するまでの過程を明らかにする。

最初に寛治の履歴を振り返っておこう。寛治（幼名径丸）は安政四年（一八五七）九月五日、柳河藩一二代藩主鑑寛の次男として生まれた。母は側室の千恵。慶応四年（一八六八）八月に立花家の一門にあたる立花大学家へ養子に入る。しかし、明治六年一月に鑑寛の長男鑑良が病死したため、寛治は翌七年二月十四日に実家に戻され、同年十二月二十八日に父の隠居にともない立花家の家督を継いだ。判明する限りで学歴を記すと、一時期は中村正直の同人舎に学び、さらに明治十年九月六日より同十二年二月二十二日まで学習院に在籍していたとされる。(4)

次に寛治の進路決定に影響を及ぼしたと思われる人物についても見ておきたい。まず、身内では父の鑑寛が挙げられる。鑑寛は早い段階から自分の子弟の教育に熱心であった。明治四年の廃藩置県にともない上京した後に、勝海舟のもとを自ら訪れて、鑑良、寛治、三男の寛正たちの遊学先の斡旋を依頼し、鑑良の静岡遊学を実現させた。(5)鑑寛は華族学校の設立についても意見書を提出しており、華族の教育にも関心を有していた。なお、同人は寛治に家督を譲った後の明治十一年に住居を東京から柳川に移したため、明治十年代の立花家では基本的には当主の寛治が東京に、前当主の鑑寛が柳川に分居する形となる。

立花寛治の親族では、立花種恭、加納久宜、松浦詮の三名が重要な存在となる。それぞれについて略歴を記しておくと、立花種恭は、明治元年の時点では柳河藩に隣接する筑後三池藩一万石の藩主であった。この三池立花家（以下、下手渡藩時代も含めて三池立花家と記す）は柳河藩の藩祖立花宗茂の弟高橋統増（立花直次）を初代とし、二代目の種次を藩祖とする。同家は種善の代の文化三年（一八〇六）に奥州伊達郡下手度へ転封になるが、明治元年に三池へ再封される。それ以降、立花家と緊密な関係にあった。(6) なお、種恭はその後、明治十年から十七年まで学習院の院長を勤め、華族令により子爵となる。

その種恭の実弟にあたるのが加納久宜である。久宜は慶応二年に三池立花家から上総一宮藩主加納家（旧石高一万三〇〇〇石）に養子に入った。(7) 明治期においては師範学校長や判事に就任するなど官界で活躍し、華族令により子爵を授けられる。立花家と右の二者の親族関係は政治的な活動にも繋がっており、明治九年には立花鑑寛、立花種恭、加納久宜の連名で華族学校の設立を建言している。(8)

松浦詮は旧平戸藩主（六万一七〇〇石）で、基準に満たない禄高であるが宮中に勤めた関係から、華族令によって伯爵となる。松浦詮と立花鑑寛は個人的に縁があり、両者は麝香間祗候華族とともに明治七、八年において島津久光擁立を画策した間柄である。(9) 立花家と松浦家とは血縁関係は希薄であった。そこで立花寛治が旧郡上藩主青山幸宜の妹鉤子を妻として迎えるにあたって、彼女をいったん松浦詮の養女として迎えるという手順を踏むことで、両家の姻戚関係を成立させた。

彼らはいずれも明治二十三年の帝国議会開設時に貴族院議員に選出されている点に特に留意しておきたい。

以上の点を踏まえて、次に寛治が農学を専攻する過程を見ていこう。結論を一部先取りすれば、寛治は家督を継いだ当初から農学を志望したわけではなかった。この点については家督相続後、寛治の最初の目立った活動である明治十一年における南九州地方への遊歴からもうかがえる。寛治は先祖の墓参りを理由に明治十一年九月二十日より柳川に滞在する。(10)その後、熊本県・鹿児島県・大分県を遊歴するために十一月十九日より七〇日間の追加の暇を宮内省に願い出た。(11)そして同年十二月十日に家扶小野忠三郎ほか二名を連れて柳川を出立し、同年中は南九州を遊歴する。令扶「日記」には「従五位様兼テ各県御遊歴之御志被為在候(12)」とあることから、寛治は以前よりこの遊歴を望んでいたことがわかる。

実際に寛治がこの遊歴で廻った場所は次の通りであった。(13)旧熊本城下に入るまでに田原坂、向坂、植木の戦争跡を見学、旧城下においては熊本県庁の官吏に面会し、県内の学校や勧業などについて質疑を行った。その後、師範学校と勧業場を回り、熊本鎮台にも足を運ぶ。そして熊本出立後は途中の戦争跡を見学しつつ南下して旧鹿児島城下に入った。同地で旧薩摩藩主島津家家令の内田政風に面会した後、紡績場を見学した。また、この地においても戦争跡を見学している。そして熊本県側から北上し、明治十二年一月二日に柳川に戻り、同月八日に東京に向けて出発した。

右の訪問地から判断すると、この遊歴は南九州地方における西南戦争の影響の確認と、学校や工場の視察に比重が置かれていたことがわかる。他方で後に寛治が専門とする農学についてはこの時点では特に執着は見られない。この点は東京に戻った際の寛治の様子からも裏付けられる。例えば、東京邸詰家扶からの役状には次のようにある。

殿様御遊歴之御志被為在候、然処今一両年間御勉学之上被遊御遊歴候所ニ御決定ニ相成、此度御帰京之上ハ別而御勉学之上慮ニ相伺居候、(14)

再度の遊歴のために勉学の精励を望む寛治の意を汲んで、立花家の家職たちは柳川師範学校教員古森精一を「御学問御相手」として東京邸に雇い入れた。(15)

それではいつ頃から寛治は農学に傾倒していくのであろうか。明治十二年九月に家扶の三池親義が東京から柳川へ持参した「廉付」に「農学御専門之事」[16]とあることから、少なくともこの頃までには寛治の農学に対する関心が高まったと考えられる。さらに同年十一月には「御学問御相手」であった古森の処遇について家令・家扶たちの間で議論が交わされていることから[17]、この時点までに寛治のおおよその方向性も定まったといえよう。そして翌十三年一月五日に寛治は、当時著名な老農であった津田仙が東京麻布に開設した学農社農学校へ入塾する[18]。この際に、家職たちは「御成業他日実地御施行之儀期而奉待候」[19]と寛治への期待を述べている。寛治の斯界での活躍を願う彼らの姿はこの後も一貫している。

このように、寛治は遊歴以降、専攻を徐々に農学に絞ったことがわかる。寛治が農学を専攻するようになった理由については、学農社入塾後に寛治が家扶の小野忠三郎に対して述べた次の主旨が手がかりとなる。

国家ニ被遊御忠勤候御儀ハ、今日被遊御勉学候御農事ヲ以被遊〔遂カ〕御目的、第一御農学御卒業以上各県御遊歴物産工業ヲ盛大ニ致サレ、日本ヲシテ富国タラシメン[20]、

ここでは寛治の遊歴、そして農学が富国の実現と結びついていたことをひとまず確認しておきたい。ではこの時期に農学に励み、その成果を各地に還元することで「各県御遊歴物産工業ヲ盛大」にして富国を実現することが、国家への「忠勤」になると寛治が述べるのはなぜであろうか。この点を寛治の富国に対する認識を同時代の華族たちと比較することで捉えてみたい。

まず明治八年八月二十四日ならびに九月六日に中山忠能や立花鑑寛ら八名の華族によって提出された建白を見てみよう。この建白では「海外輸出入之事」について、具体的には貨幣の国外流出を憂慮し、官省において西洋物品の使用を節減するように提言されている[21]。その目的は国産品の使用を奨励することによって日本の貿易赤字を解消し、明治零年代より続く国内経済の不振を打開することにあったといえよう。

こうした対外貿易の赤字に対する危機感は、明治十年代前半の華族たちにも共有されていた。例えば、明治十三年十月頃と思しき時期に、松浦詮、勘解由小路（資生か）、竹腰正美が連名で華族たちに送付した「趣意書」[22]にも類似の指摘が見られる。同書には「方今物価騰貴全国困乏財政上非常ノ艱難ヲ来シ、殆ント国家ノ疲弊ニ趣クカ如シ」という現状認識が記されており、その原因を彼らは「輸出入ノ不平均ヨリ終ニ金銀貨幣ノ濫出ヲナシ紙幣ノ下落ニコレ由ル」と見ている。そして国内産業の振興が進まず、一方では「我カ衣食住及ヒ百ノ玩器ニ至ルマテ多ク外国品ヲ使用シ人々新ヲ競ヒ奇ヲ誇」っているため、国産品が用いられていないことを嘆く。さらに「況ヤ士民ノ上ニ位スル我カ華族ニ於テヲヤ」と華族自身の置かれた特殊な立場が強調され、「大ニ国益ヲ起シ以テ国家ニ尽ス」ため、「今一切舶来品ヲ購求セサルヲ約セント欲ス」ことが呼びかけられている。以上の検討から、立花寛治の富国の実現という望みは同時代の華族社会に共有されていた問題意識に基づいていたことがわかる。

もっとも、国内産業の振興という目標が直ちに農学という方法と結びつくわけではない。寛治はほかでもなくなぜ農学を選択したのかという疑問も残る。明治二十一年に彼は農学を選択した理由を「惟フニ邦国富強ノ術、経世済民ノ策タル其端緒亦多ト雖トモ、我国古来ノ富源農産ヨリ著大ナル者ハナシ[23]」と述べているが、明治十一年末の南九州遊歴から学農社入塾までの時差を踏まえると、その言のみには拠りがたい。

この点については親族である加納久宜に注目したい。加納は官僚として地方を渡り歩き、後に大日本農会の重鎮として農政方面でも活躍するが、寛治が遊歴する際には注意点を示すなど彼の動向を見守っていた人物でもある。また、自身の北海道開拓に関する意見を寛治にも示している[24]。さらに家扶の三池親義によれば、寛治の様子について父親の鑑寛は後に「加納様御応対後〔寛治〕殿下大ニ御発達之御模様[25]」の旨を述べたという。加納と親密な関係にあったことにより寛治が農学を選択したとまでは断言できないが、加納の存在は農学をはじめて間もない時期における寛治の行動を後押しするものであったといえるのではなかろうか。

第二節　農学に基づく「富国」の実践

前節では、立花寛治が富国の実現を目的として農学を志すに至った過程を明らかにしたが、本節ではその農学をどのように活かすことで国内産業の振興に繋げようとしたのかを検討しよう。

最初に立花寛治が入塾した学農社農学校について見ておく。学農社の教育課程は正則学科で三年、変則学科で二年であった。カリキュラムから主な科目を取りあげると、農業新論、農業化学、家禽学、牧牛学、農業経済学、代数学、幾何学、実験とあり、農学という分野の幅広さがうかがえる。寛治が所属した学科は判然としないが、同人は多くの科目数を有する農学について次のように述べる。農学は幅広い分野が併存しているため、すべてに精通しようとするよりは、「一門ノ奥ニ達スルニ若カサル」と考え、専門を植物学に絞ったという(27)。また、学農社では実地で栽培技術が教えられていたが、その実情は西洋の農学を直接的に日本へ移植したものであり、試作の域を出なかったとも評される(28)。寛治自身も学農社農学校での授業に満足できなかったと後に述べている(29)。そのため寛治は明治十四年四月頃までには東京下谷の立花家邸内に簡易な試験場を設けた(30)。このほか入塾して間もない明治十三年春頃に柳川邸にも植物を送り、庭などに植えるよう指示を出す(31)。寛治は学農社農学校へ入って以降、農事試験という実技面に対して関心を抱き、積極的にその実施を望むようになったといえよう。

しかし、寛治はこの簡易な試験場では飽き足りず、家職らに対して農業試作用により広い土地の取得について下問を行う。前述した家扶小野の明治十四年四月二十九日付意見書はこの下問への回答と思われるが、同意見書によれば寛治の主張は次の二点にあった。第一に、試験場建設は従来の目的である「物産工業ヲ御盛大ニ被成候御基」にもなること、第二に、当時のインフレ傾向に鑑み、将来の土地の高騰を見越して「多分之御田地」の取得を提案したことである。この時に寛治は東京と柳川で田地を取り入れることを求め、東京については具体的に佐竹氏、太田氏の旧邸跡地を候補として挙げた。この試験場の設置の延長線上には富国の実現を見据えていた可能性もある。しかし、後に寛治は当時の邸内の簡易な試験場を「邸内元ヨリ水田ナク其規模復タ狭隘ニシテ予カ志望ヲ充スニ足ラス」[32]と評したように、富国の実現というよりはむしろ自らの学問のための実験的な場所と位置づけていたと見るべきであろう。

こうした寛治の希望に対して家扶の小野忠三郎は、田地については農学の「御修行」のために「少々御取入之儀ハ御宜敷被為在候」と一定の理解は示したものの、次の二つの理由から「多分之御田地」の取得について異議を唱える。一つは現時点で土地を取得すると農事試験に気をとられ、学農社農学校での学業の妨げになる恐れがあること、もう一つは仮に東京周辺で広大な土地を入手した場合、その土地の管理のために立花家の東京邸を移転させなければならないことを訴える。さらに同じ下問を受けた立花家の相談人的な位置にあった十時一郎も同じ意見であるという[33]。こうした反対も生じたためか、明治十四年の時点では立花家が東京で広大な土地を取得した形跡は見られない。

ただし、土地の取得こそなかったものの、立花家の家職たちは、これ以降、寛治の農学をめぐる動勢を家政運営上の重要な問題として捉えるようになった。例えば、明治十四年十月の役状には「殿様御学問前途之儀」について「万事御一家御家政向関係有之」[34]との認識が示されている。この問題以降、立花家では財政面も含めて家として寛治の活動にどのように対処するかという問題が付随するようになる。そして程なく彼らはそのような場面に直面した。

先述したように明治十二年一月の段階で寛治は農学を修めて再び遊歴を行うという意思を抱いていたが、明治十四年末に再び柳川を訪れた際に「皇国内御巡廻之御決意」を周囲に示した[35]。寛治のこの決意が周囲に与えた波紋は大きかった。その話を上京した家扶の小野より聞いた親族の立花種恭、松浦詮、加納久宜の三名は「甚愕然之至」と感じ、翌十五年一月三日付で連名の書翰を寛治に送り翻意を促す。同書翰によれば、彼らは以前は寛治の「御巡廻」に賛成していたが、「農学之義、於此表実地ニ付キ御十分御研究之御方向、益御確定被為在度」と東京で農学研究に取り組むことを勧めた。

種恭らが寛治の在京にこだわっていたのは、その後の動きからも窺える。種恭らの動きをもう少し追ってみよう。明治十五年二月二十六日に種恭は寛治と話し合い、さらに翌二十七日に農商務卿の西郷従道に面会を試みた。このとき、種恭は西郷との面会は果たせなかったが、農商務少輔の品川弥二郎に会い、「尊意之次第」を伝えたという(36)。ここでの「尊意」とは寛治の意向と解釈できるが、より正確にいえば種恭によって語られる寛治のそれであり、寛治の本意を正確に反映したものとは考えがたい。種恭の依頼に対して品川は「御履歴書御差出相成候者々得と勘考仕へく」と回答した。さらに同書翰によれば、種恭は太政大臣の三条実美にも「周旋」を依頼することも思案したという。立花種恭が幅広い人脈を活かして積極的に寛治を農商務省周辺へ就職させようとしていた様子が見て取れよう。

こうした種恭の働きかけがあったのにもかかわらず、寛治の態度は不鮮明であった。内容からこの年のものと推測される六月六日付立花寛治宛書翰(37)で加納久宜は「前日鄙懐ヲ陳シ置候農務御出局ハ如何御決定被遊候哉」と寛治の意思を問い質している。さらに久宜は寛治に対して次のように述べる。寛治が当初、希望していた地方の巡見は「変務」であるので、農商務省に出仕して「日々ノ常務」を行いながら「時ニ又或ル地方ニ出張」などを行えば、寛治の巡廻という希望も満たせると説く。そしてもし加納の勧めに従うならば、「実兄種恭ニ商リ速ニ其筋へ相運ヒ（成否ハ暫ク措ク）可申奉存候」と、ここでもやはり種恭の人脈を通じて農商務省就職を斡旋するという。

さらに立花種恭と加納久宜による説得は続く。明治十五年八月二日に立花家の東京邸で寛治の「将来御方向」について協議が行われた。この時の参加者は、立花寛治のほかに立花種恭、松浦詮、加納久宜と立花家の家扶二人、同家の相談人的な位置にあった吉田孫一郎と十時一郎である。詳細は後述するが、吉田と十時は柳川の立花鑑寛の依頼により上京してこの場に出席した。この協議では、寛治が東京に滞在し「農商務省へ御出仕、実際ノ御学ヒ被為在候」という結論が一先ず出た[38]。このように立花種恭をはじめとした親族たちは、農商務省へ出仕させることで寛治を東京に留めようとした。

彼らが寛治を引き留めようとする理由は明示されていないが、前掲の明治十五年一月三日付の連名の書翰[39]に、「最早今日ニ相成候而者時世之変遷爰ニ至リ実ニ先年之比ニ非ルハ勿論之義」とあることから、国会開設の詔による上院開設を意識した動きと見ることができる。実際に明治十五年から華族たちのあいだで上院の設置に向けて準備する動きが散見される。例えば、雄藩大名華族を中心に明治十五年一月二十二日に芝紅葉館において華族の結集へ向けて協議が行われた。この集団は華族懇談会の設立に繋がり、後には国会開設の勅諭に関する「上疏」を提出する[40]。この一月二十二日の協議では午前中に「懇談会」が、午後に「懇親会」が開催されているが、出席者の人数や顔ぶれから前者の方がより重要な会であったと推測される。そして、その会には松浦、立花（種）、加納の三者はいずれも出席していた[41]。また、明治十五年四月には三条実美や岩倉具視をはじめ三三名の華族が議会開設準備のための勉励を目的とした金曜会なる団体を結成した。同会の参加者には松浦詮の名も見える[42]。

もっとも、彼らは寛治を説得したものの、実際には農商務省への就職も容易ではなかったようである。その後の同月七日に種恭は「従五位様御方向上則其筋御出仕ノ事ニ付甚存外ノ御都合之レアル」と述べており、翌八日にも同人に面会した吉田孫一郎は「是ヨリ従五位公御方向上ニ少シク難義ヲ覚」えたという[43]。実際に八月二日の会談以降、寛治の就職について具体的な動きは見られない。

ところで親族らの寛治に対する説得が八月二日の協議まで長引いたことにも注意をしておきたい。裏を返せば寛治にとってはこの時点での農商務省への出仕は本意ではなかったともいえよう。実際に、当時、立花家東京邸の顧問的な立場にあった旧柳河藩士にして文部官僚の清水彦五郎は、「従五位殿ハ色々立花家之事違却致シ、尤モ従五位殿之方向一条ニ彼是決定相成り兼」るという状況であり、「従五位殿之事ニ就テハ仲々鳥渡筆紙ニ尽シ難ク」と記す(44)。よって、当該期における寛治の認識についても検討しておこう。具体的には明治十五年五月頃に寛治と家扶の三池親義との間で交わされた書翰を手がかりにしたい。

まず確認しておきたいのは、この時期の寛治には華族としての自覚が強く見られるという点である。例えば次のように述べる。

> 明治十五年モ半ニ近シ、今八指ヲ屈スレハ則チ明治廿三年国会開設ノ秋ナリ、豈此盛美ノ期ヲ思ハサル者アランヤ、〔中略〕然レトモ未タ学力充分ニシテ各国ニ対峙シテ恥サル者スクナシ、故ニ当時丁年ノ者ハ勤メテ学力ヲ増ニアリ、老年ハ国是ヲ研究スルニアリ、而真ニ良機ナル国会ヲ開キ、之ニ代議士タルノ体ヲ備エサル可ラス、華族亦然リ、国会ヲ開ニ当リ之カ上院ヲ開設セサル可ラス、仮令通常ノ学ト才トヲ以テスルモ馬鹿視サレルノ族ナレハ、退隠スルトモ開設シテ之ヲ雌〔弥カ〕縫スル能ハサルヤ必セリ、焉ソ意ヲ茲ニ留スシテ国権ヲ身ニ備ユルノ学ヲナサヽル可ラスヤ(45)、

右の史料からは、寛治が明治二十三年の帝国議会開設に向けて綿密な準備の必要性を認識していることが見て取れよう(46)。そしてその根底には、議会開設時において華族が上院議員となることの実感と、華族に対する周囲からの批判への反発があったことがわかる。

周知のように、明治二年に諸侯と公卿が華族として明治国家の中に新たに位置づけられて以降、彼らは通款社など

の団体を設け、さらには華族会館に集うなど、議会が開設された際には議員になることを想定した準備を積んできた(47)。そして明治十四年十月に国会開設の詔が出されたことによって、華族たちは自身が上院議員となる可能性をいよいよ現実のものと捉えるようになる。このような認識について寛治と彼の親族たちとの間に大きな隔たりがあったとは思えない。

しかし、立花寛治は華族が全員、上院議員に選任されるとは考えておらず(48)、またその点を危惧していた。この点が寛治の行動を理解する上で最も重要な部分である。同人の言を続けよう。

> 故ニ上院ヲ開設シ之カ員トナラサル者ハ貴族ノ位地ヲ永続スル可ラス、是レ貴族ノ職也、是レ其分也、是ヲ以テ考一考スレハ其期ニ臨ミ其職ト分トヲ失ハセラレンヨリ、乃ロ自ラ辞シテ他ノ事業ニ従事スルニ如カス、他ノ事ニ従事スルナラハ今ヨリ之ガ所置ヲナシ、貴族職分ヲ尽サシメ各ノ名家ヲ後世ニ永続サスルニ如モノアランヤ、思ヒ茲ニ至ル者ハ学ト才トナキヲ悔ヒ忠ト孝トヲ尽シ得サルヲ悲ミ、昼トナク夜トナク涙袖ニ満チ、為ニ寝食ヲ安セサルベシ、是レ理ノ当然也、怪シムニアラサル也、故ニ如是ノ徒ハ早ク之カ備ヲナシ、佳名ヲ他ノ事業ニ顕シ、名家ヲ千万歳ノ後ニ輝々然ト致スヘシ(49)、

上院が開設された際に議員に選任されなかった場合、「貴族」の職を辞するべしとまで語る部分から寛治の華族としての強い使命感が読み取れるが、それ以上にここでは寛治が「他ノ事業ニ従事」することで華族の職分を果たし、そのことで家の名声を保つことを説いている点に注目したい。

では寛治が述べる「他ノ事業」とは具体的に何を指すのであろうか。この頃、寛治は農事試験場建設ではなく、未開地の開拓を希望していた。例えば、前述の三池宛寛治の朱答に応答する明治十五年七月付書翰(50)で、三池親義は「殿下開拓ニ従事セラレ大ニ国家ニ報セラレントス」と記している。前年の明治十四年より旧山口藩主毛利元徳や旧佐賀

藩主鍋島直大といった大名華族が北海道に、西郷従道、大山巌、青木周蔵などの政府高官が栃木県にそれぞれ官有未開地の払い下げを受けて開拓事業を試みており(51)、寛治もそうした動きに触発された可能性が高いと考えられる。ただし、後述するように、ここでの寛治の開拓の対象は必ずしも柳川には限定されていないと筆者は考える。

以上の検討から、華族であるにもかかわらず上院議員に選任されなかった場合のことを憂慮し、華族としての責務を別な形で果たそうとした寛治の姿が見出せよう。そうした寛治の動きを彼の親族たちが後押しをしなかったのはなぜであろうか。この点は両者が置かれていた立場から説明できる。寛治は明治七年十二月に若くして立花家の家督を継いだ身であり、政治的な実績に乏しかった。一方の親族たちはいずれも中堅の政治家として名が知られていたと考えられる。この立場の違いからすれば、政治的には無名の若手華族の焦燥感を、親族たちは十分に理解できなかったと見なせよう。

寛治と親族との齟齬は以上の通りであったが、では家職や相談人は寛治の構想をどう捉えていたのであろうか。この点を前述した明治十五年八月の立花家と親族との協議の場面に立ち返ってもう一度検討したい。実はこの協議は親族たちが一方的に寛治を説得するために設けた場ではなかったからである。

繰り返すが柳川からこの協議の場に吉田孫一郎と十時一郎を上京させたのは、寛治の父の鑑寛であった(52)。鑑寛が吉田と十時を上京させたのは寛治に「開拓ニ御従事」することを勧めるためでもあった(53)。実際に親族との協議の結論は先に述べた通りであるが、興味深いのはその段階における寛治による地方開墾事業に対する吉田らの認識である。彼らは鑑寛に対して次のように述べる。

地方御開墾ノ儀ハ従前私共御不同意申上候事柄ニモ無之候得共、其後孫一郎、一郎上京ノ際、御親族様方ニ於テ断テ御不同意ノ御意見親シク拝承仕居候儀ニ有之、依テ御決行モ御見合セニ相成候(54)、親族たちの「御不同意」により最終的には寛治は「地方御開墾ノ儀」の決行を見合わせたが、右の史料からは当初は彼らは寛治の構想に反対していなかったことがわかる。問題はここでの「地方」になるが、吉田たちは親族たちの猛反対を聞き、検討し直した。その結果、「当地方ニ於テ大ニ開墾御従事相成候地所容易ニ難被得」という理由などから「地方御開墾ノ儀」を見合わせるように考えを改めたという(55)。右の当地方とは柳川に限定されている。この点は寛治の意思とは異なっている。

また、吉田ら相談人的な位置にあった者たちばかりでなく家職たちも当初はやはり寛治の構想には反対していない。前述した明治十五年七月付書翰において家扶の三池は、「彼我ヲ酌量シ我カ資力ヲ考査シ其順序ヲ審ニシ必ス蹉跌ナキヲ欲ス」と記し、家の財政に配慮しながら慎重に事を運ぶよう述べるが、同時に寛治が開拓事業に従事することには賛意を示している(56)。さらに興味深いことに次の点で三池は寛治の構想に共鳴する部分を有していた。同じ書翰で三池の主張を見てみよう。

三池はこの時期、明治国家が対外的には関税自主権と治外法権の問題を抱え、国内的には「財政窮乏」により「人心委靡其極ニ達セリ」と認識していた。したがって「我国臣民タルモノ焉ソ奮起セサルヘケンヤ」との考えから「各見ル処ニ従ヒ鞠躬尽力国家ニ報セサルヘカラス」と述べる(57)。そして寛治が農学という専門性を活かして物産工業を盛んにすることで国家に貢献しようとする姿に理解を示している。

三池親義は旧柳河藩士であり、明治初期に三潴県、後に福岡県に出仕して明治十一年まで租税や土木行政に携わっており、官費の支出をめぐって在職中に明治政府の地方に対する不公平性を体験した人物である(58)。そのような人物でも国難に対応するため、地方の物産工業を盛んにすることによって国家を支えるという感覚を有していた。三池に限らず、立花家の家職や相談人たちが、寛治の進路や希望に反対せず、むしろ彼の農事研究の成果に期待感を抱くのも、

彼の富国をめぐる議論が家職たちにも共有されていたためであるといえよう。(59)

第三節　農事試験場建設と三田育種場長補就任

前節までの検討から、立花寛治は明治十年代半ばまでは旧藩領での農事試験場建設を自明のものとは捉えておらず、多様な方法を模索していたこと、そして華族として国家へ貢献するという強い使命感を有していたことが明らかとなった。本節では寛治が旧藩領に農事試験場を築くまでの過程を検討しよう。

まず明治十八年の段階で寛治の意向に変化が見られる。同年三月頃に寛治の「御方向之義」をめぐって東京の曽我祐準宅で「相談会」が開催された。(60)この時の出席者は家令小野忠三郎、家扶十時嵩と、東京在住の清水彦五郎と曽我であった。この席で寛治の柳川への「御寄留」、さらに「農事御研究」について話し合われた。さらに後述するように翌十九年三月には寛治が試験場の建設を柳川に下命していることを踏まえると、(61)明治十八年の段階で彼の意向は、地方開拓から旧藩領である柳川への寄留と農事試験場建設へと変化したと考えられる。

寛治が農学の実践について再度、方針を転換したのはいかなる理由によるものであろうか。その紆余曲折を語った史料(62)がある。同史料は年月日こそ記されていないが、開拓事業から農事試験場設立への転換を、寛治自身が周囲の人びとに向けて書いたものの草稿と思われる。

同史料の前半部分でも寛治は農学を修めることで「国家ニ忠ヲ致シ以テ農事ヲ学ヒシ証ヲ後世ニ顕ハ」し、その結果、国内の物産の興隆により富国の実現を目指すという論理が繰り返されている。そしてその目的を達成するために「我国未開ノ一大原野ヲ開墾シ不毛ノ土ヲシテ善良ノ地」とする道筋を描く。「未開ノ一大原野」や「不毛ノ土」という表現から、寛治は地方開拓の対象を柳川に限定していなかったことがわかる。しかし、その開拓事業を断念した理由を寛治は鉄道の普及にあるとし、さらに次のように述べる。

若シ之〔鉄道設置〕カ東西ニ及ヘハ則チ数年ヲ出スシテ荒蕪ノ土ハ変シテ美地トナルハ期シテ待ツヘキナリ、果シテ然ラハ原野ハ見ル能ハス、美地ハ買フ可ラス、誠ニ天下ノタメ賀スヘシ、然リ而シテ予カ学ハ是ニ至リ烏有ニキスノミ、唯拱手傍観ノ外、他ニナスナキナリ、実ニ遺憾ノ至リナラスヤ、(63)

右の史料からは、鉄道の普及が国内経済の振興に繋がると認識し、他方で自らの学問を活かす機会を失いかねないことへの焦りが読み取れる。鉄道の普及が「荒蕪ノ土」を「美地」にするという点は論理に飛躍があるように見えるが、同時代における鉄道への期待感を加味して理解するべきであろう。こうした鉄道の普及に対する複雑な思いを抱くなかで寛治は「自ラ憤発シテ一策ヲ得タリ〔中略〕、試験場ヲ建設スルノ一事ナリ」という考えに至ったという。そして試験場を設ける目的を「一大原野ヲ開拓シ予カ学ヒ得シ者ヲ後世ニ残シ、国ニ忠ヲ致サント欲スル階梯ニシテ至要ナル者ナリ」と位置づける。

また、右の史料からは、寛治が当初に構想していた試験場の計画の一端がうかがえる。そこでは、試験場において「柳河有志者ヲ使役シ、専ラ開墾ニ要用ナル牛馬ヲ施用シ、要用ナル植物ヲ栽培シ、以テ実業ヲ研究セント欲ス」という。この試験場で彼らが経験を積み、「蓋シ実験以テ年ヲ歴ハ、有志者モ各ノ独立開墾ニ就事スルモ敢テ危キナキヲ信スルナリ」とあり、新たな開墾者の育成も目的としていた。このように展開すれば「工芸ノ資ヲ産シ、輸出平均ヲ得ルノ快事ヲ見ルモ亦近キニアラン」と述べる。以上の点から、明治十八年頃の寛治は学農社農学校時代に見られた自らの農学のための農事試験場とは異なり、明確に富国を実現するための実践的な農事試験場の設置を目指していたことがわかる。

もっとも、家職たちは寛治の柳川への寄留については反対した。その理由をまとめると三点に集約できる。第一に、「地方次第ニ困迫」の状況下で寛治が柳川に寄留した場合、「必ス種々予想外之御事情」が生じることに家職たちは不安を抱いていた。寛治はしばしば明治十年代において柳川に滞在しているので、ここでの「寄留」とは単純に滞在することではなく、貫属を換えて地方に移住することを指すと思われる。この時期に旧藩主家の当主が旧藩領に居住することに彼らは慎重であったことがわかる。(64)(65)

第二に、柳川での寛治による農事研究の見通しについてである。彼らはもし寛治が柳川で「農事御研究」を行うとしたら、「少シハ廉立世ノ公益」になる見込がないと「今日之御立場」からすると「懸念之至」という認識を示す。家職たちはこの時期に流行している華族の地方寄留を、学校設立や開墾のように「著敷目ニ立候程之事業」として興されていると理解していた。したがって、もし立花家がこれらに倣った規模で農事試験場を開設しようとすれば、「御資力薄ク先ツ御一箇ノ御試験ニ止」り、しかも農事試験の成果が微々たるものであったら自家で消費する分を栽培しているに過ぎないとの批判を受けると指摘する。こうした点から彼らは家や当主の体面を判断の基準としていたことがわかる。(66)

第三に、彼らはこの時点で寛治が東京で就職する可能性を察していた。東京邸詰の家扶からの役状に次のような記述がある。

兼テ農事御従事之御事ニ付、〔大〕日本農会ニ而幹事トカ何トカ之名義ニ而同会江御従事相成候ハヽ、却テ官省ニテ準奏任トカ之御奉職ニ優リ、御地御寄留ヨリモ御宜敷可有之曽我氏始之意見ニ御座候、(67)

ここで具体的に大日本農会の名前が出ているのは、以下に述べる経緯があったためである。前述した明治十八年四月の相談会から遡った同年三月上旬に、農商務権少書記官の池田謙蔵が立花家の東京邸を訪れる。当時、寛治は柳川(68)

に帰郷して留守であったため立花家に対して池田から特に話はなかった。その後、家扶の十時嵩が会員の立場で大日本農会の会合へ出席した際、池田と同会幹事の田中芳男が寛治を話題にしているのを耳にする。よって十時は四月初旬に旧知の駒場農学校幹事柘植善吾に「池田氏云々之義」を照会したところ、「農会之見込ニ而ハ同会附属三田育種場ニ〔寛治を〕推挙致度」との回答を得た。(69)(70) こうした大日本農会側の動きが前提となって家職たちの間で寛治の同会への「御従事」という選択肢が浮上したと見るべきであろう。

その後の経過を見ておくと、寛治は池田と知己であったため、帰京後に同人を訪れてその育種場長の件について直接尋ねた。そして帰邸後に寛治は「御自分御修業ニ可相成候得バ、当分御承諾ニ相成候而も御宜敷旨」を家職たちに示唆したという。(71) この寛治の意向は家職たちの希望にも沿うものであり、彼らもその実現を待望していた。(72) また、柳川の相談人たちも、農事研究は「予テ之御宿志」であること、育種場長に就任すれば「実際ニ於テ充分之御研究」も可能となること、なおかつ「是ヨリ始メテ邦家ニ尽サセラルヽノ端緒」ともなることから全面的に賛成している。(73) そして明治十八年九月一日付で立花寛治は三田育種場長補に嘱任された。(74)

この三田育種場長補の嘱任は、寛治本人のみならず親族、家職たちの希望を満たす結果となるはずであった。しかし、実際に寛治が同職にあった期間は長くはなかった。翌十九年九月十五日に大日本農会へ委託されていた三田育種場事業が解かれ、同場の廃止が決定的となったためである。(75) この一件は立花家の家職たちに、寛治の東京での就職の難しさを痛感させ、ひいては寛治による農事試験場事業への反対を抑制させる遠因にもなったと考えられる。

最後に、寛治が実際に柳川に農事試験場を築く過程を検討しよう。農事試験場が築かれた中山村の土地そのものは、立花家の旧門閥家の一つ帯刀家の当主立花茂樹の所有地であった。その茂樹が経済的に行き詰まり、同地の売却を立花家へ願い出る。そのため、明治十七年に立花家の手に渡った。(76) 同地が試験場を開設するに足る規模であったことが、その後の展開を大きく決定づけたといえよう。

寛治による農事試験場の建設は明治十九年三月より開始されるが、本格的な建設作業は同人の下県を待ってから行われる手筈であった。しかし、寛治は五月五日に東京を発つ予定であったが、同地で妹が亡くなったこと、さらに同月下旬に神戸でコレラが発生したことも重なり下県を延期した。その後、しばらくは東京から試験場の建設について指示を出した。そして、同年十一月二十九日に柳川に戻って以降は直接、試験場の設立に携わる。その結果、同試験場は翌二十年五月に本格的に操業を開始した[(77)]。

この農事試験場の建設過程については次の二点を付言しておきたい。一つは寛治の三田育種場への従事と平行してこの事業が進められた点である。したがって東京での就職の挫折によって旧藩領での試験場事業へ方針を転換したわけではない。このことは、前述の大日本農会からの勧誘を、寛治は自らの修行と考えて「当分御承諾」したことからも裏付けられよう。

一方、家職たちは寛治の柳川移住には反対したが、新たに入手した中山村の土地についてはその利用価値は認めていた。明治十八年八月頃には同地を「柳河御試験場」と呼称して、家職の主導により寛治の弟たちも加わって養蚕のために桑苗の栽培を行っていた。寛治の弟たちが加わっているのは、彼らが「御手自ラ御養蚕等ニ御従事被遊候ハ、〔中略〕地方養蚕御誘導之一端トモ可相成」ことを家令の吉田らが期待していたためである[(78)]。こうした動きが結果的には寛治の農事試験場建設の下準備になったと思われる。さらに試験場を建設以降、寛治は長期にわたり柳川に滞在するが、明治二十二年まで貫属を換えてはいない。これは家計の状況や地元の反応などを慎重に見極めようとしたためである[(79)]。

もう一つはこの試験場建設の費用についてである。立花家の家職たちは農事試験場の建設と運営について財政面を不安視していた。彼らは建設費を家の会計である「御本方」からではなく、当主個人の資産にあたる「御手許」から支出することでこの問題を解決する。その後の運営費については「御本方」で引き受けている。その財源についても明治二十年に「御手許」の一部を「御本方」に移管して、「御本方」の財政基盤を強化することで乗り切った。立花家では明治十年代半ばより「御本方」の赤字を解消するために家政改革を行い、段階的に「御手許」の財源を「御本方」へ移管させてきた。財政面から見れば農事試験場をめぐる財源については、当主と家職たちの間には共通の理解ができていたと推測され、移管を行いやすい状況にあったと考えられる。

おわりに

本章の検討から立花寛治の農事試験場建設について以下の点が明らかとなった。第一に、寛治が農学を志した理由は富国の実現にあった。この点については概ね周囲の理解が得られていた。第二に、その富国の実現のために農学を実践に応用しようとしたが、そこには帝国議会開設の際に上院議員に選任されなかった場合の代替行為という側面も見られた。第三に、農学の実践についても、当初は旧藩領への農事試験場建設ではなく未開地の開墾構想を抱いていた。開墾から試験場建設への転換は自らの農学によって国家へ貢献することを望むという意思から導き出されたものであった。この点については周囲の反応も多様であったが、親族を中心に寛治の東京での就職を望む意見が根強かった。

これらの点から大名華族の行動について述べると、家の当主の意向が家としての決定に必ずしも直截的に反映されてはいなかったことを指摘できよう。当主の意向は周囲の親族や家職からの助言などにより修正されたり、あるいは逆に後押しを受けることでより積極的に推進されることもあった。

もっとも大名華族が主体的な行動をとるのにも理由があった。立花寛治について述べると、旧藩領での農事試験場建設事業は華族としての自己認識に基づく行為であったといえるだろう。農事試験場建設をめぐる一連の寛治の言動は、華族としての自身の存在意義を深刻に受け止めると同時に、華族として周囲に認められるために懸命な努力を払っていたように映る。このように明治前期における大名華族と旧藩領との関係を特徴づける上で、華族自身の意識と行動の両面に注目した分析が必要であることがあらためて浮き彫りとなった。

ただし、次のような疑問も残る。寛治の行為は華族としての自己認識に基づいたものであったのにもかかわらず、彼が旧藩領のために尽力した殿様と語られるのはなぜかという点である。これについては、本章で行った大名華族ないし旧藩主家側からの旧藩領への眼差しとは反対に、旧藩領在住者側からの大名華族に対する認識が検討されなければなるまい。さらにそうした眼差しを受ける大名華族側に、華族以外の自己認識も醸成されるのかも問われる必要があるだろう。これらの課題については後考を期すことにしたい。

註

（1）大名華族で農事試験場を建設した家としては、旧佐倉藩主堀田家、旧越前藩主松平家が知られる。前者については大豆生田稔「堀田家農事試験場について」（『佐倉市史研究』一九、二〇〇六年）、後者については小林健壽郎編『越前松平試農場史』（越前松平家松平宗紀、一九九三年）を参照。

（2）立花寛治の伝記としては、福岡県社会教育課編『成人教育資料第五輯　立花寛治伯』（福岡県社会教育課、一九二九年）がある。このほかに寛治が亡くなった昭和四年に『柳河新報』紙上に連載されたものがある。

（3）中山農事試験場（立花家農事試験場とも呼称される）については、立花家農事試験場編『明治二十年以降農事試験場略誌』初編、弐編（「洋館倉庫（1）」E二）。このほかに『福岡日日新聞』に明治二十二年七月から九月に七回に分けて山門郡勧業委員戸次登による報告が連載されている。

（4）学歴については「寛治様御履歴」（「洋館倉庫（2）」L二四）、「編纂資料項目控」（「両掛箱」A四一四―二）による。立花寛治が「明治十二年二月」に退学したことは宮内公文書館所蔵の「学生録」（二三〇五九）によっても確認できる。また、『学習院年報』一号によれば明治十年十二月に在籍していたことも確認できる。しかし、入学の日付については他の史料での裏付けは取れなかった。

（5）鑑寛による鑑良の遊学先斡旋の依頼については、古賀長善編集校訂『柳河藩中老　吉田孫一郎留記』（一九九一年）明治四年十月十九日条、「勝海舟日記」明治五年一月二十九日条（勝部真長・松本三之介・大口勇次郎編『勝海舟全集一九〈海舟日記Ⅱ〉』勁草書房、一九七三年）、寛治・寛正については、「勝海舟日記」明治五年四月五日条による。
なお、寛正は明治十一年十一月四日に慶應義塾へ入塾する（福澤研究センター編『慶應義塾入社帳』第二巻、一九八六年）。

（6）明治二年一月に三池を訪れる前に柳川で歓待を受けた立花種恭は「子孫永々両家の至情盟て忘れず益々厚からん事を要すべし」と記す（『立花種恭公の老中日記』三池郷土館、一九八一年、一六〇頁）。

（7）加納久宜については、小松悦二編『加納久宜全集』（子爵加納久宜遺稿刊行会、一九二五年）、同編『子爵加納久宜伝』（一九一六年）も参照。

（8）霞会館編『華族会館史』（霞会館、一九六六年）四八九〜四九二頁。

（9）松浦伯爵家編修所編『松浦詮伯伝』二巻（一九三〇年）第八章。なお島津久光擁立運動については、刑部芳則「廃藩置県後の島津久光と麝香間祗候」（『日本歴史』七一八、二〇〇八年。後に『明治国家の服制と華族』〈吉川弘文館、二〇一二年〉に所収）および久保正明「明治六年政変後の島津久光派」（『日本史研究』六一一、二〇一三年）を参照。

（10）令扶「日記」明治十一年九月二十日条（「柳立」三七二四―一）。

（11）令扶「日記」明治十一年十月二十七日条。

（12）同右。

(13)「明治十一年十二月　熊本県鹿児島県御遊歴日記」(「柳立」三七二四―一)。
(14)〔明治十二年〕二月十九日付野波八蔵・由布九郎宛小野忠三郎・桜井正如・大村務役状(「柳立」四四五一)。
(15)古森は「兼而遊歴之志願モ有之、人物モ宜敷学問ハ余程進歩之趣」と評されている(同右)。同人については元家令で柳川師範学校校長杉森憲正の推薦があった(〔明治十二年〕十一月二十五日付小野忠三郎・三池親義宛桜井正如・由布九郎・野波八蔵・大村務役状の付箋〈「柳立」四四五一〉)。
(16)「明治十二年第九月　三池親義持参廉付」(「藩政」一二七七)。
(17)〔明治十二年〕十一月二十五日付小野忠三郎・三池親義宛桜井正如・由布九郎・野波八蔵・大村務役状(「柳立」四四五一)。この協議の後、古森は立花家を解雇された。
(18)〔明治〕十三年一月三十一日付小野忠三郎・三池親義宛野波八蔵・桜井正如・大村務役状(「柳立」四四六八)。学農社農学校については、飯塚銀次「津田仙の学農社の経営とその教育史的意義―私学における明治初期産業教育の発達―」(『私学研修』一七、一九六二年)、傳田功『近代日本経済思想の研究―日本の近代化と地方経済―』(未来社、一九六二年)第二部第二章、三好信浩「学農社農学校の教育」(『広島大学教育学部紀要第一部』二九、一九八〇年)を参照。以下、特に断らない限り、学農社農学校についてはこれらの研究に依拠する。
(19)同右役状。
(20)明治十四年四月二十九日付小野忠三郎意見書(「北庫(2)」B八)。
(21)日本史籍協会編『島津久光公実紀三』(東京大学出版会、一九七七年復刻版)三一六・三一七頁。建白書の写が立花家にも残されている(「北庫(2)」B七)。この間の政治過程については、刑部前掲論文を参照。
(22)「御族長御回章留二」(「尾張徳川家文書」尾四―四―五二、徳川林政史研究所所蔵)。同文のものが「旧柳河藩主立花家文書」にも見られる(「北庫(2)」G二二)。
(23)明治二十一年四月の中山農事試験場開場式における立花寛治の演説(前掲「明治二十年以降農事試験場略誌」)。
(24)加納久宜「管見」(「柳立」四一六一―五七一―二―一―二)。明治十一年十二月の寛治の南九州遊歴にはこの「管見」の影響と思しき行動が多く見られる。

(25)「開拓ノ事業ヲ記スノ議」(「立花」七二四―六)。
(26)〔明治十五年〕七月十三日付小野忠三郎・桜井正如・椿原基長宛三池親義役状(「柳立」四四五二)。
(27)「北庫(2)」G三一。
(28)三好前掲論文。
(29)前掲中山農事試験場開場式の演説。
(30)前掲小野忠三郎意見書には「是迄之御邸内ニ而御試験場御差支ニ相成候」とある。なお、この邸内の試験場で「若干ノ土地ヲ区画シ、内国及海外ノ果樹、穀菜数十種ヲ蒐集、栽培シテ其応用ノ実効、結果ノ奈何ヲ試験」したという(前掲中山農事試験場開場式の演説)。
(31)明治十三年二月二日付柳河御同役宛東京同役役状(「柳立」四四六八)によれば、東京からブドウ苗五〇本、リンゴ三〇本ほかにイチゴやウドなどの苗が送られている。
(32)前掲中山農事試験場開場式の演説。
(33)前掲小野忠三郎意見書。
(34)〔明治十四年〕十月二十八日付立花通誠宛大村務・三池親義・桜井正如・小野忠三郎役状(「柳立」四四六六)。
(35)以下の事実関係は、〔明治〕十五年一月三日付立花寛治宛加納久宜・立花種恭・松浦詮書翰(「柳立」四一六一―一五九―二)による。この時は実現しなかったが、寛治は明治二十三年八・九月に北海道と東北の視察を行った。その様子は同行した吉田孫一郎の「備忘」に詳しい(「甲木与一郎先生収集史料　吉田文書」四一)。
(36)〔明治十五年〕二月二十七日付立花寛治宛立花種恭書翰(「柳立」四一六一―五八二―三)。
(37)「柳立」四一六一―五〇七―一。
(38)吉田孫一郎「備忘」明治十五年八月二日条(「甲木与一郎先生収集史料　吉田文書」二一)。
(39)前掲〔明治〕十五年一月三日付加納・立花・松浦書翰。
(40)久保正明「明治十四年政変後の華族の立憲制への対応―華族制度形成に関する一考察―」(『九州史学』一五七、二〇一〇年)。

(41)「礫川文藻　明治十五年坐右日簿　第一号」（福井市郷土歴史博物館所蔵）。
(42)『貴族院と華族』（霞会館、一九八八年）六四・六五頁。
(43)吉田「備忘」明治十五年八月八日条。
(44)〈明治十五年〉十月十七日付清水藤一宛清水彦五郎書翰（大牟田市立三池カルタ・歴史資料館所蔵「清水家文書」五三九）。
(45)〈明治十五年〉五月二十二日付三池親義書翰に対する立花寛治の朱答（「三池文書」二次Dこ三一）。
(46)当時の華族への批判については、遠山茂樹校注『日本近代思想大系二　天皇と華族』（岩波書店、一九八八年）の「民間の華族論」を参照。
(47)大久保利謙『華族制の創出』（吉川弘文館、一九九三年）。
(48)その理由としてはこの時点では来るべき帝国議会のあり方や議員の選出方法などが不透明であったことが挙げられる。立花寛治自身も柳川における私擬憲法の議論について「其地政党ノ設ケアリ、其派両一ニ曰ク、一院ヲ主トスト聞ク、然レハ撰挙方如何、華士平ヨリ公撰スル者乎承リタシ」と議員の選出方法を気に掛けていた（〈明治〉十五年七月付三池親義書翰に対する寛治の朱答〈「柳立」四四五二〉）。
(49)前掲〈明治十五年〉五月二十二日付三池書翰に対する立花寛治の朱答。
(50)前掲〈明治〉十五年七月付三池親義書翰に対する寛治の朱答。
(51)旗手勲『日本における大農場の生成と展開』（御茶の水書房、一九六三年）四八・四九頁、黒磯市誌編さん委員会編『黒磯市誌』（黒磯市、一九七五年）三八九頁。
(52)吉田「備忘」明治十五年七月二日、五日条。
(53)前掲〈明治十五年〉七月十三日付小野忠三郎・桜井正如・椿原基長宛三池親義役状。
(54)明治十六年九月十三日付杉森憲正・十時一郎・吉田孫一郎・大村務手扣（「両掛箱」A一一六―一）。同手扣によれば、寛治の様子について「御学問ノ儀」は健康上の理由から「日夜精々御勉学」とはいかないが「充分ノ御勤学希望」はあり、「徐々御研究被為在候御決意」であったという。
(55)前掲明治十六年九月十三日付杉森らの手扣。なお、このほかに彼らが反対するに至った理由としては、「御親検」できる場所で地所の入手は容易ではないこと、そして大規模な事業の場合は多額の費用を要するので「軽遽ニ御起業」することは難しく、逆に「御手安キ適宜ノ地所」では「廉立タル一大事業トモ申難」というジレンマが生じることを挙げている。

(56) 前掲明治十五年七月付三池親義書翰。

(57) 同右。

(58) 日比野利信「三池親義」(柳川市史編集委員会・別編部会編『新柳川明証図会』〈柳川市、二〇〇二年〉一二七・一二八頁)。

(59) 旧柳河藩士で明治初期の柳河藩政において参政を勤めた岡田孤鹿にも寛治と類似の論理が見られる。ただし、岡田は寛治に対して富国の実現においては農学よりも鉄道建設の方が有効であると説く(明治十五年一月付立花寛治宛岡田孤鹿意見書〈「藩政」一三三七〉)。同意見書については、中村尚史『日本鉄道業の形成―1869~1894年―』〈日本経済評論社、一九九八年〉第二章も参照)。

(60) 以下の事実関係については、〔明治〕十八年四月十八日付吉田孫一郎宛十時嵩・小野忠三郎役状(「藩政」一二七二)による。曽我は旧柳河藩士で、このときは陸軍参謀本部次長である(曽我祐準著・坂口二郎編『曽我祐準翁自叙伝』〈曽我祐準翁自叙伝刊行会、一九三〇年〉)。

(61) 明治十九年九月十三日付「中山御試験場現況報」(「柳立」二〇三二)。

(62) 「北庫(2)」G三一。破損のため、題目と冒頭部分の内容は不明である。

(63) 同右。

(64) 前掲〔明治〕十八年四月十八日付役状。

(65) この後の明治二十年十月十五日付宮内省第五号達で、華族のうち産業に従事するなどの理由を有する者が旧藩領へ住所を換えることを許可された際も、立花家の家職は「百五十日御願継之方御穏当ニ可有之」と考えており、「何レハ此先之景況相考」るとして結論を先送りにしている(〔明治二十年〕十一月九日付小野忠三郎宛十時嵩役状〈「藩政」一三三八〉)。なお、大名華族が旧藩領への移住を希望し、家職がそれに反対するという構図は、旧佐倉藩主堀田家でも見られる(真辺将之「明治期『旧藩士』の意識と社会的結合―旧下総佐倉藩士を中心に―」〈『史学雑誌』一一四―一、二〇〇五年〉)。

(66) 前掲〈明治〉十八年四月十八日付役状。
(67) 同右。
(68) 池田謙蔵（一八四四〜一九二二）、旧松山藩士、明治四年にアメリカ留学、明治十二年に勧業局員、三田育種場長、三田農具製作所長を兼務、同十四年に設立された大日本農会の創設者の一人（『大日本農会百年史』〈大日本農会、一九八〇年〉四三九頁）。
(69) 柘植善吾（一八四二〜一九〇三）、旧久留米藩士、文久三年に藩命により長崎に英語研究のため遊学、廃藩置県後に三潴県権中属を勤め、明治十一年に上京して農商務省に入り、同十九年駒場農学校校長心得、その後福井県下の郡長を歴任する（篠原正一編『久留米人物誌』〈久留米人物誌刊行委員会、一九八一年〉三四一・三四二頁）。
(70) 三田育種場は東京の三田四国町に官営の種苗会社として立ち上げられ、明治十七年四月に大日本農会へ事業が委託された（前掲『大日本農会百年史』）。
(71) 〈明治十八年〉四月二十七日付吉田孫一郎宛小野忠三郎・十時嵩役状（「藩政」一二七二）。
(72) 〈明治〉十八年七月十四日付小野忠三郎・立花通誠宛十時嵩・三池親義役状（「藩政」一二七二）には、「若シ機会御後レ共相成候而ハ甚以御残念之御事ニ付、何卒可然御尽力重畳御希望之至ニ御坐候」とある。このほかにも明治十八年八月九日付小野忠三郎・立花通誠宛十時嵩・三池親義役状（「藩政」一二七二）など。
(73) 〈明治十八年〉八月十九日付吉田孫一郎書翰（「北庫（2）」B一一）。
(74) 令扶「日記」明治十八年九月十五日条（「柳立」三七二四―一〇）。
(75) 『大日本農会報告』第六三号（明治十九年十月十五日刊行）紀一四頁。同年の業務委託は同年十一月に打ち切られた（前掲『大日本農会百年史』六三頁）。
(76) 令扶「日記」明治十七年一月二十三日条（「柳立」三七二四―九）。
(77) 以上の事実関係は、明治十九年の「日記」による（「柳立」三七二四―一一）。寛治の下県まで試験場の運営は柳川邸詰家扶の十時嵩に委ねられたが、彼自身が「農事上ノ経歴ニ乏敷」などの理由により思わしい成果はあがらなかった（前掲「中山御試験場現況報」）。

(78) 前掲〔明治十八年〕八月十九日付吉田孫一郎書翰。

(79) 明治二十二年四月に寛治は東京で貫属を換える手続きを終え、五月六日に旧藩領に戻った。その日の柳川の様子を立花家の令扶「日記」(「柳立」三七二八)は、「各町ニテ新ニ緑門築造、各戸国旗表章御奉迎致候テ盛況ヲ呈候」と伝える。また、寛治の帰郷後に旧藩士たちによって盛大な祝賀会が開催された(同右、六月十五日条)。

第二部　旧藩主家の財政と地域経済

第二部では旧藩主家の財政と地域経済の関係について考察する。

旧藩主家の社会に対する影響力の源泉の一つは、彼らが保有する資産にある。したがってこれまでも日本経済史の分野において、旧藩主家の資産の総体や投資先を明らかにすべく研究が積み重ねられてきた。しかし、旧藩主家の資産を総体的に捉えることのみに関心を寄せ、その財政の内実を等閑視すると、以下に述べる問題を掬い取れない。

例えば、旧藩主家は明治十年代において、収支は赤字であるにもかかわらず旧藩領内の学校や会社の設立に対して寄付を行う。それがなぜ可能であったのかという問題については、第一部で検討した旧藩主家内の意思決定の検討だけではなく、同家の財政の仕組みとあわせて議論しなければなるまい。あるいは、旧藩主家内の金融についてもこれまでの研究の俎上には載せられていない。東京邸から旧藩領邸へ資産の一部が移動したとしたら、その時点で旧藩主家全体の資産に増減がなくても、このこと自体が地域の金融を考える上では看過できない問題である。なおかつ、柳川には明治十一年（一八七八）に旧柳河藩士たちによって設立された第九十六国立銀行といういわゆる士族銀行があった。したがって旧藩主家の財政の検討は、明治期における同家と社会との関係を別な角度から問うことにもなろう。

よって第二部では、従来の日本経済史研究では扱われてこなかった旧藩主家の財政の内実を具体的にかつ丁寧に分析していく。その際には財政に関する帳簿だけでなく、これまでの研究ではほとんど目を向けられなかった当事者の認識を記した書翰などを用いる。このような方法を用いることで、旧藩主家の内実を明らかにするだけでなく、明治前期における旧藩主家と地域経済との関係にも迫れると考える。

以上の問題関心のもと、第二部では次の議論を行う。

第一章では、旧藩主家の財政を理解するための基礎的な作業として、立花家の財政状況と複雑な財政構造の解明を行う。家禄という十分な収入があったのにもかかわらず旧藩主家財政はなぜ赤字となるのか、さらにその赤字はなぜ明治十年代という時期に解決されるのかという問題を、立花家における家政改革の分析を通して明らかにする。

なお、事例として立花家を扱う上で、これまで明らかとなっている他の旧藩主家の財政とどのような点で異なるかを先に記しておく。具体的には次の二点を指摘できる。第一は、立花家には利殖を積極的に行うような外局が存在しない点である。幕末に各藩では利殖のための組織を設け、家によっては明治期にそれを引き継ぐところもある。(1)しかし、同家にはそうした組織は見られない。

第二は当主の財政部門である「御手許」の資金源についてである。佐賀藩鍋島家やその分家に設けられた「懸硯方」(2)、あるいは長州藩毛利家の「撫育方」(3)のように、家によっては藩主の「御手許」とは別に機密費として扱われた資産を明治に入ってから接収する。そうした家のなかには明治期の早い段階で家格以上の資産家と化したケースもある。立花家の場合はそうした機密費を引き継ぐようなことはなかった。

しかし、立花家の場合、地理的な特徴によって生み出された資産があった。同家は有明海の干潟を開発することで干拓地を近世段階から所有する。これらの土地の開発費は近世段階で藩主の「御手許」から捻出されたため、それらの干拓地を地租改正時に私有財産にできた。前述した機密費の規模には到底及ばないが、立花家は家禄以外の収入源を有していた。その点で同家は、家禄のみという最低限度の収入しかなかった旧藩主家に比すれば、家全体としては多少は財政的な余裕があったといえよう。

第二章では、立花家の資産や為替制度が、士族銀行である第九十六国立銀行の経営の安定化に果たした役割を解明する。また、あわせて両者をつなぐ特定の旧藩士層の役割についても検討する。

旧藩主家と士族銀行との関係について述べると、旧藩主家の機関銀行と呼べるような両者が一体化しているケースから、旧藩主家が地元の士族銀行に僅かな預金と株式を保有するにすぎないケースまで両者の距離は様々である。立花家と第九十六国立銀行との関係は、同家の史料を見る限りでは、機関銀行のような親密性はなく別組織といえる。しかし、銀行の設立や維持をめぐっては特定の旧藩士層の働きかけによる両者の連携が見られる。

また、補節として、士族授産結社である興産義社の設立過程の再検討を行うことで、立花寛治による同社への補助金の意図や、立花家と同社をつないだ人物を解明する。

註

（1）例えば、旧岩国藩主吉川家は明治六年に大阪で同家の貸付金の整理・回収業務や産紙の取扱などを営む商社として義成堂を設立した。明治八年に同組織は吉川家の別局となり、義済堂と改称された。その後、徐々に繊維業に比重を置くようになり、明治三十二年九月三十日に吉川家別局という形態を止め、翌日より合資会社となった（義済堂編『義済堂百年史』義済堂、一九七四年）。

（2）飯塚一幸「解題」（『小城鍋島文庫目録　近代文書編』佐賀大学文系基礎学研究プロジェクト、二〇〇五年）。

（3）小川國治『転換期長州藩の研究』（思文閣出版、一九九六年）。

第一章　旧藩主家の財政構造と家政改革

はじめに

本章では立花家の財政構造と家政改革を検討することで、同家の財政に関する基礎的な部分を明らかにする。

旧藩主家の財政については、主として日本経済史の問題関心に基づき華族資本という観点から研究が積み重ねられてきた。この分野を代表する千田稔氏は、明治期における日本資本主義の成立過程において華族資本が鉄道業や銀行の設立などにどの程度寄与したかを明らかにした(1)。その後に現れる旧藩主家の財政を扱った個別研究の多くは氏の枠組みを引き継ぐものとなる(2)。

千田氏は旧藩主家の複雑な財政を華族資本と一括りに捉えることで、華族を日本経済史のなかに位置づけて議論できるようにした。また、華族資本を支える旧藩主家の家政組織や家政改革にも注意を払っており、同氏によってはじめて明らかにされた事実も多くある。これらの点で千田氏の研究には一定の有効性が認められる。しかし、旧藩主家の財政に内包される議論が捨象されており、家政改革そのものについても十分に検討は加えられていない。

例えば、財政の実際の運用の場面でどのような問題が生じ、それがどのように解決されたのかという点や、家禄という十分な収入があったのにもかかわらず旧藩主家の財政がなぜ赤字となるのか、さらにその赤字がなぜ直ちに明治十年代に解決されるのか、という疑問が残る。これらの疑問は日本経済史研究からすれば些末な問題に過ぎないかもしれない。しかし、旧藩主家の主体的な活動を分析しようとする本書の問題関心からすれば、彼らの意思決定と財政がどのように関連しているのかは丁寧な説明が必要である。

本章のように旧藩主家の財政の内実を明らかにした研究としては、上野（旧姓松平）秀治氏の一連の論考がある。氏は、徳川林政史研究所に所蔵される旧尾張藩主徳川家の膨大な帳簿群を検討することにより、旧藩主家には複数の財政部門が設けられていたこと、そして東京と旧藩領の両邸にもそれぞれ財政が展開していたことなどを指摘した。氏の研究により、明治零年代における旧藩主家の財政構造の複雑さが具体的に明らかとなった。(3)

よって、本章では上野氏の分析視角を引き継ぎつつ、次の問題を検討する。第一に、立花家の財政を理解する上での基礎作業として、同家においてどのような種類の財政部門があったのか、またそれらの財政部門同士がどのような関係にあったのかを検討することで、同家の財政構造を明らかにする。第二に、その財政構造が家政改革を通じてどのように変容したかを明らかにする。

なお、本章では史料の制約上、柳川邸を中心に検討し、東京邸については可能な範囲で言及することとする。立花家の場合、柳川邸が会計の中心となっているため、同邸に分析が偏っていても大きな問題はないと考える。

第一節　立花家の財政構造

「旧柳河藩主立花家文書」には金銭出納に関する数種類の帳簿が残されている。同家の財政構造を理解するためには、それらの帳簿が相互にどのように繋がっていたかを明らかにする必要があるだろう。本節では帳簿の種類を確認し、財政を担当する者たちはそれらをどう捉えていたのかを検討する。特に注目するのは邸の運営費となった「御本方」という部門と、旧藩主家の当主の私的財源である「御手許」[4]との二つの財政部門である。明治期の立花家の財政構造は、近世段階に成立した財政部門と明治初期に成立した財政部門が併存しているが、基本的には「御本方」と「御手許」の関係で説明できると考えている。

先に立花家の財政構造についての見取図を示しておくと次の通りになる。明治二年（一八六九）に藩と家とが分けられた際に、同家の財政構造は、「御手許」と「御本方」が併存していた。しかし、「御本方」の収支が悪化したため、最終的には当主の財政である「御手許」が家の財政である「御本方」のなかに位置づけられることでこの問題は決着する。

最初に立花家の財政構造を把握するための手懸かりとして「御有余金各年増減表」[5]に注目したい。同帳簿は明治十一年に柳川邸の家令・家扶および勘定掛家従によって作成された。彼らは墓参のため柳川へ一時的に帰郷した寛治とともに同邸に保管されている貨幣を点検した。そして、その内訳を同帳簿に一覧化し、寛治へ上納した。この史料に基づいて作成したのが表9である。

家令らによって明治十一年（一八七八）に作成された「御有余金各年増減表」には、①「御本方」、②「御賞典」、③「御山開」、④「御融通」の四部門が記される。さらに「御有余金各年増減表」で挙げられた明治十一年時点での現有貨幣は、すべて⑤「御手許」として保管されることになった。この五つが明治十一年の立花家の財政構造を構成する基本的な部門であろう。ではそれぞれの部門は、いかなる帳簿から成り立っており、またその内容はどのような変化を遂げたのであろうか。「御有余金各年増減表」の金額を参照しながら、帳簿を確定する作業を行い、なおかつ各部門の特徴を整理しよう。

減表

収入				支出		合計
御賞典	御山開	御融通	同利子	御山開払出	他の支出	
1,975.601	778.126			0	0	9,389.699
359.301	1,415.927			0	0	2,614.236
464.056	1,629.943	3,000.000		0	0	11,007.761
857.102	53.857		193.000	0	0	13,122.723
485.351	1,605.444		293.391	778.440	0	9,137.912
0	2,119.067		241.900	6,394.218	6,893.103	−9,457.044
					9,182.967	−9,182.967
4,141.412	7,602.364	3,000.000	728.291	7,172.658	16,076.070	26,632.322

1458 による.
てのため，細目の合計値と「払合計」が一致しない箇所がある.
7,500 円は御普請費，残りは殿様御下向費.
御山開払出はすべて土地購入費.

（1）「御本方」

「旧柳河藩主立花家文書」中の帳簿で、「御有余金各年増減表」の明治四年から九年の「御本方」に見える金額と一致するのは、「金請払御帳」および「金銀請払御帳」と題された一群である。表9とこれらの帳簿の金額を照合してみよう。明治五年九月から同六年十二月の期間の財政を扱った「壬申九月ヨリ癸酉十二月迄諸品請払御帳」[6]の最終頁には支出入の合計額として「八百三十九円七厘」と記される。これは「御有余金各年増減表」の「御本方」にある明治五年の欄と一致する。さらに明治十年三月に作成された「子一月ヨリ同十二月迄金請払御帳」[7]の最終頁にある合計額も、同表の明治八年の欄の数値と一致する。以上から「金請払御帳」および「金銀請払御帳」は「御本方」の部門を扱った帳簿であるといえる。

本章では「御有余金各年増減表」に則して柳川邸の分のみを採り上げているが、実際には東京邸でも「御本方」が別に設けられ、同様の帳簿が使用されていたと考えられる。東京邸に関する帳簿はほとんど残されていないが、この時期のものとして明治七年一月に作成された「酉一月ヨリ同十二月迄金請払御帳」[8]と題する帳簿がある。同帳簿は各月の収支の合計額のみを記した年間の収支報告の形式をとっている。

表9　御有余金各年増

年	
	御本方
明治4年	6,635.972
明治5年	839.007
明治6年	5,913.762
明治7年	12,018.763
明治8年	7,532.166
明治9年	1,469.310
明治10年	
合計	34,408.980

備考1　出典は「柳立」
2　厘未満は切り捨
3　他の支出のうち
4　明治8，9年の

表紙には「戊二月十日着之飛脚ニ東京ヨリ送リ来ル」とあり、東京邸から柳川邸の家扶宛に送られたことがわかる。おそらくこの年に限らず、毎年、両邸の間で年間の収支報告を交換していたと推測される。

次に「御本方」の収支の内容について検討したい。ここでは帳簿が利用可能な状態である明治五年九月以降を見ていく。最初に表10、11、12について、それぞれの支出の費目を説明しよう。「御家族様御衣服」は、当主の家族たち（鑑寛や寛治と籍を同じくする者）の衣服代として四季割りの分と、特別な衣服を注文した際の臨時分とが支払われる。「御配当」は寛治の家族（鑑寛を除く）への手当金を指す。当初は現米に換算して支払われた。「御家族様月並」のちに「御肴菜諸品」（帳簿では「溜間」とも記される）は食費を、「奥諸御用」は家族が必要とする書籍類や文具を、「御薬種代」は医療費をそれぞれ意味する。「御宝蔵」ならびに「御門番」はその場所で消費する油代など。「御賄」は鑑寛の側室たちならびにその関係者への食費。そのほかに寺社への定額の寄付金、家職の東京邸への旅費、彼らへの俸給などの枠が設けられている。一部の支出については物価変動の影響を受けるため、後に検討する家政改革でも問題となる。

定義が難しいのが「差図」である。これはおそらく当主や家令・家扶の指示による臨時的な支出であったと考えられる。具体的には、旧門閥家に対する香典や扶助金、家職への褒美、人力車代などである。これ以外にも邸の地租や賦課金も「差図」で扱われた。他の費目とは異なり、家政に関わる臨時の支出はすべて「差図」で会計上の処理がなされている。また「雑出」すなわちその他の費目も設けられているが、「差図」との区分は次第に薄れ、明治二十年以降は双方とも「差図」として一元化された。さらに名称も明治二十一年九月分の帳簿(9)より「臨時」と改められていることは右の推論の傍証となろう。

表 10　明治零年代柳川「御本方」収支一覧　（単位は円）

分類		明治 6 年	明治 7 年	明治 8 年	明治 9 年	明治 10 年
請	家禄収入	20,851.963	18,624.435	22,810.500	22,596.417	23,106.952
	その他の収入		9,228.619		3,017.238	
	総収入	20,851.963	27,853.054	22,810.500	25,613.655	23,106.952
払	御運送金	15,399.000	12,000.000	12,000.000	13,134.370	
	御配当		520.057	754.380	724.236	690.916
	御家族様月並		377.267	524.172	405.257	475.490
	御家族様御衣服		275.723	300.000	211.210	120.000
	奥諸御用		61.679	80.000	86.210	53.987
	御薬種代		70.506	55.000	56.900	47.500
	差図	706.316	224.317	450.000	448.000	170.560
	社寺差図	195.521	61.370	50.000	35.629	36.026
	社寺御寄付米		327.715	546.480	436.992	389.589
	社寺御寄付金		52.500	55.000	45.000	26.771
	旅渡	1,173.683	399.042	457.500	355.363	354.179
	御便御荷物	上記と合算	172.743	170.000	157.761	103.344
	御作事	65.277	262.743	200.000	222.650	96.093
	奥掛		13.559	16.500	10.668	13.156
	御宝蔵番	7.080	4.263	5.500	3.198	5.562
	御門番	12.961	4.607	5.500	3.198	5.622
	役料		819.036	803.385	764.675	776.094
	女中給米		368.685	567.270	544.634	441.431
	夫給		66.942	72.500	120.292	106.901
	雑出		161.166	555.000	66.815	55.268
	[分類不能]	2,453.114				
	御引越御用		645.109	2,000.000	188.699	
	御買入米代		1,953.374			
	その他		96.881		129.737	
	払合	20,012.956	18,939.292	19,754.950	18,151.488	3,968.489
	除運送金	4,613.956	6,939.292	7,754.950	5,017.118	
差引		839.007	5,913.762	12,018.763	7,532.166	1,469.310

備考 1　出典は「洋館倉庫（1)」B8, 11, 12,「柳立」4483-12, 4486 による．

2「明治 6 年」は明治 5 年 9 月から同 6 年 12 月まで．

3「明治 8 年」は予算を利用，差引は実数．

4「明治 9 年」は差引の額は誤差あり．

5「明治 10 年」は御運送金 8,022 円 18 銭 8 厘が東京から送られる．余剰金 2,584 円 38 銭 8 厘は翌年の「御本方」へ繰り込まれる．

士族授産会社である興産義社や私立尋常中学橘蔭学館への補助金も「差図」で処理されている。ただし、興産義社については当初より「差図」から出されたわけではない。立花家による同社への補助が明治十四年から行われたことはすでに知られる。(10)しかし、少額の菓子代を除けば、明治十七年までは「差図」をはじめとして「御本方」から同社へ出金された形跡がない。「御本方」の「差図」にこの補助金に関する出金が記載されるのは、明治十八年以降である。また、中山農事試験場（「中山御定式」）についても明治二十年に至るまで「御本方」には該当する支出は見られない。つまり双方とも「御本方」以外の部門から支出された時期があるといえる。結論を先取りすれば、これらは「御手許」からの支出であった。この点については後述したい。

このほかに表中の「引越」や「湯治」は家族たちの結婚や湯治に関する支出である。これらについては個別の帳簿が作成され、それぞれに支出の明細が記される。

次に「御本方」の収入について検討する。「辛未八月ヨリ壬申八月迄金銀請払御帳」(11)の収入部分には、明治四年九月二十七日付で御開掛から渡された明治三年の「余米」（小作米）の売却代が見られる。この売却代は翌年以降の帳簿の収入欄には見られない。つまり明治三年分までは、余米という土地からの収入も家禄も一括して「御本方」の部門で管理されていたことを意味する。このことは後述する「御山開」という部門の「御山開金請払御帳」の成立とも関連性があるため留意しておきたい。また、収入部分には「午御本方残高引譲」とあり、前年の明治三年からの繰り越し額も見られる。表9で見られた明治四年の欄は、実際に残る帳簿の明治三年から五年の三年分の収支を合計したものである。つまり、この時期は明治六年以降とは財政の把握の仕方が異なっていたことになる。

その後の「御本方」の内容も見ておこう。明治四年以降の「御本方」の収入は家禄のみに固定化される。例えば、明治七年十一月に編成された「来亥年一ヶ年金穀凡御目録」(12)という帳簿がある。同帳簿には翌年の支出の配分が記さ

（単位は円）

明治13年	明治14年	明治15年	明治16年	明治17年	明治18年	明治19年
6,943.659	7,362.017	7,362.017	8,274.763	11,080.312	9,451.016	9,382.320
2,000.000	2,000.000	2,000.000	2,000.000	2,000.000	2,000.000	2,000.000
200.000	200.000	200.000	200.000	200.000	200.000	200.000
429.505	429.505	428.640	227.775	227.775	163.135	163.135
140.000	140.000	75.000	200.000	200.000	200.000	200.000
133.340	166.675	166.670	166.670	166.670	166.670	166.670
249.420	239.800	283.595	199.091	182.590	205.587	268.640
852.072	1,024.607	709.558	810.302	706.303	683.946	666.335
—	—	166.455	—	—	31.521	—
149.232	99.686	80.573	16.305	15.512	13.179	24.913
—	69.946	48.630	113.563	84.055	67.724	95.172
82.200	96.050	151.780	251.840	156.560	148.680	131.007
709.178	544.300	777.650	1,210.062	1,176.898	1,157.928	826.356
0.000	0.000	0.000	0.000	0.000	1,000.000	1,000.000
291.415	321.527	323.623	314.630	318.184	320.797	331.081
—	—	—	—	—	—	—
18.375	5.150	—	—	—	—	—
35.815	19.681	33.365	10.876	121.572	61.162	17.305
42.146	13.500	35.197	10.776	21.637	16.712	12.885
358.921	263.389	380.586	357.787	167.308	266.128	177.970
127.575	122.849	126.349	93.631	82.870	72.251	100.908
45.736	268.712	238.239	86.078	217.170	153.886	75.747
13.769	14.829	15.447	12.993	11.773	12.086	10.348
5.127	11.796	27.642	21.463	17.981	20.660	18.255
638.194	776.194	642.194	646.194	770.944	834.194	642.722
594.691	641.141	580.320	530.615	503.154	529.596	530.545
146.792	145.983	142.176	126.292	117.836	125.331	119.294
98.348	90.557	104.714	109.599	101.188	110.073	103.257
152.234	215.369	216.377	187.714	153.037	8.370	—
—	88.243	—	—	—	—	80.806
0.480	—	—	—	—	—	—
—	—	—	—	—	388.541	—
—	66.174	100.276	—	123.147	—	—
7,514.573	8,075.668	8,055.070	7,904.271	7,843.679	8,958.163	7,963.353
▲570.914	▲713.651	▲693.053	370.492	3,236.633	492.852	1,418.967
B17	B18	B19	B20	B21	B23～35	B36

訳の合計が合わない箇所がある.
あるため，同年の細目の合計値と「払合計」の値は一致しない.

表11　明治10年代柳川「御本方」収支一覧

分　類		明治11年	明治12年
請		5,423.598	7,282.351
払	大殿様御手許金	—	2,000.000
	御前様御手許金	—	200.000
	御家族様御配当	529.505	429.505
	於志津於千恵御手当金	—	140.000
	御手当金(寛治の弟妹)	—	133.333
	御衣服金	225.970	276.875
	御肴菜諸品	549.998	514.694
	御前米御次米餅米	—	182.835
	奥諸御用	73.137	83.075
	御文学	—	—
	御薬種代	59.275	60.680
	差図(興産義社を除く)	1,358.420	455.665
	差図(興産義社)	0.000	0.000
	社寺定式	145.690	297.773
	社寺御寄付米	267.391	—
	御香典御初穂	—	15.419
	御法事	—	22.852
	社寺作事	2.875	14.000
	旅費	357.425	367.097
	御便御荷物	95.483	120.984
	御作事	291.166	144.971
	奥掛家従	15.006	15.291
	御宝蔵番　御門番	6.369	5.750
	月俸	757.535	875.694
	女中給	533.534	488.659
	夫給金	134.547	127.574
	御賄	44.867	128.077
	雑出	157.406	131.056
	御入湯	68.792	—
	御庭	—	50.486
	御上京御下県	—	—
	御逝去・御誕生	—	—
	払合計	5,671.524	7,282.351
差引		▲247.926	0.000
出典(いずれも「洋館倉庫(1)」)		B14	B15

備考1　厘未満は切り捨てのため，「払合計」とその内
2　明治11年については1月分の合計値に誤りが
3　▲はマイナスを示す.

れる。それによると、家禄収入（七〇一五石）によって柳川邸と東京邸の「御本方」の全支出が賄われていたことがわかる。表9において、「御本方」の収入に邸内の諸道具の売却費が混入するケースも見られるが、この道具の売却は家政機構の縮小にともなう不要品の処分という例外的な措置であり、恒常的な収入源ではない。

なお、柳川邸の「御本方」は明治九年以後は東京よりの「御運送金」が主な収入となる。この変化は、明治九年の金禄公債発行条例により家禄が現金で東京において支給されたこと、また翌十年以降にそれらが第十五国立銀行株式の購入に当てられ、その配当を東京邸で受け取ったため、「御運送金」の流れが東京邸から柳川邸へと反転したために生じた。この点は第二部第二章第二節で述べるように立花家の為替制度にとって重要な意味を持つことになる。

表12　明治20〜22年柳川「御本方」収支一覧　　（単位は円）

分　類	明治20年	明治21年	明治22年
請	11,736.472	12,377.854	14,303.277
大殿様御手許金	2,000.000	2,000.000	2,000.000
殿様御手許金	300.000	275.000	300.000
奥様御手許金	200.000	200.000	200.000
若殿様御手許金	50.000	50.000	50.000
御前様御手許金	200.000	200.000	200.000
於寿様，於敏様御手許金	39.468	59.252	62.270
御配当	163.135	62.270	0.000
於志津於千恵御手当金	200.000	217.500	202.500
御手当金（寛治の弟妹）		52.500	236.752
御衣服金	300.350	300.000	318.100
御肴菜諸品	668.236	583.214	823.088
御前米	84.910	—	—
御文学	116.967	61.117	133.613
御交際費	94.014	61.266	79.279
御薬種代	254.570	422.950	288.973
臨時（興産義社，橘蔭学館を除く）	1,257.908	2,217.599	2,156.841
臨時（興産義社御補助）	1,000.000	1,000.000	1,000.000
臨時（橘蔭学館御補助）	1,458.019	1,500.000	1,500.000
社寺定式	319.280	300.839	311.042
御法事	14.726	34.281	35.210
社寺作事	29.941	0.670	—
旅費	153.474	96.440	132.800
御便御荷物	67.696	48.391	107.012
御作事	62.903	170.357	461.198
奥掛家従	10.930	10.011	12.364
御宝蔵番　御門番	17.232	15.139	19.751
月俸	748.500	763.000	722.000
女中給	636.769	559.395	601.730
夫給金	117.176	104.667	101.794
御賄	125.019	111.861	130.752
役所	—	—	33.854
中山御定式	784.356	—	1,435.319
培養費	114.723	—	—
御庭改正費	146.167	—	—
御上京御下県	—	—	575.735
払合計	11,736.472	11,477.719	14,231.981
差引	0.000	900.135	71.295

備考1　出典は「柳立」3576〜3600による．
　2　厘未満は切り捨てのため，細目の合計値と「払合計」が一致しない箇所がある．
　3　明治21年の明細は1月から11月分である．

その金禄公債発行条例が華族の資産に多大な影響を及ぼしたことはよく知られる。立花家柳川邸の明治十年代における収入構成を表13で見てみると、「御本方」の財源は東京邸からの運送金で占められていたことがわかる。東京邸における収入構成を示す「金穀歳出入中勘御田地山立木并廉々支払中勘」(13)という帳簿によれば、第十五国立銀行(14)の株式配当が東京邸および柳川邸の運営費に当てられていたことを指摘できる。立花家もほかの華族と同様に、金禄公債

表 13　柳川「御本方」収入内訳　（単位は円）

年	御運送金	株式配当	銀行利子	公債利子	補充	その他	収入合計
明治10年	8,022.188	0.000	0.000	0.000	0.000	0.000	8,022.188
明治11年	2,839.210	0.000	0.000	0.000	0.000	2,584.388	5,423.598
明治12年	5,812.799	0.000	0.000	0.000	1,469.552	0.000	7,282.351
明治13年	6,943.659	0.000	0.000	0.000	0.000	0.000	6,943.659
明治14年	7,362.017	0.000	0.000	0.000	0.000	0.000	7,362.017
明治15年	7,362.017	0.000	0.000	0.000	0.000	0.000	7,362.017
明治16年	8,274.564	0.000	0.000	0.000	0.000	0.000	8,274.564
明治17年	8,274.763	0.000	0.000	0.000	2,805.549	0.000	11,080.312
明治18年	8,215.600	926.800	256.766	51.850	0.000	0.000	9,451.016
明治19年	8,210.783	898.250	249.637	14.350	0.000	9.300	9,382.320
明治20年	9,777.245	880.200	470.070	13.650	0.000	595.306	11,736.472
明治21年	11,216.134	885.500	251.457	8.750	0.000	16.012	12,377.853
明治22年	11,041.959	966.000	356.495	8.750	1,901.288	28.784	14,303.277

備考 1　出典は各年の帳簿による．
　　 2　株式配当ならびに銀行利子は九十六銀行からの収入を指す．

のほとんどを同行の株式に当てており、一〇六五株、額面にして一〇万六五〇〇円分、華族中では三五番目に相当する株数を所有した(15)。同帳簿から判断する限りでは、同家は購入初期の段階ではこの株式の配当で「御本方」の運営を行う予定であったと推測される。

また、「金穀歳出入中勘御田地山立木井廉々支払中勘」によると、明治十八年以降は、第九十六国立銀行(16)からの株式配当や利息、そして起業公債の利子が「御本方」の収入に加算される。この点は立花家の財政構造を捉える上で注目すべき変化であるので、次節において家政改革とあわせて検討したい。

以上の検討から「御本方」の特徴をまとめると次のようになる。収入源は基本的に明治零年代においては家禄に、秩禄処分後は第十五国立銀行の株式配当に依存した。家禄はすべて同行の株式に当てられていることから、「御本方」の収入源として両者は連続的な位置にある。次節の議論を先取りすると、明治十年代の立花家は、その配当を核とし、不足する分をほかの部門から一時的に借用しながら「御本方」の財政を維持していき、明治十年代後半の家政改革において他の部門から「御本方」へ財源の移管を行うことになる。

一方、支出については、柳川邸の維持・管理と同邸に在住する寛治の家族の生活に関してもこの部門で扱われていたことが明らかとなった。ただし、彼らに関する支出は、家として支払うべきものと彼らの個人的な消費とは、明らかに区別が行われていたと考えられる。またこの「差図」のように当主の指示により支出される費目もあり、予算の枠で固定化するのが困難なものもあった。そのため客観的な情勢の変動が生じる度にこの点は問題化することとなる。

（2）「御融通」と「別段」・「御家族様」・「於栄様寛直様於敏様」

次に「御融通」の検討を行う。「旧柳河藩主立花家文書」中には、この名称を外題とする帳簿は一冊も現存しない。しかし、明治十二年初頭に作成されたと思しき「御金御貸付御帳」[17]の中には、「御融通」の部門を確認できる。よってこの帳簿を手懸かりに同部門を見ていこう。

「御金御貸付御帳」の内容を一覧にしたものが表14である。同表から、この帳簿は「別段」・「御家族様」・「於栄様寛直様於敏様」・「御融通」の各部門を一冊にまとめたものであること、そしていずれも金銭の貸付に用いられたことがわかる。ここで注目したいのは、貸付金の出所が複数ある点である。このことは、立花家の財政構造が「御有余金増減表」で描かれる以上に、複雑であったことを示唆していよう。

次にそれぞれの部門の淵源について探ってみたい。最初に「別段」から検討する。この表題を有する帳簿は一冊だけ現存する。[18]明治十一年五月に勘定掛家従の山崎高・益子半九郎・堀内七郎二が家令の杉森憲正と家扶の淡輪彦三郎・小野忠三郎へ宛て、明治十年分の勘定に明治九年の「御算用御帳残金」とを合わせて同帳簿を提出した。毎年勘定掛家従がこのような帳簿を作成し、家令・家扶へ提出したと推測される。

この「別段」の部門の成立事情については不明であるが、おそらく既存の財政部門では処理できない枠外の収入を

表 14　「御金御貸付御帳」

（金額の単位は円）

分類	日　付	貸付先	金額	備　考
別段	明治 5 年 4 月 8 日	高椋新太郎	200	由布雪下拝借の由受取書有り
	〔日付不明〕	十時惟恭 問註所松叟 太神雪斎	180	追って証書差出の書付あり
	明治 8 年11月	三柱神社世話掛中	380	明治 11 年より 14 年まで 4 ヵ年賦上納
	明治 8 年 8 月19日	立花寛正	140	明治 11 年より 7 ヵ年賦上納
	明治 8 年11月29日	石川揆一	10	拝借金 60 円の内引き残り分
	明治11 年10 月		400	起業公債実価 800 円の内御差出
	明治12年 1 月 6 日		400	第九十六国立銀行へ 1,500 円御差出の内
	小計		1,710	
御家族様	明治 6 年 1 月29日	永松毅	280	南野開田地 2 町 3 反 7 畝 15 歩抵当
	明治11年10月20日	江崎源吾	150	獵町の内田地 1 町 5 反 1 畝 28 歩抵当
	明治10年10月23日	東原作蔵	200	皿垣開田地 2 町 1 反 8 畝 12 歩抵当
	明治10年 9 月12日	馬場久米次	800	南高柳村田地 5 町 3 反 8 歩抵当
	明治11年 9 月19日	内山田直作	180	下宮永村田地 1 町 2 反 6 畝 6 歩抵当
	明治11年 5 月30日	渡辺又四郎	150	瀬高上庄田地 1 町 3 反 8 畝 4 歩半抵当
	明治11年 9 月 3 日	清水平太郎	280	慶長小判 21 枚抵当
	明治11年10月23日	木下庄八	100	田脇村田地 4 反 5 畝 24 歩抵当
	明治11年11月 5 日	竹原苞	550	垂見村田地 1 町 6 反 3 畝 5 歩，棚町村田地 1 町 5 反 5 畝 28 歩抵当
	明治12年 1 月 6 日		700	第九十六国立銀行へ 1,500 円御差出の内
	小計		3,390	
於栄様 寛直様 於敏様	明治10年12月 9 日	小佐井顕親	140	抵当古金種々
	明治11年 8 月 3 日	濱口亥三郎	45	抵当円金 50 円
	明治12年 1 月 6 日		300	第九十六国立銀行へ 1,500 円御差出の内
	小計		485	
御融通	明治6 年 9 月21 日	吉田孫一郎 立花親信 立花菅根 岡田孤鹿 武島盛美 津村宣哲	200	証書あり，9 年に 25 円上納
	明治 7 年 9 月 9 日	中村小三郎	300	上棚町村田地 1 町 2 反 9 畝 29 歩半抵当，大神雪斎・坂井周作・笠間廣達・宮川登三郎の添書あり
	明治10年10月20日	十時一郎	1,000	吉原村田地 4 町 1 反 2 畝，矢留村田地 1 町 8 反 5 畝抵当
	明治11年 1 月 4 日	小佐井顕親	500	大野島村田地 4 町 9 反 5 畝 20 歩抵当
	明治11年 9 月	立花茂樹	300	田地 2 町 9 反 9 畝 26 歩半抵当
	明治12年 1 月	矢島学	120	浦村田地 3 反 7 畝 21 歩飯田村畑 2 反 2 畝 9 歩抵当，福厳寺金より移す
	明治12年 1 月		100	第九十六国立銀行へ 1,500 円御差出の内
	明治11年10月		400	起業公債実価 800 円の内御差出
	小計		2,920	
合計			8,505	

備考　出典は「洋館倉庫(1)」B37-3 による．

処理するために設けられたと考えられる。したがって財源も一様ではない。例えば、中村松之助が「元調掛」より一二三円余を拝借金し、その一年分の利息として三〇円余を納めたことが右の帳簿に記される。「調掛」とは、明治二年の版籍奉還から明治五年一月の立花家内の家政改革までの期間のみ置かれた組織である。よって、「別段」の原資の一つは、廃止された掛に蓄えられていた金銭であったといえる。

また、同じ帳簿に安部熊次郎や森田利平という毎年立花家が所有する米の売却に関わる人物の名前が見える。彼らは米の売却代の延滞分をこの「別段」に納めていたことがわかる。立花家が米を売却するケースは、基本的には家禄か余米か賞典禄である。それらは通常、「御本方」かあるいは後述する「御山開」・「御賞典」の部門に組み込まれた。しかし、その延滞分のみ「別段」に入れられている。おそらくこうした収益金は、「御本方」のような既存の財政部門では処理されない金銭であり、「別段」として扱われたと考えられよう。

次に「於栄様寛直様於敏様」を見ていく。この三名はいずれも立花寛治の弟妹である。帳簿が現存しないため、具体的な内容は判然としない。しかし、明治十九年六月に作成され、明治十八年分の利息収入を扱った「御家族様御金請払御帳」[19]には彼らの枠が設けられている。このことから、当初は独立した帳簿として使用され、明治十九年以前の段階で同帳簿に組み入れられたことがわかる。

その帳簿の表題でもある「御家族様」についてもう少し詳しく見ておきたい。この名称を含む帳簿としては右以外には明治六年の請払を取扱った「御家族様御金」という帳簿[20]が残されている。この帳簿の内容を一覧にしたものが表15である。同表から「御家族様」の部門は、元来は藩主の妻や娘たちの資産であったことが指摘できる。鑑寛の伯母にあたる英子や寛治の姉たちの名前が含まれることがその証左となろう。また、当人が亡くなった後も御用人ないし奥組織がその資産を引き継いで運用した。例えば、右表に「清光院様御銀」とあるが、清光院（一一代藩主鑑広の実母文子）は弘化五年（一八四八）正月六日に亡くなっている。さらに、安政三年（一八五六）正月付十時与次兵衛・森九郎左衛門・井出参五・竹原藤内宛御臨時役所よりの覚[21]には「一、金六拾両清光院様御遺金御預申上置候、月六朱宛利金相加」とある。つまり、同人の死後も御用人たちは「御遺金」を運用したのである。それらが明治六年まで引き継がれたことになる。

最後に本項の主題である「御融通」について確認できる範囲のことを記しておこう。この元金は表9より「御本方」から発生したことが判明する。時期としては、家禄で十分に「御本方」の財政を賄えた時期である。したがって「御本方」の財源から一部を割いて、積極的に貸し付ける部門を設けたというところであろうか。前述の「金穀歳出入中勘御田地山立木幷廉々支払中勘」には、明治六年九月二十一日付で吉田孫一郎ほか五名に貸付られた。しかし、表9の翌年以降の利子および当初設定された三〇〇〇円という金額を考慮すると、彼らが最初の貸付先ではなかったと考えられる。しかしこれ以上は議論を深めるための材料を欠く。

以上、本項では「御融通」を手懸かりとして、立花家が複数の財政部門を用いて金銭の貸し付けを行っていたことを明らかにした。総じて余剰資金は、柳川に第九十六国立銀行が設立されたことにより、次第に同行で預金として運用される。そのため個人向けの貸付は次第に減少する。

立花家内では、「御本方」から各組織へ渡された分や当主の家族へ渡された分の蓄積、あるいは近世から引き継がれた資金など、「御本方」の下のレベルでは様々な形で資金が蓄えられていた。本項では十分に検討できなかったが、このほかにも「奥御金」（家族の食費の余りを貯めたと思われる資金）や「祠堂金」（先祖の供養料）といった目的別に設けられた財政部門も確認できる。こうした資金は明治初期には個人へと貸し出された。しかし、第二部第二章でも見ていくように、第九十六国立銀行の出現とともに、次第に個人へ貸し付けていた資金は同行の預金や株式などに付け替

表 15 「御家族様御金」

（金額の単位は円）

	日　付	金額	支払人	項　目
受		527.499		於英様御銀
		2,307.170		於寿様於孝様御銀
		52.750		清光院様御銀
		128.573		祠堂金
		95.085		於英様御銀
		225.610		於寿様於孝様御銀
	明治 6 年 3 月 2 日	8.000	古賀幸之助	貸付金 500 円の利息 2 ヵ月分
	明治 6 年 5 月 3 日	4.800	中嶋利平	貸付金 300 円の利息 3 ヵ月分
	明治 5 年11月28日	84.000	古賀新	貸付金 1500 円の利息 7 ヵ月分
	明治 6 年12月 2 日	132.000	古賀新	貸付金 1500 円の利息 11 ヵ月分
	明治 6 年12月29日	40.000	大渕顕造	貸付金 500 円の利息 10 ヵ月分
	明治 7 年 1 月17日	26.880	永松毅	貸付金 280 円の利息 12 ヵ月分
	明治 7 年 2 月12日	19.200	阿部茂助	貸付金 300 円の利息 8 ヵ月分
	明治 7 年 2 月14日	13.200	宮川渡	貸付金 150 円の利息 11 ヵ月分
	明治 7 年 2 月16日	11.667	吉村一二	貸付金 200 円の利息 7 ヵ月分
	明治 6 年 5 月 5 日	80.000		於寿様御金御下ケ之分
		44.000	津村永喜	貸付金 500 円の利息 11 ヵ月分
	小計	3,800.434		
払	明治 5 年 5 月	1,500.000		松本（古賀）新へ御貸付
	明治 6 年 1 月	280.000		永松毅へ御貸付
	明治 6 年 2 月	500.000		津村永喜へ御貸付
	明治 6 年 3 月	500.000		大渕顕造へ御貸付
	明治 6 年 5 月	300.000		阿部茂助へ御貸付
	明治 6 年 2 月	150.000		宮川渡へ御貸付
	明治 6 年 6 月	200.000		吉村一二へ御貸付
	明治 5 年 5 月	9.585		萩原治三郎へ御貸付 95 円 8 銭 6 厘の年 1 割の利を家扶手許へ差出
	明治 5 年 5 月	100.000		萩原治三郎へ御貸付
	明治 7 年 1 月	100.000		野田和作へ御貸付
	明治 6 年 5 月	88.000		於寿様御銀御下金 80 円 10 ヵ月分元利〆家扶手許へ差出
		12.343		祠堂金 128 円 57 銭 3 厘酉年の利（月 0.8%）
		5.064		清光院様御金 52 円 75 銭酉年の利（月 0.8%）
	小計	3,744.992		
	差引	55.442		

備考 1　出典は「柳立」4513 による．

2　空欄は不明分．

えられていく。さらにはそうした資産は家政改革の際に「御本方」の財源として位置づけなおされる。次節で述べるように、家政改革の成果は「御本方」の財源の再編という点にあるが、それは同時に右に記した財産の複雑な状態が統合されていく過程でもあったといえよう。

（3）「御山開」

「御山開」の「御山」とは立花家所有の山林を、「御開」は同家所有の「開地」（＝干拓地）を指す[22]。同家は山林からは木材や松茸などを、開地からは米をはじめ辛子・粟・麦や、葭・櫨などを得ていた。この部門はそれらの売却益と管理にかかる経費から成り立っており、当初は勘定掛、後に御開出納掛が帳簿を作成した。

この部門の収入を見ていこう。表16は「御山開金穀請払御帳」[23]を基にして、明治四〜九年における「御山開」の収益を内容毎に分類したものである。一見してこの部門の収入が余米で占められていることがわかる。しかし、明治七年と九年だけは余米収入が少ない。明治七年については大水害によって堤防が決壊したため、開地の大半が壊滅的な被害を受けたことによる。明治九年については、鍬先騒動と呼ばれる柳川地方独特の土地問題の影響と考えられる[24]。同騒動は行政側の調停が受け容れられず裁判に発展し、解決は明治十三年初頭に持ち越された。最終的な和解案として、土地を折半し、未納余米は滞納分の四割程度を支払うことで決着した[25]。このように開地は権利関係が複雑であったため、騒動後に立花家は開地を売却し、その資金で、積極的に本地の購入を進めていく。その結果、明治十年代に入り立花家の総反別は順次増加し、それに比例して土地からの収入も増加している。

一方、支出については事務経費が多くを占める。立花家は広範な土地を有したため、租税および余米の徴収を「手頭」と呼ばれる代理人に委託した。手頭は自らの所有地を管理しつつ、立花家への「定米」（余米と租税を合わせたものの総称）の収納を管理した。そして余米の一割が「手頭給」として彼らに入る仕組みであった。[26]その手頭給は同部門の支出として処理されている。

また、同表から明治四年から六年については支出額が多いことがわかる。これは東京への旅費、引越代、開地の樋管の修復料などの金額が嵩んだためである。後年の「御本方」と「御山開」の支出の慣行に照らし合わせてみると、旅費や引越代は、「御本方」から支出されるべきものである。さらに明治七年以降はそうした支出は見られない。つまり、この時点では「御山開」は「御本方」の補助財源的な位置づけであったことを示唆するものであろう。

（4）「御賞典」

次に「御賞典」について検討する。この「御賞典」とは賞典禄を指す。王政復古の勲功と戊辰戦争の戦功を有する者に対して、功績に応じて永世禄、終身禄、年限禄のいずれかが賞典禄として明治政府より下賜された。

立花家は戊辰戦争での功績により当主の鑑寛が五〇〇〇石（現米一二五〇石）の賞典禄を受け取った。[27]毎年の収支の明細については「御賞典米受明細」[28]なる帳簿に詳しい。立花家は明治二年から四年にかけての三年分の賞典禄三七五〇石を日田県で受け取った。同地から柳川までの運賃が経費として発生するため、それらを差し引いた分が立花家の収入となり、その売却額がこの「御賞典」の部門に組み入れられた。しかし、明治五年七月付で立花鑑寛は自身への賞典禄を戊辰戦争に出陣した旧藩士に分与することを東京府に願い出る。[29]その結果、願いの通り分与が認められた。明治六年より鑑寛は賞典禄の九割を旧藩士へ分与し、残りの一割にあたる一二五石を受け取ることにした。

（単位は円）

支出	差引
908.751	778.126
356.496	1,415.927
833.597	1,629.943
189.759	53.855
126.904	1,605.444
193.769	2,119.067

表16　御山開金受払（明治4～9年）

年	収入							
	余米	辛子	粟	麦	御山	御開	その他	収入合計
明治4年	1,522.584	114.540	0.000	0.000	43.646	6.054	0.000	1,686.877
明治5年	1,341.608	204.407	4.622	1.024	93.140	127.877	0.000	1,772.423
明治6年	1,454.792	149.859	4.327	7.052	582.050	27.246	238.213	2,463.540
明治7年	88.882	47.975	4.860	9.351	66.916	16.368	9.261	243.614
明治8年	1,231.572	144.674	11.866	4.363	32.800	4.630	302.443	1,732.348
明治9年	284.792	94.264	4.980	5.935	1,848.618	28.375	45.872	2,312.836

備考1　出典は「柳立」2065による.
　　2　明治4，5年は収入の各項目の合計値は収入合計とは合わない.

ここでは「御賞典」の財政部門に関して二点補足しておきたい。一つは、この「御賞典米受明細」によれば、「中御賞典」六二石五斗が「御本方」へ売却されている点である。このことは「御賞典」と「御本方」が厳密に区別されていたことを意味しよう。もう一点は「辛未銀穀凡御目録」[30]なる帳簿に「御賞典」が「非常御備用」と記される点である。この点で、「御山開」と「御賞典」は共通性を有している。実際に「御賞典米受明細」が「御山開」と同じ帳簿に綴られていることも、「御賞典」の位置づけを示していよう。

なお、明治十一年の「御有余金各年増減表」に見えるように、「御賞典」は「御手許」に組み込まれるため、同年以降は独立した帳簿は作成されていない。

(5)「御手許」

先に示した「御有余金各年増減表」において、各年毎の残額が「御手許」に納められることはすでに述べた。では「御手許」とはいかなる部門であろうか。

立花鑑寛や寛治には毎年、「御本方」から「御手許金」として一定の額が支給された。また、寛治の弟妹や家族については「御本方」から配当がある。それらの資産の受け皿が「御手許」である。

「御手許」に関しては近世からの連続性を確認できる。例えば、表紙に「御手元金扣帳」[31]と記された帳簿群を見てみよう。この帳簿群は、「御納戸方」が取り扱っていた小横帳で、明治末期の整理の際に、現存していた一五冊を一冊に綴ったものと考えられる。これらのうち慶応二年（一八六八）および同三年のものには、藩主在城時に「御手許金」へ中老から七月と十二月に一一〇両ずつ支給されたとある。同帳簿によって明治二年二月に参政（中老）から支払われた分まで確認できる。つまり明治以降に見える「御手許」なる財政部門や毎年一定の金額を支払われる「御手許金」は近世からの遺制であり、家令が支給するという形式で慣習的に存続したものといえよう。

廃藩置県以降の「御手許」は「御手許上納金并御下ケ金御帳」なる帳簿で管理された。同種の帳簿で確認できる最も古いものは、明治十三年の年頭から同十七年の年末までを記載した分である。(32) この帳簿の冒頭には、明治十年の「御山開」の収入額が記される。これは「御有余金各年増減表」における「御山開」の上納金が明治九年まであったことを考慮すると、それ以降の「御手許」への上納金はこの帳簿で管理されたと見なせよう。しかし、「御本方」の帳簿である「酉一月ヨリ同十二月迄金請払御帳」(33) には、余剰金の一部が「御手許」へと上納された記述がある。さらに明治二十一年までは寛治が東京に在住していた点を考慮すると、東京にも同種類の帳簿があったと推測される。

次に「御手許」の収入構成を見ていこう。柳川分については、「御融通」の金利、第九十六国立銀行の預金利息、同銀行の株式配当、起業公債利子、「御山開」からの収益金などによって構成される。これらは前項までに検討した部門で生じた利益であり、いずれも「御手許」へ納められたことがわかる。

一方の支出については、「殿様御下県中」の御入費が計上されている。柳川寄留中における寛治の身の回りの品物の購入費については、柳川の「御本方」で立て替えられ、後に「御手許上納金并御下ケ金御帳」から差し引かれた。また、明治十四年よりは士族授産結社である興産義社へ毎年一〇〇〇円の支出が「御手許」から行われている。この額は立花家と同社が交わした規定の補助額と一致する。

当初はこの「御手許上納金并御下ケ金御帳」一冊で鑑寛と寛治の「御手許」の資産が管理された。しかし、明治十八年に鑑寛用と寛治用に帳簿がそれぞれ分割される。鑑寛の分は「大殿様御手許上納金并御下金御帳」[34]という帳簿が残されているが、寛治の分は明治十八年から同十九年までの二年分の「御手許金」を記した帳簿は現存していない。しかし、明治二十年より二十六年の家政会議が設置されるまでの分は現存する。[35]興味深いことに、寛治の帳簿についての再編成が、明治十八年と同二十年というこれまで確認してきた「御本方」の支出入の転換点と符合する。この事実は家政改革が「御手許」の内容にも関係することを示唆していると考えられるが、この問題については次節で詳述したい。

本節では「旧柳河藩主立花家文書」中の財政に関する諸帳簿の特徴を把握する作業を行った。立花家の財政構造は、邸の運営費（「御本方」）と、当主およびその家族の個人的資産（「御手許」）、そして両者の中間的に位置する貯蓄資産（「御山開」・「御賞典」など）の三つに大別されることが明らかとなった。また、貯蓄資産で生み出される利益は明治初期の段階では「御手許」へ納められた。さらに「御本方」の余剰金も「御手許」へ納められた。こうした財政構造は「御本方」が基本的には黒字であることが前提となって成り立っていた。したがって、明治十年代に生じた「御本方」の収入の減少と支出の増加という事態は、立花家の財政構造を大きく揺るがす。その詳細については節を改めて検討することにしよう。

第二節　家政改革の展開

(1) 御引分と御内事掛の成立

第一部第一章でも述べたように、明治政府は明治二年六月のいわゆる諸務変革令により、諸侯（大名）に対して藩と家の分離を促した。立花家では両者の分離を「御引分」、その際に成立した家政組織を「御内事掛」と称する。

立花家の場合、実際に藩と家とがどのような形に分離されたのかを人事と財政に注目して見ておこう。柳河藩については明治二年十月の「今般一統拝聴ニ相成候稜々写」(36)で、立花家については「御内事掛達帳」(37)でそれぞれ人事を確認できる。両史料で布政所と御内事掛との人事を比較すると、重複する人名は見られない。組織の上部レベルでは両者の人事は完全に分離されたといえよう。もっとも、布政所に勤めていた人物が後に御内事掛へ異動する事例も見られ、両組織間の人事は固定化されてはいない。さらに、下部レベルでは布政所と御内事掛の帳役を兼務する例も見られる。例えば、役方御帳の池末信助と小溝民右衛門が「御内事御厩掛御帳役兼帯」を申付られている(38)。あるいは、廃藩置県後の柳河県時代でも新たな県令が赴任する前の段階では、池松春吾が「県出納掛御帳付御申付ニ相成、依テ御内事之方兼帯ニ相成(39)」とある。

次に財政の分離を見てみよう。支出については御内事掛の成立と同時に、これまで同掛が担当していた財政部門を引き続き一括で管理すれば問題は生じないはずである。しかし、御内事掛の実際の財政の開始時期においてこの問題は単純ではなかった。「明治三年御内事勘定掛出納用度日誌(40)」閏十月十日の記述によれば、鑑寛の正室である純子の巳（明治二）年四月、七月分の御服金二〇〇両を御内事掛が立て替えた。しかし実はこの支出が前年の辰（明治元）年の取扱になること、そしてその辰年分の出納の担当は藩であったため問題が生じ、御内事掛の帳簿で確認したことが記される。本来、御服金を支給する時期と、実際に御服金が支給された時期とが異なったために問題化している。

なお、同日の日記によれば、御内事掛の財政上の分離は明治二年九月に行われたとある。また、各月の規定の支出は必ずしもその月に行われるとは限らず、支払いが遅くなることもあった。そのような際には、御内事掛の帳簿の確認が行われていたと考えられる。総じて明治二年の藩と家との分離は、収入面では容易であったが、支出面は複雑な作業を要したことがわかる。

こうした支出入をめぐる混乱は、「御手許」の収入源であった開地の場合、廃藩置県の際に生じている。柳河藩では藩主の御手許金で開発された干拓地を御手許開と呼ぶ。この御手許開からの土地収入は、本来なら「御手許」へ入ることになっていた。しかし、藩政改革の際にしばしばこの御手許開は藩の財政基盤へと組み入れられた。例えば、明治四年九月に立花家の所有地を県側と確認するために家職が作成した帳簿によると[41]、嘉永六年(一八五三)や安政三年に「御手許」の所有であった開地が「役方江御引譲」になったと記される。

この明治四年九月の段階では柳河県が御手許開の管理を行った。そのため立花家は同地よりの収入分を県から受け取った。さらに、柳河県庁に新しい県令はいまだ赴任しておらず、立花家の家職と県庁に勤務する職員はともに旧柳河藩士であるため、御手許開について共通の認識を有していたと思われる。しかし、柳河県庁に旧柳河藩士以外の人物が赴任してきた場合、明確な証拠がないと開地などを私有できなくなることを同家の家職たちは警戒していた[42]。さらに地租改正時には、立花家名義の確実な証拠のない御手許開については、戸長に証明してもらうことで地券の取得を目指した[43]。このように立花家の御手許開の私有化についても様々な苦心の跡がうかがえよう。

次に明治零年代における御内事掛の財政の展開について検討しよう。明治政府は明治二年六月二十三日に各藩における現石（税収）の一割を家禄として諸侯（大名）へ支給することを定めた(44)。立花家は当初、現石を七万一五〇石と算定して政府へ上申し、その一割に当たる七〇一五石を家禄として受給した。しかし、家禄の算出の際に「二斗五升米(45)」と呼ばれる租税を組み入れて算出した点が誤りであったとして訂正を申告した。結果的に立花家の家禄は二斗五升米の一割分となる三二六石を削減される。

その減少分が立花家にとってどの程度の負担になったかを確認してみよう。明治三年分の決算を記した「午銀凡御目録(46)」では六八二〇両の黒字が計上された。一方、明治四年の「御本方」の支出を記した「辛未銀穀凡御目録(47)」によると、明治四年は一八七四両の赤字が計上された。ここでは一石が三両で換算されているため、二斗五升米分の三二六石は九七八両という計算になる。したがって明治四年の赤字は二斗五升米分の返還による収入の減少というよりも、別な点に理由が求められる。

この点について「辛未銀穀凡御目録」の支出の方も確認しておきたい。同帳簿には「東京一ヶ年之御入費」として一万五〇〇〇両という巨額の支出が計上されている。この金額は廃藩置県以後、立花鑑寛や家職の一部が東京に移住することにともない、同地と旧藩領との間での運送費や交通費の増加を見込んでのものである。さらに、この時点では柳川邸の管理を行う人員も減らさなかったため、経費が大幅に増加したと考えられる。つまり東京邸と柳川邸の二ヵ所で家政運営が行われ、その結果として立花家全体の支出も増加したと指摘できよう。ここにおいて立花家では「御本方」の改革が課題として浮上することになる。

（2）明治五年の家政改革と秩禄処分の影響

廃藩置県により立花家の当主鑑寛とその長男鑑良は明治四年九月に柳川から上京する。これ以降、同家内で家政改革の必要性が叫ばれるようになった。その理由は少なくとも二点ある。

一つは旧藩主家の生活様式が大幅に変わったためである。例えば、明治四年に鑑寛らが上京した際に引き連れた家職たちだけでは、広大な旧江戸上屋敷の管理は十分に行き届かなかった。そのため、彼らは引越も検討したが、最終的には明治七年より五〇〇〇円余をかけて、敷地と建物を縮小した。そして、敷地の減少によって生じた余剰の土地については、一部分を立花家の関係者が利用し、残りを一般に貸し出した。

もう一つの理由は、家職たちが政府より家禄高を減らされると予測したためである。例えば、明治四年十二月の家扶による御用状には「当今之御時勢追而御家禄も御減少ニ可相成、就而者万端非常之御改革不被為在半てハ往々之御家計不被為相立」[48]とある。また東京邸の勘定掛家従は、「御減録」が予測されるため、「今日御省略之筋相立居不申而者顕然御差支ニ可相成」との心配をしており、家扶との相談の結果、人員削減を提案したという[49]。実際に明治四年十二月に鑑寛の妻純子が供の者たちと柳川邸を発つのを機に家政改革が実施された。具体的には次のような計画であった。

御前様御着京之日より御納戸、御台所、御茶道等都而被廃
御四方様御膳仕立を始、御衣服類之事ハ勿論、総而之事大概奥にて引受御用弁之
上慮ニ被為在候へハ、女中何れも実ニ水火之勤労覚悟有之候半てハ難相成[50]、

柳川にあった御納戸掛などを廃止すること、そしてそれらの掛で担われた職務を「奥」、具体的には女中たちに割り振ることを鑑寛は考えていたことがわかる。実際に行われた削減は第一部第一章第二節で述べた通りである。その後の女中たちの働きぶりは、「〔竹原〕波野はじめ得と呑込精勤致候間、御膳所御用等を始多分御減省可相成奉存候」[51]と東京邸へ伝えられる。この点では当初予定した通りの家政改革が実施されたといえよう。

さて、前述したように、立花家はいずれ家禄が削減されると予想していたが、その削減は早い段階で訪れた。明治政府は対外的な危機認識もあったため、明治六年十二月二十七日に陸海軍費の維持という名目で明治七年分より家禄に家禄税を課すことを布告した。(52)家禄五石以上を三三五段階に分け、最低二％、最高（五万石以上）三五％の累進課税制度を実施する。

この家禄税が立花家の財政にどの程度負担を強いたのかを見てみよう。立花家は一六二〇石を課税された。この高は家禄収入全体の二三％に相当する。家禄税の賦課に対して、東京邸の立花鑑寛は十二月十七日に御手許金の削減や家職の減給、減員の指示を行う。(53)具体的には次の通りである。①奥掛の減員。全体で一人か二人を減らす予定であった。②女中の減員。差し支えがなければ、小取（家族のお付きの者）の一人に暇を出すことが検討された。③船便の数を減らす。東京邸と柳川邸の間で毎月二回の定期連絡について、船便の利用を月に一回（往復）とし、もう一回は「陸郵便」を利用することにした。④「御手許金」や家族への配当の一定の割合での削減。⑤社寺の減禄。毎年の社寺への「御寄付米」を二割ずつ削減する。⑥仲間の減員。一人を減員するように指示する。ただし、勘定掛から二人減らして「極小給」で役所出勤の取次の者を雇う案も出されたため、その案と比較するように指示した。⑦女中の減給。「別冊」（欠）の通りに減給するように指示があった。⑧当主やその家族の食事代の削減の指示。一日に一人精米八合分の割合とするようにした。

以上の変更について東京邸では明治八年一月より行うこととした。また、柳川邸では同年一月に、同年四月より実施するよう通達した。

さて、この明治八年一月の家政改革の特徴は次のようにまとめられよう。第一に、明治五年に引き続いて家職の削減が検討された点である。しかし、その削減人数は各掛で一、二名程度であり、人件費の大幅な削減を望めないことは明らかである。立花家は明治五年の改革の段階で家職を大量に解雇している。そのため、明治八年の時点で余剰人員は僅かしかいなかったのであろう。第二は、家政改革を支出の削減のみで達成しようとしている点である。広範な支出の削減が盛り込まれるが、収入の減少を別な形で補うことはせず、あくまで支出の削減で凌ごうとする姿勢が見られる。この点は収入にまで手を加えた明治十年代の家政改革と大きく異なっている。

ところで、右の御用状中には「別冊」が現存しないため、削減額の詳細までは把握できない。たしかに家禄税による収入の減少に応じた割合で削減を行っている費目もあるが、同じような割合で人員が削減されたわけでもない。したがって右の改革案全体の評価としては、家禄税の賦課による収入の大幅な減少を埋め合わせるほどの支出の削減は行えなかったというものになろう。

では家禄税の賦課によって立花家の財政はどのようになったのであろうか。結論からいえば同家の財政が破綻するような事態は生じなかった。その理由は米価の変動にあった。明治零年代後半に立花家が売却した余米、賞典米一石あたりの価格の推移を見てみると、明治六年二月で二円五九銭、明治七年四月で三円七一銭、明治八年五月で七円三六銭、明治九年五月で四円四八銭、明治十年二月で四円七一銭となっており[54]、明治七年から八年にかけて米価が大きく高騰している。この米価の変動は明治七年に筑後地方が大水害に襲われ、米の収穫量が激減したことに基因すると推測される。

一方、この時の家禄は現米で支給されたため、家禄税の賦課による家禄収入の減少は、米価の騰貴によって相殺された。例えば、明治七年十二月に作成された明治八年の予算となる「亥年一ヶ年金穀凡御目録[55]」を見てみよう。ここでは米価は一石四円五〇銭で換算されている。同家において現米で支出される分は、家族への配当や士族への役料など合計で六三八石一斗である。これらは家禄による収入（二斗五升米と家禄税を差し引いた分）五〇六九石の約一三%を占める。したがって立花家にとって残りの金銭で支払われる分は、この米価騰貴の恩恵を受けることになる。

さらにこの米価騰貴は立花家にとって重要な意味がある。明治九年に家禄から金禄に切り替わる際に、金禄の支給額は地方の貢納石代相場の三ヵ年（明治五年から七年）を平均した価格が算定基準とされた。つまりこの水害は立花家の「御本方」の財政に対して結果的には優位に働くことになる。

さて、明治政府は家禄税を賞典禄にも賦課し、さらに家禄奉還を促すなど段階的に秩禄処分を押し進めた。そしてその最終局面で家禄を廃止し、五年から十四年分の家禄に相当する金額を金禄公債証書として交付する。では立花家は秩禄処分をどのように受け止めたのかを見てみよう。

明治九年分の家禄は翌十年に支給されるため、十一年以降に「御本方」財政が問題化する。その対応策については明治十年十二月の御用状写(56)に詳しい。同状によれば、寛治たちの柳川への帰郷を前に、「左之廉々ハ年内御改ニ相成候」という通達があったという。具体的には、差図物、御荷物、御作事、御医師御謝儀、不時御用、御法事、雑出、幾瀬拝領米、明王院御蔵番給について支出を見直すことであった。

右のうち、幾瀬拝領米と明王院御蔵番給は、同家の財政規模に比すれば微細な削減でしかない。また、御医師御謝儀については「素より御規則上之事ニ付、事実ハ御定メ難キ事ナリ」と註記されており、実際の支出額の予測は難しい。さらにいえば、残りの費目もそのような性質のもので占められる。つまりこの改革案は、支出を収入の枠内に収めることを志向しており、当初から顕著な成果を見込めないものであったといえよう。

一方、肝心の収入はどのようになったのであろうか。立花家は金禄公債のすべてを第十五国立銀行株券の取得に当てた。同行からの株式配当は一株一〇〇円に対して年間一一ないし一二円であった。同家は一〇六五株を所有していたため、配当金は一万一七一五円から一万二七八〇円となる。これは前年の家禄収入の五、六割に過ぎない。他方で、人員削減も限界に達しており、幅広く微細に節約を試みたとしても、その効果はさほど期待できないことが推測される。

明治零年代における立花家の「御本方」では政府の諸政策に起因する収入の減少と支出の増加が生じるが、大規模な経費節減と米価の騰貴により同部門の財政は維持された。これらの理由により同家において財政構造は問題化されなかった。また、この時の家政改革の特徴は、基本的には支出の削減に終始しており、収入の枠内に支出を抑制するものであった。しかし、秩禄処分により「御本方」の財政は予断の許されない状況を迎える。

(3)「御本方」財政の問題化

本項では明治十年代に立花家の財政構造の問題がいかなる形で表面化するのかを明らかにする。

まず収入面から検討しよう。秩禄処分直後の明治十一年に限っては前年度の余剰金二五八四円余が「御手許」ではなく「御本方」へ繰り入れられている（表13「その他」の欄）。これは成立して間もない第十五国立銀行の明治十年上半期が無配当となったことによる。そのため「御本方」に生じた収入の不足を埋め合わせるために、特別な措置を施したと考えられる。一方、翌十二年は「補充」欄の額により、同年の収支の均衡が保たれている。この資金は、同年十二月に当主の「御手許」より出された[57]。翌明治十三年以降を見てみると、同年から三ヵ年連続で赤字が計上されている。この期間は、「御山開」の現金を一時的に借用した。つまり明治十年代前半における「御本方」財政は慢性的に赤字であり、「御手許」の財源を流用することでその赤字を埋め合わせたのであった。

もっとも、この時期、東京邸からの「御運送金」が規定額通りに柳川邸へ送られている。であるならば、なぜ柳川邸の「御本方」の支出は収入を上回るのであろうか。この疑問に答えるために「御本方」の支出を詳細に分析してみたい。明治十年代における支出の一覧である表11を分析すると、「御本方」財政の支出に占める「差図」の割合が次第に増加したのが見て取れる。明治零年代は全体の五％前後であったのが、同十三年には一〇％に達し、同十六年以降は一五％、そして同十八年には二〇％を超える。明治十一年は立花鑑寛が柳川に移住したため、一時的に多額の費用を要したことを考慮して例外と見なすこともできる。しかし、明治十二年以降における「差図」の額の急速な拡大は、明らかに他の費目を圧倒している。

それではなにゆえにこの「差図」の額が急激に拡大したのであろうか。そもそもこの費目は、臨時的な支出を担っており、当初から支出額の予測が困難であった。実際に額面が際立っており、なおかつ特徴的な支出を事例に検討してみよう。

明治十三年に旧城下町の一画で立花家柳川邸が位置する新外町より、消防組で用いる消防ポンプの購入費用二〇〇円のうち、不足分五〇円の補助を立花家へ願い出た。町の消防用品について購入費用の不足分を、町内の資産家へ寄付を求めること自体は特に珍しくはないだろう。五〇円の希望に対して立花家は三〇円を寄付した。

ここで興味深いのは、新外町への寄付の金額を決める際に、「当町ノミ多金之御補助有之候テハ他町へ之差響キモ如何哉ニ付」と他町とのバランスを考慮して葛藤する姿である(58)。つまり立花家としては一町に偏じた寄付は、他町を蔑ろにするものと認識していたのである。立花家がそのような意識を有していたことに留意しておこう。

次に検討するのは、明治十年代の地域社会における重要な問題の一つである学校建設についてである。明治十四年に旧城下町に位置する本町小学校において、生徒の増員により校舎が手狭になったため、元武館跡の桑園を学校の土地に組み入れる計画が考案される。その土地の購入に必要な資金一〇〇円をいかにして準備するかが町内で評議され、立花家へ寄付を願い出ることになった。その経過を記した役状によれば、賦課金や篤志家の出金に頼るだけでは一〇〇円に届かないため、立花家に不足分の請願が行われたという。士族層が多数居住する旧城下町においては、賦課金を集めることは困難であったと推察される。しかも、前年にも立花家は同校の求めに応じて土砂の代金を寄付していた。そのため、彼らとしても立花家へ再願することに遠慮があった。しかし、学校の増築も喫緊の問題であるため、やむを得ず願い出たという(59)。

この請願に対して立花家は要請に応じて一〇〇円を寄付するが、ここでの寄付の名義は当主の立花寛治や鑑寛ではなく、寛治の弟寛篤より五〇円、妹の栄子・敏子・貞子・清子の四人より五〇円という出金を行う(60)。この出金者の名義に立花家の意図を読み取れる。先述の消防用のポンプの問題とも関連するが、他地域への配慮があったと見るべきであろう。この場合、寛篤が同校へ通っており、さらに妹らも通ったことがある、あるいは今後通う可能性があるとすれば、寄付を行う名目は成り立つ。おそらく寛治の名義で同じ学校へ幾度も寄付を行うことを避けるための措置であったのではなかろうか。

こうした事例から見えるのは、旧藩主家が常に旧藩領の人びとからの視線を意識する姿である。実際に彼らが旧藩主家を注視していたかはここでは問題ではない。重要なのは、立花家がその視線が存在するものと意識して、自らの行動に規制を加えるという構造である。したがって旧藩主家は、旧藩領の人びとに対して可能な限り公平な振る舞いをせざるを得なかったと考えられる。

また、もう一つ重要な点は、消防、教育（あるいは史料を示していないが起業も含む(61)）などいずれも地域の発展や秩序の維持に欠かすことのできない問題が、立花家の財政を巻き込むような形で解決が図られ始めたことである。こうした支出のあり方は明治零年代には見られなかったものであり、この時期以降の特徴として指摘できる。そしてこの関係性の成立が立花家において「差図」の増加にもつながることになった。

明治十年代前半において「御本方」財政は右のような展開を見せたが、では「御手許」はどうだったのであろうか。次の記事は明治十一年十月下旬のものである。

今度御両殿様御墓所為御参詣御下県ニ相成候、然ルニ久々振リ旧御領地ニ御出ニ相成候ニ付、士民一統へ御土産トカ御酒頂戴トカ被為在候上慮ニ候得共、士民一統ト申候得バ大惣之義ニ付、町村小学校へ御出金ニ相成候得バ士民一統へ及候訳ニ相成候ニ付、左之御書面ヲ以御出金ニ相成候、〔中略〕

鑑寛等今回先栄ニ謁セント欲シ置県ノ後初テ柳河ニ到レリ、然ルニ奎運隆盛処トシテ学校ノ設ケ有ラサルナシ、是固ヨリ明府勧誘ノ致ス所ニシテ鑑寛等旧好ノ情誼誠ニ欣喜ニ堪エサルナリ、因テ金三千円ヲ旧柳河藩管内公立諸学校ニ寄附セント欲ス、固ヨリ僅々ノ金員ニシテ生徒誘導ノ一助ニ供スルニ足ラ〔ス〕ト雖トモ若シ明府ノ高裁ヲ以テ適宜分賦スルコトヲ得ハ何ノ幸カ之ニ若シ〔ン〕、鑑寛等謹言、

明治十一年十一月　　東京府華族　従五位立花印

〃　従四位立花印

福岡県令渡辺清殿[62]

立花鑑寛、寛治は明治四年に東京に移って以来の柳川への帰郷であった。彼らが士民一統へ御土産を用意する必要がある、という感覚を有していたことは注目されよう。旧藩主はそのような行為を採ることが当然と考えられていたのである。さらに興味深いのは、土産に代わるものとして町村の小学校へ寄付金を出すことである[63]。しかもその際に「旧柳河藩管内公立諸学校」とわざわざ地域を限定して福岡県令に依頼している。その対象領域が県でもなく町でもなく、旧藩である。実際に寄付金を受け入れた福岡県が立花寛治らの希望通りに処理したかはここでは重要ではない。

彼らがこのような手続を行ったこと自体に意味がある。こうした寄付により、彼らは自己の責務を果たした、という満足感を得られるのである。さらに学校設立という名目は明治政府の路線にも合致しており、国家に対する貢献と合わせて二重の意義が発揮されているともいえよう。

ここまで本項では立花家の財政構造が有する問題として以下の点を明らかにした。収入については第十五国立銀行株式の配当に大きく依存しており、同行の経営状況によってはさらなる赤字が生じる可能性があった。他方、支出については「差図」の支出が増加したために明治十年代以降に赤字となった。この「差図」が拡大した要因としては、この時期から地域より立花家への寄付の要請が増加したことが挙げられよう。立花家の「御本方」は慢性的な赤字状態であり、その不足分を「御手許」から一時的に補塡することで辛うじて財政を維持していた。

こうした財政状況をさらに悪化させる事態が生じる。明治十六年八月の役状(64)には次のようにある。明治十六年時点で東京邸と柳川邸の「御本方」は合計で八〇〇円の不足が生じていたが「銀行規則改正ニ付、御当家ニモ凡弐千円御減ニ相成」ため、不足の合計が三〇〇〇円に達する可能性があること、そして不足を解消するために柳川邸の家令・家扶たちは相談人たちと対応を協議しているが、「大概之事ニテハ三千円ノ不足ニハ響不申、実ニ困入」という。右に見える「銀行規則改正」とは同年五月の国立銀行条例の改正を指すと考えられる。この改正の要点は、西南戦争以後の不換紙幣の氾濫により引き起こされたインフレを解消するために、国立銀行に対し紙幣発行の停止と不換紙幣の回収を命じたことにある(65)。

ではその改正と立花家の収入が二〇〇〇円余も減少することは、どのような認識の下に成り立つのであろうか。役状で椿原らが説明している内容は「御本方」の赤字のみを指している。したがってここでいわれる収入の減少は第十五国立銀行が原因となることは間違いない。彼らの認識に寄りかかって議論を展開すると、二〇〇〇円余の減少幅は立花家所有の同行株式一〇六五株で換算した場合、一株当たり二円の下落を予測したことになる[66]。この点はもう少し議論を深める余地があるが、立花家の家職たちは近い将来に年間三〇〇〇円の歳出超過に陥ることを危惧していたのは間違いない。ここにおいて彼らは立花家の「御本方」が重大な危機に直面することを予期し、早急に家政改革を行うように進言した。

（4）家政改革の展開

本項では明治十八年に行われた家政改革によって立花家の財政構造がどのように変容したのかを明らかにする。

史料から確認できる範囲で最初に改革案を提示したのは家令の小野忠三郎である。同人は明治十六年十一月頃に東京邸詰の吉田孫一郎らに対して「御減略下調説明[67]」を送付した。同案の特徴として次の三点を指摘できる。

第一に、人件費の節減が検討される。小野によれば、現在二九人いる柳川邸の家職のうち、奥掛家従二名、勘定掛帳付二名、小取一名を解雇して、二四人にまで減らすことで、年間で三三六円五〇銭の削減が可能であると試算する。新たに人員の削減が可能となった理由は、日常業務が再検討されたためである。例えば、勘定掛の人員削減については地租改正以降に紛糾した開地の整理が一段落したことを理由に挙げている。

第二に、物価の下落に合わせて定式の一部が節減される。当主やその家族が消費する食費や日用品には、あらかじめ定められた額が支給された。そしてこの額は物価の騰貴に比例して増加した。しかし、松方デフレ以降、騰貴した物価が一転して下落したこともあり、同案において当初の規定額を物価に合わせて引き下げることが検討される。

第三に、収入構成の再編が提起される。第十五国立銀行の株式配当の減少により収入が不足するため、新たな財源を設けることにより慢性的な赤字の解消が目指される。特に余米売却代を「御本方」に移管することがこの改正案の核となる部分であろう。「御手許」の財源にまで踏み込んだことは、小野の財政に対する強い危機感を示している。小野の改革案からは、立花家の財政問題が「御本方」のみの問題ではなく、同家の財政構造全体に問題があるという認識を読み取れよう。

小野案に対して吉田も同年十二月に書翰を送り、腹案を示した(68)。同書翰で吉田は、「御家政盛衰ハ財政ニ関スル所尤大ヒナリ」として、財政を極めて重要な問題と位置づけている。また柳川出発前に相談人の杉森憲正らとの議論の中で「十七年以降御歳入之減額ハ年費御省略之及フ所ニ無之、殊ニ当今東西共今ヨリ一層ノ御減略ハ中々実際ニ行ハレ難キ」との認識で一致したという。そして、立花家の家族の「東西御隔居」を改めて東京邸か柳川邸の一方のみに居住する案もあり得るが、仮にそれを実行したとしても年間三〇〇〇円の経費節減には限界があること、さらに「若シ愚考モ甚タ違ヒ少ナキモノトスレバ、十五銀行従来御本方分之御利金ノミニテハ到底御不足可相成」と、これまでの「御本方」の収入源に根本的な問題があると指摘した。以上から吉田と小野が問題点を共有していたことがわかる。

さらに吉田は先の小野案を踏まえながら、「御本方」の新たな収入構成案を提示した。小野案中の、毎年の「御手許金」を完全に廃止すること（先の「御減略下調説明」では言及されていないので、その詳細は不明）に対しては難色を示す。また、余米の売却益などの土地収入も毎年の収穫量の予測は困難であるため、予算に組み込めないと指摘する。そして余米に代わる財源を二つ提示する。第一に、立花家が貯蔵する古金の売却を挙げる。その売却代で日本鉄道株式会社か第十五国立銀行の株式を購入、あるいは銀行への預金を勧めた。また、小野が提示した余米代については、非常用として備蓄するように述べている。吉田も小野と同様に、「御本方」の財源ないし予備費に土地収入を組み込むという財政構造の再編を提案した。第二は、第九十六国立銀行株式を「御本方」に移管させることである。これも「御手許」の財源に手を加えるものである。吉田案の全体的な傾向は、支出の削減よりも収入の確保に比重が置かれており、特に「御手許」の財源を削減し、「御本方」の収入を増大させようとしたことがわかる。

このように財政改革案について複数の試案が出始めた頃に、明治十六年のおおよその決算の報告[69]がまとめられた。これが彼らの危機認識に拍車をかける。予算上、明治十六年における東京邸の支出は五八二六円余であった。しかし、寛治の大礼服の新調や廣徳寺（立花家の東京における菩提寺）への修繕費の寄付といった臨時的な費用が嵩み、九八九円余の支出が加算された。表11にあるように柳川邸の「御本方」の収支状況は三七〇円余の黒字に見えるが、この時に報告された東京の分を合計すると、最終的には差引で二三〇〇円もの赤字となることが算出された。しかもこの時点で第十五国立銀行の株式の配当率は従来通り年一二％であった。同行株式配当の減少が始まる以前の段階で、すでに「御本方」の財政は大幅な赤字に陥ったのである。さらに同年の赤字分については、本来ならば明治十七年一月に使用される予定であった「御手許」の金貨で埋め合わせを行っており、役状中には「御家計上可恐御計算ニ相成リ候」という深刻な財政難の予測が報告された。それ以外にも東京邸の「御手許」の余剰金は株式に投資されており、明治十七年一月に家政運営に用いる現金も欠乏していた。そのため東京邸家扶は柳川邸に「御手許」の残高を問い合わせるという有様であった。

こうした状況のため柳川邸も早期の決断を迫られた。明治十七年二月には「御本方御不足モ年々多分ニ有之恐入候義ニ御坐候、然ルニ右御不足御補之儀ハ金貨御売却より外ニ私共ニ於テモ別段見込無御坐候[70]」として柳川邸の意見は纏まり、金貨売却に対して寛治の許可も下る。当時、金貨の価格は上向き傾向にあり、吉田らも売却の機会を見計らいながら、最終的には同年四月十一日に、第四十五国立銀行へ金貨一〇〇円に対して紙幣一二〇円で売却を行う[71]。

しかし、ここでの売却額は、「御本方」の財政不足を一時的に緩和できるものの、長期的に解消できるものではなかった。明治十七年八月の役状[72]によれば、立花寛治より「諸事御減略之御儀」について「気付之事」があれば提起するように家令たちに指示があったため、彼らも様々な案を検討したという。しかし、これまで「格別御節倹ニ相成居、此上ハ容易ニ御減略」はできない状況にあった。そこで彼らは「御本方」の恒久的な財源を確保するためにも、「東西」の「御手許金」と「御山開」の部門を「御本方」の財源へ移管することを提案した。この内容は先の小野、吉田の二人が示した「御手許」を含めた財政構造の改革と同一の路線上にある。重要なのは家令・家扶全員にその認識が広がり、さらに鑑寛と寛治との協議を試みる段階に至ったことである。

以上のような認識の下に、明治十八年までに立花家の財政構造は大きく組み替えられた(73)。その結果は明治十八年一月に作成された「御本方御運用元金御帳(74)」に詳しい。同帳の冒頭には「明治十八年一月御改正左之廉々御本方元金ニ御立置、御運用利子年々御本方請ニ相成ル」とあり、柳川邸の「御本方」の新たな財源が列挙されている。ここからわかることは、それまで第十五国立銀行株式だけで賄われていた「御本方」に、「御手許」の財源であった第九十六国立銀行株式や金禄公債証書などが移管されたことである。

この家政改革の結果、立花家の「御本方」の予算は表17のようになった。一瞥してわかるように、東京邸と柳川邸の双方の「御本方」を合わせて一二〇〇円余の黒字が生じるようになった。また、「東京柳河御歳入金調(75)」によると「御山開」が「御本方」の補助的な財源に位置づけられている。このように第十五国立銀行の株式配当の縮小が予測されたことに端を発した立花家の財政構造の改革は、「御本方」の財源の拡大と「御手許」の財源の縮小という形で決着する。

しかし、彼らの計算外の事態が生じる。立花家の家職たちが当初に予想したほどには第十五国立銀行の株式配当は減少しなかった。第十五国立銀行の株式配当率は明治十五年が一二%、同十六年が一一・五%であり、問題の同十七年は一一%であった。さらに、その後も同行の株式配当率は一一%を維持している(76)。これは同行が当該期より政府貸

表 17　「御本方」予算（明治 18 年 1 月）　（単位は円）

項目			金額
請	東京	第十五国立銀行株券 1,253 株純益	13,783.000
		日本鉄道会社株券 200 株	1,000.000
		起業公債証書 4,900 円利子	294.000
		銀行預金 7,820 円利息	469.200
		小計	15,546.200
	柳川	第九十六国立銀行株券 166 株純益	929.600
		起業公債証書 1,250 円利子	75.000
		金禄公債証書 205 円利子	14.350
		第九十六国立銀行預金 3,928 円 83 銭	282.880
		小計	1,301.830
	東京柳川合計		16,848.030
払	東京御規則		6,119.828
	柳川御規則		8,510.000
	興産義社		1,000.000
	小計		15,629.828
差引			1,218.202

備考　出典は「東京柳河御歳入金調」（「柳立」3689-2）による．

付および公債保有による利息を縮小し、民間業務への運用、特に日本鉄道株式会社の株式の保有という形に切り換えたためである(77)。さらに松方デフレのために物価も下落傾向にあり、興産義社への補助金分も「御本方」財政には負担にならなかった。つまり結果的には「御本方」の財源の拡大にともなう増収と、支出の現状維持により、予期せぬ形で余剰金を生み出すことになった。

話を家政改革に戻すと、この後の明治二十年にもさらに財政構造の再編が行われる。この時、「御家族様」の部門の元利総額が計上され、その額がすべて「柳河別段御備金」として再編成される(78)。ここにおいて「御家族様」は消失した。彼らの御手許金は「御本方」よりの配当のみとなり、寛治と同じ帳簿で管理されることになる。そしてこれ以降、「御手許」への収入は「御本方」よりの定額の御手許金、第九十六国立銀行よりの利息のみとなる(79)。他方、「御手許」の支出については、個人的な嗜好品の購入や農事試験場の臨時費などの支出は見られるが、地域に対して補助金を出すようなことはほとんど見られなくなる(80)。また、「御山開」の部門は「柳川御貯蓄金」という名称が付けられ、補助財源として位置づけられた。

この財政構造の再編成の結果、立花家の資産は「柳川御基本金」・「柳川御貯蓄金」・「別段御備金」・「御手許金」に分割された。このうち「柳川御貯蓄金」と「別段御備金」は明治二十六年七月に合併されて「御準備金」となる。この三者が明治二十六年の家政会議設置時における財政構造の原型となる。

おわりに

本章では立花家の財政に関する問題を客観的な状況の変化を交えながら検討した。これまでの検討から明らかとなったことは、立花家の家職たちは御引分より明治十七年までは、家禄または第十五国立銀行の株式配当のみで「御本方」の財政運営を行おうとした点である。ではなぜ彼らは「御本方」の運営が切迫する段階まで「御手許」の財源に手を着けなかったのであろうか。この点について筆者は、「御本方」の成立に根源的な理由があったと考える。

具体的な事例として、「御本方」の財源であった第十五国立銀行の株式を売却する場面を見てみたい。明治二十七年五月二十五日に、立花家は爵位局長岩倉具定宛に株式売渡願を提出した。(81)同書類は、同家が所有する第十五国立銀行の一二六五株のうち一〇六五株は「元御家禄ヨリ成立居リシモノ故、宮内省爵位局長ノ認可ヲ要シ候義ニ付」、売却の許可を願い出たものである。この表現から立花家の第十五国立銀行株式に対する認識は次のようなものであったと考えられる。第十五国立銀行の一〇六五株は家禄から得たものであり、その家禄自体は家の分離の際に「御本方」を運営するために明治政府より付与されたものである。したがって元来は家禄であった同株式の売却には許可が必要であると。

こうした認識を有していた立花家の家職たちは、「御本方」の運営を家禄や第十五国立銀行株式の配当のみで行おうとしたと考える。その結果、支出の削減が限界に達するまで家政改革において収入面に手を着けられなかったのではなかろうか。

註

（1）千田稔「華族資本の成立と展開―一般的考察―」（『社会経済史学』五二―一、一九八六年）、同「華族資本としての侯爵細川家の成立・展開」（『土地制度史学』二九―四、一九八七年）、同「華族資本の成立・展開―明治・大正期の旧土浦藩主土屋家について―」（『社会経済史学』五五―一、一九八九年）。

（2）楠本美智子「公財政から私財政へ―一九世紀福岡藩家老三奈木黒田家の場合―」（『九州文化史研究所紀要』三九、一九九四年）、寺尾美保「島津家と第十五国立銀行休業問題に関する一考察―華族の資産運用と顧問制度の関係―」（『尚古集成館紀要』七、一九九四年）、同「明治十年代の島津家の家政運営と財政事情―鉱山近代化事業をめぐる島津家と明治政府―」（同八、一九九五年）、同「島津家の世襲財産」（『鹿児島歴史研究』創刊号、一九九六年）、森田貴子「華族資本の形成と家政改革―岡山池田家の場合―」（高村直助編『明治前期の日本経済―資本主義への道―』日本経済評論社、二〇〇四年）、三浦壮「明治期における華族資本の形成と工業化投資―旧岩国藩主吉川家の土地・株式投資を事例として―」（『歴史と経済』五七―二、二〇一五年）。

（3）松平秀治「尾張徳川家の藩債処分について―木曽材処分に関連して―」（『徳川林政史研究所研究紀要』一〇、一九七六年）、同「明治初期尾張徳川家の経営内容」（同一一、一九七七年）、同「尾張徳川家の賞典禄収入」（同一二、一九七八年）、同「尾張徳川家の分与賞典禄支給状況」（同一三、一九七九年）、同「明治初期尾張徳川家の経済構造」（『社会経済史学』四一―五、一九七六年）、同「尾張徳川家における賞典禄の運用」（『徳川林政史研究所研究紀要』一五、一九八一年）。

　このほかに当該期における藩主家の公私の分離を扱った研究として、星野尚文「明治初年藩政改革と公私の分離―厳原藩（対馬藩）を中心に―」（『東海大学紀要文学部』九八、二〇一二年）がある。

（4）近世の段階で藩主に御手許金と呼ばれる私的な財政部門があり、近代においてこれらの財政がどのように扱われたのかは重要な検討課題であることはすでに指摘されている（上野秀治「大名の私的資産に関する一試論」『皇學館史学』三、一九八九年）。

（5）「柳立」一四五八。

(6)「洋館倉庫（1）」B七。
(7)「洋館倉庫（1）」B一一。
(8)「柳立」四四八五。年間の「御本方」の勘定をまとめたものとして、柳川邸については、「金大請払御帳」という帳簿があり、明治十六年以降のものが残っている。
(9)「廿一年九月中金請拂御帳」（「柳立」三五八五）。
(10)岡本幸雄「士族授産事業・柳川『興産義社』に関する覚書」（『福岡県地域史研究』八、一九八八年）。後に『士族授産と経営—福岡における士族授産の経営史的考察—』（九州大学出版会、二〇〇六年）に所収。
(11)「洋館倉庫（1）」B一一。
(12)「柳立」四四八三—一二。
(13)「洋館倉庫（1）」B三七—二。
(14)第十五国立銀行については戸原四郎「第十五国立銀行」（加藤俊彦・大内力編『国立銀行の研究』勁草書房、一九六三年）、霞会館編『華族会館史』（霞会館、一九六六年）第三章を参照。
(15)前掲『華族会館史』第三章。
(16)明治十二年に柳川に創設。株主には立花寛治をはじめとして旧柳河藩士族が多くを占める。同行については、中村浩理「柳河第九十六国立銀行誕生記」（『福銀』六一、一九六二年）を参照。後に『肥筑豊州志』（福岡県文化財資料集刊行会、一九七一年）所収。また第二部第二章でも詳述する。
(17)「洋館倉庫（1）」B三七—三。
(18)「洋館倉庫（1）」B一三。
(19)「洋館倉庫（1）」B四〇。
(20)「柳立」四五一三。
(21)「両掛箱」C一五—一一。
(22)有明海は干満の差が大きいことで知られ、十三世紀前半には堤防をともなった干拓が行われていたといわれる。関ヶ原の合戦後に筑後国に入封した田中吉政は、慶長年間に干拓のために「本土居」と呼ばれる三〇キロメートルに及ぶ大堤防を築いた。この本土居の内側を「本地」、外側を「開地」として区別された。近世を通じて柳河藩はこの開地の干拓事業を進展させていった。

(23)「柳立」二〇六五。
(24)鍬先騒動に関しては、胡光「地租改正と干拓地所有権―旧柳河藩領における鍬先騒動―」（長野暹『西南諸藩と廃藩置県』九州大学出版会、一九九七年）に詳しい。
(25)裁判の展開については、明治十二年五月五日付桜井正如・大村務宛小野忠三郎・由布九郎役状、同十二年六月二日付大村務・野波八蔵・桜井正如宛小野忠三郎・由布九郎役状、同十二年九月二十二日付大村務・野波八蔵・桜井正如宛小野忠三郎・由布九郎・三池親義役状、同十三年一月十八日付柳河御同役宛東京同役役状、同十三年一月三十一日付小野忠三郎・三池親義宛野波八蔵・桜井正如・大村務役状に基づく（すべて「役状綴」〈「柳立」四四五一〉に所収）。
(26)実際に手頭を勤めていた檀家の文書群（「檀家文書」）に立花家の土地に関する帳簿が数多く残されている。同家は近世では大庄屋を勤めた。
(27)太政官修史館編『補正明治史要　附録表』（東京大学出版会、一九九八年復刻）一六頁。
(28)「柳立」二〇六五。
(29)『福岡県史　近代史料編　三潴県行政』（財団法人西日本文化協会、一九八四年）四四一、四九八〜五〇六頁。なお、大名華族の分与賞典禄の問題を取り扱った研究としては松平前掲論文「尾張徳川家の分与章典禄支給状況」がある。
(30)「柳立」四四八三、同史料は八冊綴となっている。
(31)「藩政」一二四六。
(32)「柳立」三六八七。
(33)「柳立」四四八三。
(34)「柳立」四五一七。
(35)「柳立」三六九〇、四五二三。

（36）「藩政」一七〇四。
（37）「藩政」一二一二。
（38）「勘定掛日記」明治四年三月二日条（「柳立」四五九六）。
（39）同右、十一月四日条。
（40）「柳立」四五九五。
（41）「本地開方御餘米且二斗米取調帳」（「柳立」三六三六）。この帳簿は、近世の藩政改革の際に藩へ半永久的に移管された開地を、廃藩置県以降に立花家の所有にするために作成されたものと考えられる。
（42）〔明治四年〕九月十四日付町野詮・小野平三郎宛今村多治馬御用状（「両掛箱」B二―一―一）には次のように記される。
御内事御開之事抔務殿江御咄申上候処、自然御役人入込ニ相成候ハヽ、何ニ古帳吟味可相成、御手許金ニ而御取入ニ相成証拠ニ而モ無御坐候ハヽ、御内事御取留如何哉抔御噂御坐候ニ付、何ニ御内事丈者早々御運ひ付居度候、
（43）〔明治六年〕六月二十六日付佐野六太・大城伴九郎宛大村務・小野作十郎・幸丸弥次郎御用状（「両掛箱」B二一―一四―三）
（44）明治二年六月十七日行政官達五七六号（『法令全書』二、二三八頁）。一〇分の一という算定基準は、冠婚葬祭費等も家禄から出せるように彼らに配慮した三条実美や岩倉具視の意見によるものである（大久保利謙『華族制の創出』吉川弘文館、一九九三年、一二二・一二三頁）。
（45）主に堤防修理費に用いる目的で開地に対して賦課され藩の蔵に納められた租税である。洪水の際には当初の目的通りに使用されていたが、一方では藩財政が窮乏した折には本来の目的とは別の用途に消費された。二斗五升米については、日比野利信「明治前期治水費負担問題の成立過程―福岡県を中心として―」（『九州史学』一一七、一九九七年）を参照のこと。
（46）「柳立」四四八三、同史料は八冊綴りとなっている。
（47）「柳立」四四八三。
（48）〔明治四年〕十二月五日付同勤中宛志賀喬木・小野作十郎御用状（「両掛箱」B二一―一―五―二）。
（49）〔明治四年〕十月十五日付町野詮宛今村多治馬御用状（「両掛箱」B二―一―三―一）。

(50) 前掲〔明治四年〕十二月五日付御用状。
(51) 〔明治五年〕正月五日付幸丸弥次郎・大城伴九郎宛小野作十郎・志賀喬木御用状（「両掛箱」A一七―九―一一）。なお、竹原波野は女中の統括役をつとめていた。
(52) 明治六年十月二十七日太政官布告四二三号（『法令全書』六―一、六六四頁）。
(53) 明治七年十二月二十二日付杉森憲正・小野忠三郎御用状写（「柳立」四六〇六）。
(54) 「御山開金受払御帳」（「柳立」二〇六五）。
(55) 「柳立」四四八三。
(56) 明治十年十二月六日付柳川御両人宛東京同役御用状写（「柳立」四六〇六）。
(57) 「洋館倉庫(1)」B一五。
(58) 令扶「日記」明治十三年九月四日条（「柳立」三七二四―四）。
(59) 明治十四年三月二十二日付大村務・桜井正如宛小野忠三郎・三池親義役状（「柳立」四四六八）。
(60) 明治十四年六月十七日付大村務・立花通誠宛小野忠三郎・桜井正如・三池親義役状（「柳立」四四六八）。
(61) 明治十四年に旧柳河藩領内にある上妻郡山崎村周辺の村々が立花家に対して「製糖起業ニ付拝借金願」を行い、同家は「御本方」から二〇〇円を貸し出した（「柳立」四四六七、令扶「日記」明治十五年二月二十五日条〈「柳立」三七二四―七〉）。
(62) 令扶「日記」明治十一年十月三十日条（「柳立」三七二四―一）。
(63) これ以降も立花家は旧柳河藩領内の小学校への寄付をたびたび行っている。例えば、明治四十二年に鑑寛が亡くなった際に、その葬儀後に彼らは旧藩領内の小学校へ寄付を行うことで弔問への返礼に代えている。立花家では旧藩領内への小学校への寄付という行為を、その領域内の人びと全員を対象とする際の代替手段と捉えていたと思われる。
(64) 明治十六年八月二十一日付三池親義宛椿原基長・小野忠三郎役状（「柳立」四四五二）。
(65) 日本銀行百年史編纂委員会編『日本銀行百年史』第一巻（日本銀行、一九八二年）二九五頁。
(66) 立花家がこの試算の根拠となる情報をどのように入手したかは定かではない。おそらくは第十五国立銀行の抵当公債の一部が解除され、同行がその分の貸付先を新たに模索する必要に迫られたこと、また、国立銀行条例改正により金融閉塞が避けられない情勢にあったことなど、同行の資金運用について見通しが暗かった点が影響したと考えられる（戸原四郎「第十五国立銀行」〈加藤俊彦・大内力編『国立銀行の研究』勁草書房、一九六三年〉、明治財政史編纂会編『明治財政史』一三巻〈明治財政史発行所、一九二七年〉六一四〜六二〇頁）。

(67)「藩政」一二七一。

(68) 明治十六年十二月四日付小野忠三郎宛吉田孫一郎書翰（「藩政」一二七一）。

(69) 明治十七年一月十四日付小野忠三郎・椿原基長宛吉田孫一郎・三池親義役状（「藩政」一二七一）。

(70) 明治十七年二月二十日付吉田孫一郎・三池親義宛小野忠三郎・椿原基長役状（「藩政」一二七一）。

(71) 吉田孫一郎「備忘」明治十七年四月十一日条（「甲木与一郎先生収集史料　吉田文書」三七）。

(72) 明治十七年八月十四日付三池親義・十時嵩宛小野忠三郎・椿原基長役状（「藩政」一二七一）。

(73) この間に、「御本方」の収入源を少しでも拡大するために、金貨売却代によって第十五国立銀行の株式を一〇〇株購入している（明治十七年十一月二十日付小野忠三郎・三池親義・椿原基長宛十時嵩役状〈「藩政」一二七二〉）。

(74)「柳立」三六八九―一。

(75)「柳立」三六八九―二。

(76)『日本帝国統計年鑑』。なお、明治十八年のみ株式配当率は一一・五％となる。

(77) 戸原前掲「第十五国立銀行」。なお同行と日本鉄道株式会社の関係については星野誉夫「日本鉄道会社と第十五国立銀行」（1）〜（3）（『武蔵大学論集』一七―二〜六、一九―一、一九―五・六、一九七〇〜七二年）に詳しい。

(78)「御基本金御貯蓄金別段御備金上納金并御下金御帳」（「柳立」四五二二）。

(79) 明治二十三年より立花寛治の貴族院議員としての歳費は、「御手許」に組み入れられている。

(80)「御手元金御用上納金并御下金御帳」（「柳立」四五二三）。

(81)「第十三号報告」（明治二十七年度明治二十八年度予算案　明治二十六年明治二十七年家政会臨時議案并ニ報告書綴」〈「柳立」三五二四〉）。

第二章　明治十年代における旧藩主家と士族銀行

はじめに

大名華族を対象とした従来の研究では、貴族院議員の母体としての華族という評価の他に、投資家という側面が強調されてきた。そのような問題関心からこれまでも資産形成の過程や投資活動のあり方が分析され、それらの実態も明らかにされつつある(1)。しかし、旧藩主家と地域経済との関係を問うという筆者の第二部の問題関心からすれば、旧藩領における彼らの資産が有する意義は、投資だけではなく、より多面的に検討されるべきであると考える。よって、本章では投資以外の側面にも注意を払いながら旧藩主家と士族銀行(2)との関係を検討する。

旧藩主家が士族銀行の設立に果たした役割は、株式の取得高と預金高を指標として評価されてきた。旧藩主家の出資は国立銀行全体の資本額で見れば低調であるため、一部の家を除けば彼らの評価は高くはない(3)。しかし、千田稔氏を除けば、従来の研究には銀行の営業報告書や統計資料を中心に分析が行われてきたという史料上の限界がある。本章ではこうした問題を旧藩主家側の史料を用いることで克服したい。

具体的には以下の三つの課題を検討する。第一に、旧藩主家の現金が銀行との関係においてどのように用いられたかを検討する。旧藩主家は明治零年代に明治政府から受給された家禄を売却することで現金を蓄えていった。その現金をめぐって旧藩主家と士族銀行とがどのような関係にあったかを旧藩主家側の史料に基づいて示すこととする。

第二は、旧藩主家と士族銀行との人的な繋がりである。第一部第一章で明らかにしたように、旧藩主家の家令・家扶の担い手には有能な旧藩士が取り込まれており、旧藩主家と行政とが彼らの登用を巡って競合関係にあった。そうした人物のなかには士族銀行の重役を勤める者も見られる。よって、彼らの役割に注目することで旧藩主家と士族銀行との関係を考えてみたい。

第三に、旧藩主家の為替制度を検討することで同家の社会的機能の一端を明らかにする。一定の規模の旧藩主家は旧藩領と東京の二ヵ所に邸を抱えており、それぞれに家職を詰めさせ、双方の邸で家政を営んだ。これらの条件を勘案すると、旧藩主家は旧藩領と東京との間で為替を組むことが可能である。もとより、この為替制度が同家内のみでしか用いられなければ検討すべき問題はない。しかし、同家外の人物も利用できたとすれば、その実態がいかなるものであり、士族銀行とどのような関係にあったかは明らかにされねばなるまい。

以上の問題について、明治十二年（一八七九）一月に福岡県の旧柳河城下に設立された第九十六国立銀行（以下、九十六銀行と略す）を事例として検討する。同行については中村浩理氏によって、明治十四年下半季の考課状と、創業に関与した旧柳河藩士の吉田孫一郎の日記を利用することで、設立過程と創業期の実態が部分的に明らかにされている(4)。しかし、依然として同行については基本的な事実関係すら不明な部分が多い。よって本章では前述の課題に取り組むと同時に、あわせて立花家の史料を用いることで、少しでもその研究上の空白部分を補いたい。

なお、当該地域の士族を巡る経済状況について付言しておくと、九州北部地方は西南戦争によって生じたインフレの影響を大きく受け、士族たちは金禄公債証書を手放すことになる。しかし、同じ福岡県でも柳川が含まれる筑後地方の士族は筑前や豊前地方の士族に比して公債保有率は高かった(5)。柳川の士族が県内他地域の士族に比すれば富裕であった理由を、『福岡県勧業年報』（明治十四年）は「旧藩禄制ノ優」と「浮利ニ馳スルノ投機者少キ」ことを挙げている。九十六銀行が設立されて三年後にあたる明治十四年下半季において、同行の資本金のうち士族の出資額が八八％を占めるのも右に述べた経済的な背景に起因するといわれている。

第一節　立花家の資産と創業期の九十六銀行

本節では旧柳河藩主立花家の史料を用いることで、明治十年代において同家の現金が銀行との関係においてどのように用いられたかを検討し、あわせてこの時期の両者にとってもう一方の存在がどのような意義を有していたかを明らかにする。

(1)　準備金

明治九年に改正された国立銀行条例によって、金禄公債証書を抵当として銀行を設立することが可能となった。そのため各地に国立銀行が簇生する。福岡県では明治十年九月に第十七国立銀行（本店は福岡、資本金一〇万五〇〇〇円）、同十一年十一月に第六十一国立銀行（久留米、一〇万円）、同年十二月に第八十七国立銀行（大橋、八万円）、そして翌十二年一月に第九十六国立銀行（柳川、五万円）の四行が相次いで開業した。

今日までに明らかとなっている九十六銀行の設立過程をまとめると次のようになる(6)。遅くとも明治十年十二月までに旧柳河藩士たちが同行の設立へ向けて動き出す。具体的には、山門郡の吉田孫一郎が立花親英(7)と十時嵩をともなって三池郡歴木村平野の小野隆基を訪問し、「銀行示談」を行う(8)。その後、明治十一年一月十六日に「国立銀行創立願書差出」のため発起人たちが会議を開いた。そして吉田たちは一月二十七日に、東京の大村務へ書類を郵送し、同人へ願書の提出を依頼した。三月十三日に福岡県の官吏が柳川を訪れ、宿泊先に元柳河藩御用商人の高椋新太郎を招いて発起人たちの身元調査を命じた。それをうけて吉田たちは同月十七日に書類を提出する。四月七日に銀行株数を決めるための集会が開催された。その後、設立する銀行の資本金を六万円として大蔵省へ届け出た。しかし、五月一日付で同省から六万円での設立を不認可とし、五万円とするならば認可する旨を伝えられた。十月六日に株主総会が開催され、三〇株以上の株主から五名の取締役が選出される。そして十一月二十八日付で吉田たちは大蔵省より開業免状を取得し、翌明治十二年一月四日に資本金五万円で開業した。以上が中村氏によって明らかにされた九十六銀行の設立過程である。

右以外に立花家の史料から判明する同行の創業に関する事実関係を付け加えておきたい。開業免状を取得する直前の明治十一年十一月十日に、同行は立花家に「準備金今日丈拝借」を相談している。これに対し同家家令の大村務が七五〇〇円を銀行へ持参する。そして二日後の十二日に銀行は「拝借ニ相成候金」を返納した(9)。大金が一日だけ銀行に預けられたことになるが、銀行としてはその金額を一日だけ必要とする事情があったと見なせよう。

まずはその事情について探ってみたい。実は銀行が開業して以降にも、右のケースに類似した依頼が明治十三年七月にある。同行は立花家に対して「銀行準備金之都合」で一五〇〇円の「一時御預ケ」を依頼した。同家は七月二十七日にその資金を準備して渡す。そして、およそ一ヵ月後の八月二十四日に返済された(10)。この動きは、後述する九十六銀行が資本金を五万円から八万円へ増資した時期と重なる。

話を戻すと、実際に同行が営業を始めるのは明治十二年一月四日からであり、七五〇〇円を拝借した明治十一年十一月十日の時点では開業免状すら下付されていない。したがって、立花家に「一時御預ケ」を依頼した理由は、同行の営業活動で生じた資金不足ではない。さらに注目したいのは、この十一月十日の「一時御預ケ」の後、同月二十八日付で大蔵省から開業免状が下付されている点である。これらの事実を踏まえると、この「一時御預ケ」の依頼は、銀行の資本金の問題と絡んでいたと目せよう。

では、九十六銀行はなぜこのような依頼を行ったのであろうか。改正国立銀行条例の第八条によれば、開業免状を下付するにあたり大蔵省紙幣頭が「資本金ノ入金ヲナセシヤ否ヤノ状実ヲ検査」することになっていた。(11)さらに同条例第三〇条によれば、免状を得る前に「少ナクトモ資本金総額十分ノ五ハ必ス之ヲ銀行ニ入金スヘシ」とある。(12)したがって九十六銀行設立の発起人たちが銀行の開業免状を受けるためには、さしあたり五万円の半分の二万五〇〇〇円を準備する必要があった。しかもこのときの国立銀行設立に必要な担保は金禄公債証書でも構わなかった。実際に吉田たちは遅くとも前年十二月から旧藩士たちに銀行設立を説いており、金禄公債証書の集約にはそれなりに目途を付けていたはずである。それにもかかわらず立花家からの借用分を差し引くとおよそ一万七五〇〇円分の資本金しか準備できていなかったことになる。

しかし、別な言い方をすると、金禄公債証書の集約が初期段階では低調であったにもかかわらず、所定の期間で五万円を準備できたともいえる。これらの事実から推測すると、ほかの旧柳河藩士たちは発起人たちへの金禄公債証書の提出を一時的に見合わせたと考えられる。この点は金禄公債の利払いの時期とあわせて見てみると理解できる。金禄公債証書発行条例の第二条によれば、利子の下げ渡しは五月と十一月とされている。(13)おそらくは銀行設立のための資本金の「状実」の検査の日取りと金禄公債の利払いの時期が近接したため、発起人たちの手許に思うように金禄公債証書が集まらなかったのではなかろうか。右は状況証拠に基づいた推論でしかないが、いずれにせよ明治十二年一月の開業以前から九十六銀行は立花家の資産に頼る場面があったことを強調しておきたい。

（2） 創業期の株式

本項では、九十六銀行の創業当初において、立花家の資産が同行の株式にどのように用いられたかを検討する。

前述したように、九十六銀行の創業当初の資本金は五万円（一〇〇〇株）であった。この時の株主の構成は判然としないが、立花家は寛治の名義で三〇〇〇円（六〇株）を出資したことがわかる。[14]出資額は同行の資本総額の六％に相当する。その後、九十六銀行は明治十三年に増資を実施する。その際に同行は立花家にも協力を要請した。その間の内情については明治十三年六月二十七日付の役状に詳しい。[15]同状によれば、同行は近来、「営業繁忙」で「資本金欠乏」しており、「貸金等之儀ハ謝絶ノミ」という有様であった。そのため銀行側は資本金を四割増やして、新たに二万円分の株式の発行を七月の株主総会で提案する予定であった。銀行としては「成丈ケ従来之株主中ニテ相増度」という意向であるため、立花家に対して増資の割合から二四株一二〇〇円の購入を依頼した。同家はこの依頼を受諾する。

しかし、銀行側の希望はこれだけではなかった。既存の株主への割り当て分の二四株だけでなく、「外ニ御増ヲ相願度」と伝えた。その理由は二つあった。一つは「是迄　御家之御保護ヲ蒙リ罷在候ニ付、一層他之信用モ宜敷」と、立花家による株の所有数の増加が銀行の信用の強化に繋がると彼らは認識していたためである。もう一つは、体面の問題である。新規の株式購入者を募集した際に、増資分の二万円の金額が集まらなかった場合、「銀行之面体ニ懸」かるということであった。もとより割り当て分以上の購入については銀行側も多少は無理を承知で依頼しているとの態度を取るためか「別段御増ハ全ク不相願とも宜敷」とは述べているが、銀行の本意がいずれにあるかは明らかであろう。

さらに銀行側は、立花家の割り当て以外の株式について旧藩士のなかでも資産家として知られていた旧家老家の筆頭格である小野隆基を引き合いに出して次のような試算を示す。小野の株数が現在「七十幾株」であるため、今回の増資分などを勘案すると、立花家に「弐百株歟百五十株歟迄」銀行の株式を増やすように求めた。役状には記されていないが、小野の株数を四割増しにすると一〇〇株強となる。銀行側には、立花家の当初の持ち株数が家格に比して少ないという認識があったといえよう。

この要求に対して立花家側は、家令・家扶たちが相談した結果、二〇〇株は多いが一五〇株程度までならば「被相増テモ可然」との結論に至る。そして、彼らは増株分の九〇株の内訳を、割り当て分二四株で一二〇〇円、それ以外の分が六六株で三六三〇円と算出する。後者の株価が一株五五円となるのは、割り当て外の株式が株主外よりの加入として扱われるためである。

この九〇株分の購入資金についても両者で調整が行われる。立花家はこの時、九十六銀行へ「御融通」と「別段御金」と「御家族御金」（いずれも「御本方」とは別会計の余剰資産である）などあわせて六五〇〇円余を預けていた。これらの預金を株式の購入費に充てようと思案する。当時、同行の預金は年利八%、それに対して株式の配当は年に一三%であった。割り当て外の株式の価格が一株五五円を上回る可能性もあるが、それでも彼らは預金を「株ニ引直され候方可然」と判断した。

しかし、銀行側は預金を株式の購入に充てることに「不好筋ニ有之」と難色を示す。立花家からの定期預金が多いことは「大キニ銀行之信用ヲ他ニ表シ候テ都合宜敷」という前述の論理が繰り返される。これに対して立花家も役状で「是ハ銀行之利己主義」と批判している。銀行には県庁から一万円の定期預金があるため、「随分体面ハ宜敷」のではと彼らは認識していた。したがって銀行からの預金の保持についての願いは「強テ御関係ニハ及不申」と看過することにした。長文になったが、以上が明治十三年六月二十七日付の役状に見える増資をめぐる立花家と九十六銀行の交渉内容である。

九十六銀行は七月十一日の株主総会を経て二万円（四〇〇株）の増資を決定した。そして新規株主の募集を行ったところ、当初の予想を超えてすぐに五百数十株分の申し込みがあった。そのため、七月二十五日に再び株主総会を開き、増資額を三万円（六〇〇株）に変更した。立花家は二四株を引き受けることになっていたが、これは二万円増資の場合の内約であり、三万円の増資については再度、両者の間で調整が必要になった。同家の家令・家扶は「是迄之御株、御割合増共凡五、六千位此節御加入之所ニ可相成」と新旧あわせて一〇〇から一二〇株を保有することになると予測した。ただ、総会から二日後の七月二十七日の段階では未だ確定していない旨を東京邸へ伝えた(16)。

その後の交渉内容については不明であるが、九十六銀行の三万円増資の結果、立花家の株数は明治十三年九月十六日の時点で、旧株六〇株に加えて、新株の割り当て分の三六株（一八〇〇円）、割り当て以外の三四株（一八七〇円、一株五五円）を購入し、合計一三〇株を保有することになる(17)。この株数は同行の株式の八・一％に相当する。なお、新規株式の購入費用は先に述べた「御融通」などの会計部門から捻出されており、預金の一部を取り崩したことがわかる。さらに不足分は立花寛治の「御手許」の余剰資金を充てることで対応した(18)。

右で見た明治十三年における九十六銀行の増資以降も、寛治の持ち株数は増加する。物価高騰の影響を受けて旧藩士たちが困窮し、九十六銀行の株式を立花家に売却したためである。明治十四年四月一日に本村多聞の願い出により、同家は一株五五円五〇銭で九株を購入した。もっとも「御本方」には余剰資金がなかったため、「奥溜ニテ心配之貯蓄御金」を購入資金に充てようとした。しかし、その「奥溜貯蓄御金」も「当時皆御貸付」中で手許に現金がなかった。そのため貸付金が返納されるまでは「御開、御庭、其外道可様御金」で支払ったという(19)。購入する株式の名義人は寛治となるが、立花家内における購入資金の出所は単純ではなかったことがわかる。

同じく明治十四年五月二十四日に立花家は石川一郎からの願い出により一株五五円で二株購入した。この時も「御本方」に購入資金がなかったため、「道可様御預金」を用いた。この部門の管理は家令・家扶ではなかったため、彼らは立花鑑寛と女中の竹原波野から使用の許可を得て支払いを済ませた。[20] さらに明治十四年八月六日に立花家は笠間広達から一株五五円で八株を購入した。[21] 明治十四年末の時点で立花家は寛治名義で一四九株を保有していたことになるが、これは同行の全株数の九・三％に相当する。[22]

この頃、立花家は九十六銀行の株式購入に積極的であった。この点について明治十四年五月二十日付役状[23]には、これまでは家の様々な会計部門での余剰資金を用いて行っていた貸付を近年は止めるようになったとある。したがって立花家は余剰資金の新たな運用先を探っていたことがわかる。さらに、その資金を銀行へ投下する際の選択肢は株式購入か預金になるが、立花家では前者を選択する。その理由の一つは先にも述べたように利率の問題である。例えば、同じ役状には「道可様御預金」にある一〇〇円余の運用を巡って次のような議論があった。明治十四年五月時点で、預金の金利は年に八％に対して、株式の配当は年に一二％前後であるため、家令・家扶は「御金質ニより銀行株御買入ニ相成候テ何分哉」と鑑寛に株式の購入を提案した。このとき、鑑寛は特に異存はなく、東京の寛治へも相談するように返答した。その寛治は、元来は「年々御収入之御余金ハ田地御買入ニ相成」との取り決めだったので、株式の保有額について「該銀行十分一之御所有高ニ付、先ッ十分一ヲ極度」として八〇〇〇円（一六〇株）を限度とするように指示している。

さらにもう一つの理由として、家令・家扶は「御預金モ宜敷御坐候得共、兎角返納方遅滞ニ相成候」と預金の使い勝手がよくない点を挙げる。これまで見てきたように銀行は常に現金が不足しがちであった。そのような状況下では預金の引き出しに銀行が直ちに対応できない可能性があった。彼らの言もそうした点を指摘したものであろう。以上のような理由から立花家はこの時期、九十六銀行の株式購入を持ちかけられた際には、積極的に応じていたと考えられる。

(3) 九十六銀行への預金

いずれも明治十四年下半季のデータになるが、九十六銀行の預金高は二万七〇〇〇円余で、その内訳は三分の一が公金、三分の二が民間からの預金である。この時の民間の預金は四六口あり、そのうち三四口は士族が占めていた。[24]九十六銀行は設立や増資の際に立花家へ協力を要請したが、その後もたびたび預金の依頼を行う。明治十五年一月に「金融悪甚差支」により銀行の正貨が不足したため、頭取の十時一郎が「御預金願」に同家へ参邸した。それに対して立花家は寛治や鑑寛の「御手許」などから合計六一六〇円を預金した。しかし、その額だけでは「尚困難之次第有之」ということで、銀行側はさらに預金を願い出る。具体的には、立花家の東京邸から「御運送金」三〇〇〇円を柳川邸へ送金し、「御不用分」を預金するように依頼する。さらに送金に掛かる手数料を銀行側が負担する条件も付けた。[25]なお、この時点で「御運送金」は東京邸から柳川邸へ送金されていた。

立花家は銀行からの依頼を了承し、早速、東京邸へ送金を指示した。ただし、ここで問題が生じる。[26]急を要するため同家は電信為替による送金を選択したが、九十六銀行に正貨を預けることが目的であるため、受け取りは同行ではなく柳川周辺の銀行を利用することにした。頭取の十時一郎は東京の第一国立銀行から久留米の第六十一国立銀行への送金を勧め、東京邸の家扶もそれに従った。しかし、両銀行間ではコルレスポンデンス契約（以下、コルレスポンデンスはコルレスと略す）が締結されていなかったため、彼らは東京府下で第六十一国立銀行への送金が可能な銀行を探して「所々御奔走」したという。最終的には他行からの電信為替によって第六十一国立銀行へ送金できたため事なきを得る。そして、同行で三〇〇〇円の正貨を受け取った立花家は、全額を九十六銀行へ預金した。右の一件からは明治十年代半ばにおける銀行間のコルレス網の利便性がどの程度であったかを見て取れよう。

さて、その後も九十六銀行では正貨の不足が生じ、同行はその都度、立花家へ預金を依頼する。例えば、明治十六年一月十二日に金貨三〇〇〇円の「御預之儀願」があり、立花家は証書と引き替えに金貨を十時へ渡した。(27)そのときの契約では一ヵ月後に返済することになっていたが、返済期日になって銀行側は「今少時拝借延期」を申し入れ、立花家もこれを了承した。(28)そして二月二十八日に十時が同家を訪れ、借用分と金利として三九円五四銭を納入する。(29)

もっとも、立花家は常に銀行からの預金依頼に応じたわけではない。同年十二月二十日に銀行より「金貨御預之儀願出」があったが、立花家は「此節ハ御聞届ニ不相成」との返答を九十六銀行の十時一郎と高椋金次郎へ伝えた。(30)このとき断った理由は記されていないが、銀行へ渡すだけの現金が柳川邸に備わっていなかったためと考えられる。直前の十二月十八日付の役状(31)で柳川邸から東京邸に対して「爰許御金御払底」のため「御運送金」を求めたことがその証左となろう。

このほかに預金をめぐる立花家と九十六銀行との関係で興味深い点としては、デフレ期における利息の優遇が見られる。明治十九年一月十四日付の役状(32)によれば、明治十八年の秋以来「不景気ニテ金融閉塞」のため一般の利子が下落した。しかし、九十六銀行としては、立花家は「格別」の存在であるため、東京の第三国立銀行並の利子まで「是非相働き度」との意向を示した。そして、参考までに第一と第三国立銀行の定期預金の利息を伺いたいと同行は申し出たという。そこで立花家の柳川邸家職は東京邸に対して「月之長短ニ依リ利息之高下モ有之候間、其辺モ御明示奉願候」と詳細な情報の伝達を依頼した。同じ役状の朱答には、第一と第三国立銀行の利子について東京邸からの報告が記される。第一国立銀行はこの時期、六ヵ月定期預金が年利六％、第三国立銀行が六ヵ月定期預金が七・五％であったが、明治十八年七月より七％に下がり、明治十九年一月に六・五％、同行の一年定期預金が七・二％であるという。右の事例から、旧藩主家は東京の銀行への預金という選択肢を有していたため、地方の銀行は旧藩主家の資産をめぐって東京の銀行と競合が生じたことがわかる。したがって地方の銀行としては常に彼らを惹き付ける金融商品を用意する必要があったといえよう。

（4）　立花家と九十六銀行の連結役

ここまで立花家と九十六銀行の結び付きを見てきた。ではこの両者の関係を成立させていたのはいかなる人物であろうか。

まずは、九十六銀行創業期の人事について確認したい。表18は当該期における同行の重役を判明する限りで一覧にしたものである。同表を立花家との関係に比重を置いて見てみると、同家の家政にも関与していた人物が浮かび上がる。具体的に名前を挙げると、大村務、十時一郎、そして同表に名前はないが、明治十八年一月に同行取締役に就任する吉田孫一郎の三名である。

表3で見たように、大村は明治初期に柳河藩の参政を勤め、明治六年五月より立花家の家扶となり、同十一年一月に家令に昇進、同十五年一月に山門郡長に任命されるまで、同家の家令を勤めた。銀行との関係でいえば、開業当初は同行の取締役も勤めたが、前述したように開業以前に東京において大蔵省への書類提出にも関与している。実は大村がこのとき東京に滞在していた理由は、立花家の家令であったためである。(33)旧藩主家の家職の存在が、地方と中央を繋ぐ回路として機能した例ともいえよう。些細な点かもしれないが、当時の交通事情を考えたら、その効果は軽視できまい。

表 18　創業期の第九十六国立銀行の重役人事

年期	役職名						出典
	取締役					支配人	
明治12年上半季	**立花弘樹**	小野隆基	十時一郎	高椋新太郎	大村務	高椋新太郎	①
明治14年上半季	十時一郎	立花弘樹	立花茂樹	高椋金次郎	森信夫		②
明治14年下半季	**十時一郎**	立花弘樹	立花茂樹	高椋金次郎	森信夫	高椋重吉	③
明治15年上半季	十時一郎	立花弘樹	十時文四郎	高椋金次郎	森信夫		②

備考 1　太字は頭取を示す.
2　支配人の空欄箇所は不明.
3　出典は①中村浩理『肥筑豊州志』, ②立花家令扶「日記」, ③明治 14 年下半季考課状.

また、第一部第三章でも見たように、十時、大村、吉田は明治十年代においては立花家の相談人として、同家の家政への助言者となる。そのため、彼らは立花家の内情を熟知していた。例えば、本節(3)で見た「御運送金」三〇〇〇円を柳川邸へ送らせて、当面必要のない資産を銀行へ預金するように依頼した件などは、同家の財政の仕組みを理解していないと提示できない内容である。したがって士族銀行の創業期においては、彼らのような存在が銀行と旧藩主家の当主や家令・家扶との仲介役として重要な役割を果たしたといえよう。

さらに、銀行の運営能力という点でも彼らの存在は無視できない。九十六銀行の設立に関する先行研究[34]が指摘するように、同行の創業当初における人事は旧藩士の序列を踏まえたものであった。具体的には、頭取に立花家の旧一門である立花弘樹、取締役の一人に前述した旧家老家筆頭格の小野隆基が選出されている。ただし、こうした序列の背後には、実務を取り仕切る十時や大村といった旧中老層がいたことも見落としてはならない。

もっとも、設立時に旧門閥家を組織や集団の最上部に配置し、彼らを旧中老層が下から支えるという状態は長くは続かず、創業して間もなく再編される。例えば、遅くとも明治十四年下半季までには頭取が立花弘樹から十時一郎へ交代する。この交代は藩政時代の序列を重視する門閥主義から能力主義への転換を意味すると考える。

旧門閥家と旧中老層の銀行運営に関する能力差を示す例として大村務のケースを見

てみよう。大村は銀行の創業当初、立花家と九十六銀行の双方で重職を担った。したがっていずれかの職務が繁忙となると、もう一方を休まざるを得なかった。明治十二年九月に銀行の取締役であった十時が上京のため「銀行之方差支候ニ付、当分大村銀行之方へ出張之義」を立花弘樹頭取らが立花家へ出願し、鑑寛がそれを許可している(35)。この場面はほかの取締役では十時の代わりは務まらなかったという見方ができよう。

以上、本節では立花家と九十六銀行の関係について同家が保有する現金に注目しながら検討を行った。同家の現金は、株式の購入費だけでなく多様な用いられ方をされており、創業期の士族銀行の経営を支えていたことが明らかとなった。

その一方で、なぜ立花家は可能な限り九十六銀行を保護しようとしたのかという新たな疑問も生じる。その理由として立花家にとって同行は、安定的で見返りが期待できる投資先であったためという答えが考えられる。しかし、利益を最優先にするならば、東京でより利益率の高い株式などを購入する選択肢も同家にはあったため、旧藩領の銀行を保護する理由としては十分ではない。ここで注意しておくべきは、彼らは自家の利益のみを追求する営利組織ではないという点である。旧藩主家の経済活動を理解するためには、この点を前提として議論すべきであろう。それらを踏まえた上で、右の疑問に答えるためには、両組織の構成員たちの認識をより広い視点から検討する必要があると考える。

この点については筆者は以下の展望を抱いている。第一部第四章で述べたが、立花家の当主の寛治は、この明治十年代前半において地方から経済を活性化させることで国内経済の振興を計るため、未開地の開拓事業を検討していた。また、同家の家職たちもそうした寛治の姿勢に基本的には賛同していた。さらに補節でも述べるが、そうした士族授産事業の立案を行っていたのが、前述したように十時や大村、あるいは吉田であった。当該期においてそうした人物が主導する旧藩主家の銀行保護の意味は、右に述べた行動と整合的に捉えられるとの見通しを抱いている。

第二節　立花家の為替制度とその機能

明治十年の時点で一〇線であったコルレス線が同十三年には一〇二七線にまで増加したことからもわかるように、国立銀行の送金網はこの時期に急速に構築された(36)。したがって、創立当初における国立銀行は送金機能を十分に備えてはいなかったことになる。しかし、当該期にコルレス網が構築されるということは、社会全般において送金の需要があったとも見なせよう。であるならば、コルレス網が未整備な時期に遠隔地へ送金を望む者たちは、どのようにしてそれを実現させていたのであろうか。

本節では旧藩主家の為替制度に着目することで右の問題を検討する。本章のはじめにも述べたように、旧藩主家は、東京と旧藩領との間で為替を組める条件を有していた。この旧藩主家の為替制度を利用していたのが、同家の関係者のみであるならば問題とすべき点はない。しかし、これから見ていくように、立花家の為替制度は家の枠を越えて旧藩領内の旧藩士やその子弟にも利用されていた。以下、同家の為替制度を分析することで、当該期における立花家と九十六銀行の関係を明らかにし、同家の社会的機能について論じたい。

(1)　狭義の為替制度

立花家における為替制度は、明治零年代後半から昭和十年代後半にかけて存続している。始期については管見の限りでは、明治七年二月に柳川において為替手形と引き替えに石川某へ一〇〇〇円を渡したという記録[37]が初見である。その後、明治九年四月の御用状に「為替手形之例先便より御懸合申上候処、御同意之趣承知仕候[38]」とあり、同家内で手形の書式について相談が行われている。一方、終期については、昭和戦前期分の同家の為替を記載した「為替立引綴[39]」に見える昭和十九年（一九四四）十一月が想定される。

もっとも、本節で検討したい為替制度はこの広範な時期のものではなく、明治十年代前半という限定的な期間のものである（これを狭義の為替制度と呼び、以下、特に断りのない限り、為替制度とはこの限定された時期のものを指す）。この時期に限定して検討する理由は二つある。

一つは史料の問題である。この時期の為替に関する立花家の史料の残り方は、ほかの時期に比して特徴的な点が見られる。立花家では当初は勘定掛家従が為替の事務を担当した。彼らはその業務を日誌に記録している。現存する分は七冊あり、明治三年閏十月から十二月で一冊、明治四年分で一冊、明治六年から八年の分が一年毎に合計三冊、そして明治十一年七月から十二月分で一冊、同十二年一月から十二月までで一冊ある。これらのうち本節で扱う狭義の為替制度に関係する分が見られるのは明治十一年と十二年の分になる。なお、明治十二年末に家政改革が行われ勘定掛家従が廃止されるため、同掛の日誌は同年分が最終巻に相当すると考えられる。

明治十三年一月以降は、勘定部門の職掌は勘定掛家従の下役であった御帳元（家従の下の家丁クラス）に引き継がれる。しかし、為替業務については家令・家扶が担当することになり、東京—柳川間の役状に為替の内容が記されている。また、家令・家扶の作成による「日記」にも為替の内容が部分的に記される。よってこれらの文書に記載されていれば家令・家扶によって為替業務が行われたと見なせる。その為替に関する内容は、記述量が明治十五年九月末より極端に減少していることをこれまでに挙げた史料で確認できる。[40]さらに、この時期に家令・家扶たちは為替制度の

改正の相談を行っている。(41) よってこの時点を狭義の為替制度の終期に設定したい。(42)

ただし、史料の残り方について補足すると、勘定掛家従が廃止されて以降の明治十三年一月から十月については役状の為替に関する記載が少ない。この点をどう考えるかという問題がある。役状そのものはまとめて綴られており、系統的に残されていることを踏まえると、①為替の扱いがこの時期に一時的に減ったか、②別な書類で扱われたが、その書類が現存しないという二つの可能性が考えられる。現時点ではいずれの理由かは判然としないため、この期間の分析については留保が必要である。

狭義の為替制度の存続期間を明治十年代前半に限定できるもう一つの理由は、このような史料の偏りが同時代における立花家の制度的な条件によってもたらされたと考えられるためである。終期については右に述べた通りであるが、もう一方の始期については少し煩雑な説明が必要になる。

図2　立花家の為替制度

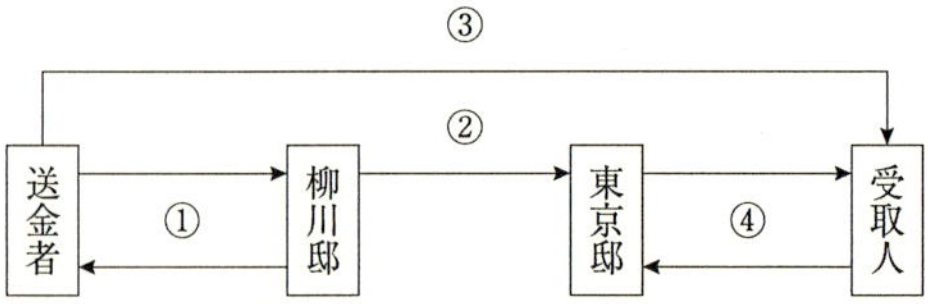

史料の残り方を為替業務の実態の反映として理解するならば、この狭義の為替制度の始期は勘定掛家従の日誌に記される明治十一年七月となる。しかし、日誌が現存しないだけで、本来は明治十一年六月以前のものもあったはずである。実際に勘定掛の日誌を見る限りでは、明治十一年七月一日から為替の業務を開始したようには見えない。ではいつが始期となるのか。結論から述べると、筆者は明治十年以降であると考える。その理由はそれまで柳川邸から東京邸へ送られていた御運送金が、東京邸から柳川邸へ送られるようになった時期にあたるためである。この点については後段で詳述したい。

次に為替制度の仕組みについて見ていこう。立花家の東京邸―柳川邸間の為替取引を示すと図2のようになる。実際の金銭と書類の動きを柳川から東京へ送金する場合を例に説明すると、左記の通りである。

① 送金希望者は、立花家の柳川邸へ行き、送金分の現金（急ぎの場合は電信代も）を家職へ渡す。同邸の家職はそれと引き替えに送金者へ証書を渡す。

② 立花家の家職は送金者・金額・受取人の内容を役状（場合によっては電信）を通じて東京邸へ伝達する。

③ 送金者は右の証書を東京の受取人へ送付する。

④ 受取人は証書を持って立花家の東京邸へ行き、証書と現金とを引き替える。

同制度の利用者については次項で検討するが、本節の冒頭でも触れたように、立花家の内部関係者だけでなく、旧藩領の在住者たちもこの制度を利用していた。立花家にとって同家以外の者がこの制度を利用する利点については少なくとも次の二点を指摘できる。

第一は、一時的にではあるが所持する現金を無利子で増やせる点にある。立花家の役状に「内計ニ於而自然融通ヲ得」[43]とあるように、家職たちは同家以外の利用者が増えることを肯定的に受け止めている。

第二に、東京邸から柳川邸への資産の安全な移送である。明治十四年前半に作成されたと思しき役状には「東京ヘ金円逓送之向為換願出候者不尠、右者御当家逓送之弁ヲ補ケ候義ニ有之候」[44]とある。前述のごとく旧藩主家は明治零年代においては政府から家禄を受けていた。些細な点になるが、立花家はこの家禄を米で三潴県の出納課から受け取った。その家禄のうち食糧として消費される分以外を売却して現金化した。そして、東京邸で消費される金銭を柳川邸から送っていた。本章第一節(3)でも述べたが、この金銭を立花家では御運送金と称していた。この御運送金は金額が大きいため、上京する家職が現金で持ち運ぶのではなく、明治十年頃までは既存の商人や会社による為替を利用した[45]。稀に東京から柳川へ送金を希望する者がいた場合は、同家が為替を組んだ。例えば、前述した小野隆基は、明治九年二月十四日に七一六円余を、同年五月二日に三〇〇〇円を立花家東京邸へ入金し、柳川邸で引き出している(46)。

この御運送金は明治十年以降、それまでとは反対に東京邸から柳川邸へ送られることになる。その理由は、明治十年に支給された明治九年分の家禄や、それ以降の第十五国立銀行の株式配当を、旧藩主家の東京邸が受け取ることになったためである。こうした変化は一定規模の旧藩主家では共通すると考えられる(47)。

よって明治十年以降は旧藩領から東京へ送金を望む者と、東京から旧藩領へ送金を望む旧藩主家との利益が一致することになる。もちろん立花家は東京から柳川へ送金する為替も受け付けていたが、同家内ではそれを「逆為替」と称していた。東京から柳川への御運送金の額を減らす東京からの為替をそのように呼ぶこと自体が、この狭義の為替制度の機能を示唆していよう。制度の整備をめぐる過程については不明な点も残るが、以上のような理由から筆者は、立花家における狭義の為替制度の始期を明治十年に設定した。

さて、立花家の為替制度そのものは、明治十四年前半に部分的に改変が行われた。同年一月の役状(48)では、為替の利用者の増加により、場合によっては「機点之徒」が「詐偽ヲ逞シ」、同家が「其奸計ニ陥」いる可能性もあるため、予防策が相談されている。具体的には、①為替の証書を依頼人へ渡さず、直接柳川邸から東京邸へ送付すること、②新たに手数料の徴収を行うこと、③電信を用いて為替の内容を伝達する際には暗号を用いることの三点である。

①については早速実行されたが、「為換依頼人ニ於テ些シ不安心之様ニ被存候」という理由から同年四月に再度改正が行われる(49)。これにより割印を捺した同一の証書を二枚発行し、一枚を依頼人へ渡し、一枚をもう一方の邸へ送付する。そして反対側の邸で為替を換金する際に両者を照合することとした。

②については、明治十四年四月か五月頃のものと思しき役状によれば、為替の出願者が増加し、事務が繁雑になったため、手数料の徴収を決めたとある(50)。同じ頃に作成された「為換手数料概則(51)」によれば、東京へ為替を依頼する者

は手数料として一〇円につき一銭五厘と郵便代二銭を支払うこと、電信為替については一〇円につき手数料三銭と電信料を支払うことが定められた。なお、立花家に勤務する者は一〇円までは手数料が免除され、同一人物が三〇日以内に続けて為替を依頼する際には規程の手数料を支払うこととなっている。

③の暗号化については、「一二三四五六七八九」がそれぞれ「ナヲサカヱユクミヨ」というカタカナ一字に対応することにし、「何円ノヱノ字ハヘノ字」を採用した。例えば一円五〇銭を川田権助へ渡す場合は、「ナヘンヱシウセンカワタコンスケヘ」と打電し(52)、あわせて家令・家扶は詳細を記した役状を送ることになっていた。

このほかに、為替に連番を付すという改変も見られる。これは「若干之手数ヲ省キ且詐欺贋造之恐不尠候ニ付、御更正ニ相成候」と説明され、明治十四年四月五日発行分より一号以降の番号が付与された(53)。

(2) 為替制度の利用者

本項では立花家の為替制度について具体的な分析を行う。まずは東京邸と柳川邸との間での取引額を見ておきたい。表19は、柳川邸の「御本方」に関する帳簿に記される為替の出入額に基づいて算出した為替の総額である。同表から、柳川邸→東京邸の金額の方が反対よりも圧倒的に多いことがわかる。同制度が東京邸から柳川邸への御運送金の移送を補完していたことをデータからも裏付けられよう。

次に立花家で取り扱われた為替の件数を検討したい。表20は現存する立花家の史料から判明する当該期に組まれた為替の件数である。史料の残り方に偏りがあるため、必ずしも実態を正確に反映したものではないが、同時代の柳川地方の金融状況を踏まえると次のような興味深い事実を指摘できる。

第一に、銀行間でコルレス契約が成立する以前から、立花家の為替制度は柳川から東京への送金を担っていたとい

表 19　柳川邸「御本方」に見える為替金の内訳

時期	為替の内訳	
	柳川→東京	東京→柳川
明治11年９月	15円	
明治12年11月	799円83銭７厘	99円16銭６厘
明治12年12月	764円71銭３厘	17円58銭４厘
明治13年６月	858円64銭２厘	20円74銭５厘
明治13年10月		５円
明治14年５月	1,525円96銭２厘	118円35銭６厘
明治15年２月	604円75銭	
明治15年８月	1,586円13銭５厘	553円11銭３厘
明治15年９月	1,625円60銭９厘	
明治15年11月	1,037円16銭	349円11銭２厘
合計	8,817円80銭８厘	1,163円07銭６厘

備考　出典は明治 11 年から同 15 年までの「金請払御帳」による.

表 20　立花家時期別為替の史料件数

年	11 年		12 年		13 年		14 年		15 年	
半季	上	下	上	下	上	下	上	下	上	下
件数	0	46	71	55	5	23	88	70	66	16
合計	46		126		28		158		82	

備考 1　年は明治.
2　半季の「上」は 1〜6 月,「下」は 7〜12 月.
3　出典は役状および日記による.

う点である。柳川の九十六銀行が営業を開始するのが明治十二年一月であることは先に述べた。同行は明治十二年六月三十日の段階で大阪の第十七国立銀行支店とはコルレス契約を締結していたが、東京のいずれの銀行とも同契約を締結していない[54]。したがって、地方の国立銀行に金融機能が十分に備わっていない時期に、立花家の為替制度は東京への送金を代替していたことになる。

第二に、地元の銀行が東京への送金が可能となっても、同家の為替制度に対する需要は継続している。九十六銀行は遅くとも明治十四年六月末までには東京の第三国立銀行との間でコルレス契約を締結した[55]。表20を見ると、明治十三年に為替制度の利用者は減少している。これは両行間のコルレス契約締結の影響と見なせなくもないが、史料上の都合という可能性も払拭できない。むしろ重要な点は、少なく見積もっても明治十四年から十五年にかけて為替の件数が同十二年の時期と同じ水準になっている点である。つまり、地元の銀行から東京への送金が可能になっても、東京へ送金を希望する者は、一斉に立花家から九十六銀行へ乗り換えたわけではなかったことになる。

なお、立花家の為替制度により明治十一年七月から同十五年九月までで東京へ送られた金額は、判明する限りで月平均で算出すると約一七二円となる。同じ頃に柳川にあった九十六銀行が明治十四年下半季の六ヵ月間で東京の第三国立銀行へ送金した額は総額で二四三二円であり[56]、月平均で約四〇五円となる。単純には比較できないが、過少に見積もっても地方銀行による東京への送金額の四割強という割合は決して少なくない数字であろう。

次に立花家の為替制度の利用者について検討しよう。表20の基礎データとなる史料には為替制度の送金者と受取人の名前が記されている。全データ四四四件のうち、送金者は四四〇件、受取人は四一三件の人名が判明する。これらのデータを基に当該期に確認できる範囲で為替制度を利用した者を大別すると、①立花家の関係者同士、②上京遊学生への送金、③医者、④九十六銀行の四つに分けられる。もとよりこれらは個人の属性が判明する者を分類したものであり、半数近くは分類できていない。しかし、一部の商人資本を除けば地方金融史研究において送金を行った人物の特定やその類型化が行われることはほとんどないため、ここで挙げる事例は貴重なサンプルになり得よう。以下、それぞれの特徴を見ていく。

①は東京邸内に詰める上京中の家令・家扶・家従や女中への送金を指す。家職が送金する事例は公私ともに様々な理由が挙げられるが、多くは上京にともない必要な生活費などを事前に柳川邸で為替を組んで送金し、当人が着京後に東京邸で引き出したと考えられる。立花家では明治二十年代半ばまでは東京邸詰の家職は柳川から派遣されており、東京邸詰は基本的には半年交代であった。そのためにこうした送金が発生したのであろう。

上京のケースに該当しない者についていては、東京邸の家職に買い物を依頼したようである。立花鑑寛の妻子や女中の名前で東京邸の勘定掛家従へ送金した例が多数見られる。一例を挙げておくと、明治十二年六月三十日付で立花家の女中の竹原波野から東京へ一五円が送金された[57]。このときに東京へ送られた役状には「御前様より之御注文代ニ御座候旨波野より申出候也[58]」とある。家職たちの身内からの送金も多数確認できるが、これらは右に述べた生活費か買い

表21　立花家の為替を利用した上京遊学生

学生の名前	所属	為替の日付	金額	差出人
佐伯三郎	学農社農学校	明治一一年　九月二四日	一一円	佐伯　操
		明治一一年一一月一六日	一一円	
		明治一二年　四月一八日	五円	佐伯　操
		明治一二年　五月　五日	三円	佐伯　操
		明治一二年　五月一九日	五円	佐伯　操
		明治一二年　六月一九日	四円	佐伯　操
		明治一二年　八月一五日	二円五〇銭	佐伯　操
		明治一二年　九月一九日	二円	佐伯　操
		明治一二年一〇月一八日	三円五〇銭	佐伯　操
		明治一二年一一月一七日	三円	佐伯　操
		明治一三年　一月一二日	三円	佐伯　操
		明治一三年　八月二四日		佐伯　操
		明治一三年一〇月一九日	五円	佐伯　操
		明治一三年一一月一九日	五円	佐伯　操
		明治一三年一二月一七日	五円	佐伯　操
		明治一四年　三月　八日	五円	佐伯　操
		明治一四年　六月二八日	五円	佐伯　操
		明治一四年一〇月一八日	四円	佐伯　操
		明治一四年一一月一五日	一〇円	佐伯　操
		明治一五年　一月一八日	一〇円	佐伯　操
渡辺村男	東京師範学校	明治一一年一一月一八日	六円	渡辺又四郎
		明治一二年　七月一四日	一五円	渡辺又四郎
添田芳三郎	東京大学別課医学	明治一二年　一月一七日	七円	添田栄斎
		明治一四年　八月二〇日	三〇円	野田玄貞

物代のいずれかであろう。

このほかに立花家の家族間における年始の肴代や、旧藩領内の士族たちから当主の寛治などへ贈られたお祝い金など、本来は東京邸で受け取るべき金銭を柳川邸で受け取った場合もこの為替制度で送金されている。

②は上京遊学生に対する親元などからの学資の送金というケースである。受取人がその当時に上京遊学中であることが確認できた場合は、所属先が不明でもここに分類した。具体的には表21の面々が該当する。彼ら以外にも定期的に定額の金銭を同姓の人物に送金し続けている者も見えるため、実際にこのカテゴリーに属する者はもう少し多いと推測される。

同表から次の二点を指摘できよう。第一は、受取人の多くが士族（旧藩士の子弟）

由布武三郎	東京大学法学部	明治一二年　一月三一日	三円三〇銭	由布惟義
		明治一二年　七月一七日	四円	由布惟義
		明治一四年　七月一九日	一五円	由布惟義
十時参吉郎		明治一二年　一月三一日	二〇円	十時一郎
立花小一郎	陸軍士官学校	明治一三年一二月		
山崎弁之	東京大学別課医学	明治一四年　二月　七日	二〇円	山崎　断
		明治一四年　三月　三日	一〇円	山崎　断
		明治一四年　七月一五日	二五円	山崎　断
		明治一五年　三月　二日	一二円	山崎　断
立花寛正	慶應義塾	明治一二年　一月　七日	五円	留守
		明治一二年　四月一四日	六円	留守
		明治一二年　七月一四日	六円	立花竹翁
筑紫本吉		明治一四年　二月　八日	一〇円	筑紫義治
		明治一四年　三月　九日	八円	筑紫義治
		明治一四年　五月一一日	一五円	筑紫義治
		明治一四年　六月二四日	七円	筑紫義治
		明治一四年　七月一九日	三五円	由布惟義
		明治一四年　八月三〇日	一五円	筑紫義治
		明治一四年一一月一五日	八円	筑紫義治
杉森此馬	一致英和学校	明治一二年一二月　四日	三〇円	杉森憲正
		明治一四年　六月　六日	二七円	杉森憲正
島　参郎	一致英和学校	明治一五年　四月　四日	六円	島　亘
		明治一五年　五月　九日	三円	島　亘
寒田勝平	一致英和学校	明治一四年一一月一四日	一五円	寒田　新
		明治一五年　一月一二日	二三円	寒田　新

であったという点である。明治前期において東京の上級学校へ進学を試みた上京遊学生たちの多くが士族出身であったことはよく知られる。従来、その理由は、武家の家風や立身出世観の受容という彼らの内在性に求められてきた。(59)この点は上京遊学の動機としては説得的であるといえるが、一方でなぜ彼らだけが上京遊学の際に直面する現実的な問題を克服できたのかという疑問については十分に答え切れていない。例えば、明治十年代前半という金融網が未確立な時期に、実家から上京遊学生への仕送りはどのようになされていたのかという問題はまさにそれに該当しよう。本節で明らかにした旧藩主家の為替制度はその問題に対する解答の一つといえる。柳川出身の上京遊学生の場合、立花家の為替制度の存在が同地方における士族の上京遊学を優位にし

三池貞一郎	共立学校	明治一四年　三月　八日	六円	三池親義
		明治一四年　四月　五日	五円	三池親義
		明治一四年　五月　三日	五円	三池親義
		明治一四年　六月　六日	一〇円	三池親義
		明治一四年　七月一九日	六円	三池親義
		明治一四年　八月二三日	六円	三池親義
		明治一四年　九月二〇日	六円	三池親義
		明治一四年一〇月一八日	七円	三池親義
		明治一四年一一月一五日	六円	三池親義
		明治一五年　一月一〇日	六円	三池親義
		明治一五年　二月　六日	九円一〇銭	三池親義
		明治一五年　三月　二日	一円	三池親義
		明治一五年　三月　七日	六円	三池親義
		明治一五年　四月　四日	六円	三池親義
		明治一五年　五月　二日	六円	三池親義
白仁　武	共立学校	明治一五年　六月　六日	五円	白仁成功
		明治一五年　九月　二日	三円	白仁成功
岡美佐夫	東京大学別課医学	明治一五年　九月　五日	四五円	岡　清雄

備考1　為替の日付、金額、学生の名前、差出人のデータは「日記」、「役状」による。
　　2　学生の所属については各家文書、明治学院大学資料館所蔵資料、「柳河新報」、『慶應義塾入塾帳』などによる。

た環境要因の一つであると考える。

第二は、彼らは金銭を受け取るために下谷にあった立花家の東京邸を日常的に訪れるという点である。したがって必然的に東京邸やそこに詰める家職たちと接触する機会が多くあったことになる。この点は、旧藩主家の東京邸を中心とした人脈や同郷会的組織の形成過程を検討する上で考慮すべき要素であろう。

さらに立花家の為替制度の利用者に、旧三池藩の元家老立花磧の子息である立花小一郎の名前が見える点も見過ごせない。立花磧が直接送金したのではなく、知人を介して送ったようであるが[60]、少なくとも受取人としては旧三池藩士の子弟でも利用が可能であったことがわかる。この点は東京における人脈形成において一面においては旧柳河藩領出身者と旧三池藩領出身者とが融合していたことを示唆するものと思われる。これらの問題の具体的な検討は第三部で行いたい。

③については一方が医者であるケースである。受取人が東京大学別課医学へ在籍していた場合は上京遊学生として

表22　立花家の為替を利用した医者

受取人	日付	金額	差出人
野田健道	明治一一年　七月二〇日	一〇円	野田健育
渡辺房之助	明治一一年　七月二七日	二〇円	渡辺元春
	明治一一年　九月　三日	二八円	渡辺元春
玉真正雄	明治一一年　八月二六日	一五円	玉真玄澄＊
	明治一二年　一月　六日	三〇円	玉真玄澄
	明治一二年　四月一四日	三五円	玉真玄澄
	明治一二年　九月　八日	二〇円	玉真玄澄
	明治一四年　一月二八日	二〇円	玉真玄澄
	明治一四年　二月二一日	三〇円	玉真玄澄
	明治一四年　五月　九日	四五円	玉真玄澄
	明治一四年　七月二八日	二〇円	玉真玄澄
	明治一五年　二月一〇日	二〇円	玉真玄澄
	明治一五年　三月　三日	三〇円	玉真玄澄
麻生　栄	明治一二年　一月一二日	一三円	麻生道悦＊
	明治一二年　二月　五日	一八円	麻生道悦
	明治一二年　三月　五日	七円	麻生道悦
	明治一二年　三月二六日	一六円	麻生道悦
	明治一二年　四月二三日	七円	麻生道悦
	明治一二年　六月三〇日	三〇円	麻生道悦
	明治一二年　八月一三日	二〇円	麻生道悦
宝珠山直	明治一二年　四月一二日	四〇円	宝珠山玄琢
	明治一二年　五月一九日	四〇円	宝珠山玄琢
	明治一二年　八月一三日	三〇円	宝珠山玄琢
	明治一二年　九月二四日	一五円	宝珠山玄琢

表21に分類したが、それ以外の人物は表22に含まれる。

同表のうち玉真正雄（安政六年〈一八五九〉生まれ）、宝珠山直（安政二年生まれ）、大城有保（安政六年生まれ）の三名はいずれも漢方医の子弟で、二十歳前後に上京したことになる。彼らは結果的には明治十七年四月から五月にかけて開業医の子弟[61]もしくは履歴[62]を理由に医師免許を取得している[63]。したがって彼らの上京と医学修行との関連は薄そうに見える。しかし、この問題は当時の医制の変遷と結び付けて理解すべきであろう。

よく知られるように、日本の医制は明治十年代に大幅に転換する。それまでの医制は漢方が主流であったが、この頃に西洋医学を基礎とすることになった[64]。特に明治十二年二月二十四日に出された「医師試験規則」により、医師免許を取得するためには試験に合格しなければならなかった。受験のためには「修学履歴書」と教師の証明が必要であり、さらに試験では洋学の知識が求められた。右の三名は結果的には試験とは無関係に免許を取得することになるが、明治十二年の時点では試験に合格する必要があった。したがって漢方医たち

	明治一二年一一月一七日	二〇円	宝珠山玄琢
	明治一四年　一月二八日	一五円	宝珠山玄琢
	明治一四年　二月一二日	一〇〇円	宝珠山玄琢
	明治一四年　三月一二日	一〇〇円	宝珠山玄琢＊
	明治一四年　四月　六日	八五円	宝珠山玄琢
	明治一四年　四月一八日	八四円	宝珠山玄琢
近藤魯平	明治一一年一〇月二〇日	五〇円	近藤魯平留守
	明治一二年　八月二五日	一二〇円	近藤魯平留守
大城有保	明治一三年一二月一七日	八円	大城有元
	明治一四年　二月一七日	二〇円	大城有元
	明治一四年　三月二一日	一五円	大城有元
	明治一四年　五月　三日	二〇円	大城有元
	明治一四年　五月一一日	一五円	大城有元
吉田佐助	明治一四年　七月一八日	二三二円	麻生道悦
北原善平	明治一四年一一月二五日	二〇円	戸上純庵
清水岩間	明治一四年一二月二三日	五円	清水岩間留守
	明治一五年　四月　六日	一〇円	清水正源
	明治一五年　五月　九日	一〇円	清水正源
野田良緒	明治一五年一二月一七日	一〇円	野田玄貞

備考1　＊は受取人の名前がなく、差出人から比定した分である。
2　医師としての履歴は『柳川山門医師会史』による。

はこの時期に西洋医学を基礎とする医師免許制度に反対を表明していたものの、自分たちの要求が実現しなかった場合に備えて、自らの子弟たちには西洋医学の修得を促す。そうした若者たちの受け皿となったのが、東京にあった長谷川泰の済生学舎などであった。表22の面々の上京時における修学先などは確認できないが、定期的に金銭が送られたことから推し量ると、その目的は西洋医学の修行のための上京であったと考えられる。

④は地元の銀行が東京への送金に立花家の為替制度を用いたことを意味する。九十六銀行は明治十二年七月十四日付けで宛先は記されていないが一九八円[65]余を、同年九月十一日付けで「小野殿」[66]へ六円余を同行名義で東京に送金している。九十六銀行は東京の銀行とコルレス契約を締結するまでは、東京への送金という点では立花家と立場は逆転していたのである。別言すれば、銀行の為替機能が確立するまでの間、地方において生じる東京への送金という需要を旧藩主家の為替制度が満たしていたといえよう。本章の問題関心からすれば、この点は最も強調しておきたい事実である。

本節では立花家の狭義の為替制度について検討してきた。繰り返しになるが、同家のこの制度が機能していたのは、明治十年代前半という極めて短い期間である。しかし、この時期に機能していたことに大きな意味がある。明治十年代前半は各地に銀行や郵便局が設立され、金融機関が地方に定着しはじめる段階であった。しかし、それらの機関が直ちに十全の機能を果たしたわけではない。地方からの送金という点では、ようやく東京や大阪という主要都市の銀行とコルレス契約が締結されはじめるという段階であった。特に西日本の場合、近世以来、大阪市場との経済的な結び付きが強かった反面、東京との結び付きは弱く、同地の銀行とのコルレス契約数は大阪のそれに比して少なかった(67)。そうした時期に、旧藩主家の為替制度はその代替機能を果たしたといえよう。

また、立花家の為替制度の利用者は旧藩士ならびにその子弟に偏っていた。これは旧藩主家という存在が銀行や郵便局とは異なり、その機能を利用できる者が限定されていたことを意味しよう。そもそも当時の平民にとって旧藩主という存在は少なからず畏敬の対象であった(68)。そのような時期に平民が旧藩領の旧藩主家邸に出入りするのには心理的な障壁を乗り越える必要があったと想像される。そのためこの制度の利用者の大多数が士族となることは必然であろう。この点は別な角度から見れば、上京遊学をする旧柳河藩士の子弟は旧藩領から送金を受ける自前のシステムを確保していたことを意味しよう。

最後に本節で述べた議論がどこまで一般化できるかについての展望を記しておく。東京邸だけで生活と家計が完結していた旧藩主家にとってこの制度は意味がない。しかし、東京と旧藩領に邸を所有していた旧藩主家では、この時期、為替を組んでいたと考えている。本節でも指摘したように、東京邸で主たる収入を受け取る限り旧藩領へ送金しなければならない。しかも金融機能が未整備であった明治十年代前半の社会状況を踏まえれば、一定規模の旧藩主家ではこのような制度の利用価値は高かったと推測される(69)。ただし、本節で見たようにこの制度が一般の旧藩士やその子弟たちにまで利用されていたかについては今後、解明すべき課題となろう。

おわりに

以上、本章では立花家と創業期の九十六銀行との関係を同家の史料から検討した。最後に両者の関係についての論点を二つにまとめておきたい。

第一は、旧藩主家が有する経済史的意義である。長期的な観点から見れば、士族銀行の多くは次第に経営が安定化し、金融機能も充実するようになる。したがって時間が経過すれば銀行にとって旧藩主家の必要性は相対的に低下する。その点を重視すれば、旧藩主家の存在は士族銀行にとっては大株主であり多額の預金者という先学の指摘は妥当な評価であろう。しかし、本章で見たように、九十六銀行は株式の購入や預金のみならず、短期間で現金を必要とする際には、立花家に一時貸借などを応じてもらった。また、同行が東京の銀行とのコルレス契約を締結していない時期に、同家は銀行の為替機能までも代替した。これらの点を踏まえて両者の関係を総括するならば、立花家は創業期における九十六銀行の機能的欠陥を補っていたということになろう。創業期という最も経営基盤が脆弱な時期を支えていたという点で、旧藩主家の経済史的意義はもっと評価されるべきではなかろうか。

第二は、旧藩主家が有する中央と地方を繋ぐ機能である。一定規模の旧藩主家は旧藩領と東京に邸を抱えていたが、明治前期において一組織が双方に機関を保有していること自体が特異な状態である。本章では旧藩主家の為替制度に注目したが、これ以外の社会的機能の解明も今後の重要な検討課題といえよう。

註

（1）石川健次郎「華族資本と士族経営者」（由井常彦編『日本経営史講座第二巻』日本経済新聞社、一九七六年）、伊牟田敏充「華族資産と投資行動―旧大名の株式投資を中心に―」（『地方金融史研究』一八、一九八七年）。

（2）ここでいう士族銀行とは国立銀行一五三行のうち、各地の銀行史や自治体史などで「士族銀行」と呼称される銀行を指す。国立銀行全体の六割程度が該当する。これらの銀行に対して旧藩主―旧藩士の関係により旧藩主家による何らかの支援が生じる可能性があった点を重視し、株主の構成や出資のあり方、さらには経営の主体などの差異はここでは問題としない。なお、士族銀行の開業状況について触れておくと、旧柳河藩に限らず旧大藩ないし旧中藩の地域では士族が結集して一行の士族銀行が設立される。稀に福井や鳥取のように二行になる例もあるが、多くは開業前に調整されて一行に集約される。

（3）千田稔「華族資本としての侯爵細川家の成立・展開」（『土地制度史学』二九―四、一九八七年）、同「華族資本の成立・展開―明治・大正期の旧土浦藩主土屋家について―」（『社会経済史学』五五―一、一九八九年）。

（4）中村浩理『肥筑豊州志』（福岡県文化財資料集刊行会、一九七一年）。その後迎由理男氏によって前述の考課状の分析が深められた（『福岡県史　通史編　近代産業経済（一）』〈財団法人西日本文化協会、二〇〇三年〉第一八章第一節四）。

（5）岡本幸雄『士族授産と経営―福岡における士族授産の経営史的考察―』（九州大学出版会、二〇〇六年）第二章および第七章。

（6）中村前掲書。

（7）立花親英について補足しておくと、幕末時において五〇三石余を給せられ、中老をつとめた。『柳河新報』明治三十七年三月二十五日には、同年三月七日に六八歳で没したとある。十時嵩については第一部第一章を参照。

（8）吉田孫一郎「留記」明治十年十二月四日（「甲木与一郎先生収集史料」一八）。なお、中村前掲書は、この日付を明治十年十月四日に、同行者を「十時学」と記しているが、これは十二月四日で十時嵩の誤りである。また、古賀長善編『柳河藩中老　吉田孫一郎留記』（一九九一年）の同日条にある「平野小野両氏」とあるのは「平野小野氏」の誤りである。

（9）「勘定掛日記」明治十一年十一月十、十二日条（「柳立」三七二四―二）。

（10）令扶「日記」明治十三年七月二十七日、八月二十四日条（「柳立」三七二四―五）。

(11) 明治九年八月一日太政官布告第一〇六号（『法令全書』九、八五頁）。
(12) 同右、九〇頁。残りの金額については開業免状を受けた翌月より毎月資本金の一割ずつを五ヵ月に分けて準備しなければならなかった。
(13) 明治九年八月五日太政官布告第一〇八号（『法令全書』九、一五〇頁）。
(14) 令扶「日記」明治十三年九月十五日条。
(15) 明治十三年六月二十七日付桜井正如・三池親義宛大村務・野波八蔵・小野忠三郎役状（「柳立」四四六八）。
(16) 以上、七月の動向については明治十三年七月二十七日付桜井正如・三池親義宛野波八蔵・小野忠三郎・大村務役状（「柳立」四四六八）による。なお、九十六銀行の株主総会の日付は明治十三年の令扶「日記」による。
(17) 令扶「日記」明治十三年九月十五、十六日条。
(18) 明治十三年十二月二十八日付大村務・桜井正如宛小野忠三郎・三池親義役状（「柳立」四四六八）。
(19) 令扶「日記」明治十四年四月一日条（「柳立」三七二四—六）。なお、「道可様御金」の成立事情については不明であるが、立花家では同金を周囲への貸付に用いており、その利息を祭礼費用に充てていた。帳簿としては「御庭金　奥御金　道可社金　御貸付証書控　明治十四年一月改」（「柳立」三六八六）がある。
(20) 令扶「日記」明治十四年五月二十四日条。
(21) 第九十六国立銀行「第六回半季実際考課状」（「甲木与一郎先生収集史料」諸史料七四）。
(22) 同右。なお、株主総会には名義人であった寛治本人は出席せず、家令または家扶が代理として出席した。
(23) 明治十四年五月二十日付大村務・三池通誠宛小野忠三郎役状（「柳立」四四六八）。
(24) 前掲『福岡県史　通史編　近代産業経済（一）』。
(25) 明治十五年一月二十七日付小野忠三郎宛三池親義・椿原基長・桜井正如役状（「柳立」四四五二）。
(26) 以下の記述は、（明治）十五年二月九日付小野忠三郎宛桜井正如・三池親義役状（「柳立」四四五二）による。
(27) 令扶「日記」明治十六年一月十二日条（「柳立」三七二四—八）。
(28) 令扶「日記」明治十六年二月十二日条。

(29) 令扶「日記」明治十六年二月二十八日条。

(30) 令扶「日記」明治十六年十二月二十日条。

(31) 〔明治十六年〕十二月十八日付吉田孫一郎・三池親義宛椿原基長・小野忠三郎役状(「藩政」一二七一)。

(32) 明治十九年一月十四日付小野忠三郎・立花通誠宛十時嵩・三池親義役状(「藩政」一二七二)。

(33) 大村は前年十一月十三日に東京詰を交代するために柳川を発っている(前掲『吉田孫一郎留記』明治十年十一月十四日条)。

(34) 中村前掲書。

(35) 令扶「日記」明治十二年九月十五日条(「柳立」三七二四—四)。

(36) 靏見誠良『日本信用機構の確立—日本銀行と金融市場—』(有斐閣、一九九一年)。

(37) 〔明治七年〕三月十日付廉付(「両掛箱」A一〇五—三—一)。

(38) 〔明治九年〕四月二十四日付堀内七郎二・益子半九郎・馬場幾茂宛野波八蔵・清水平太郎御用状(「両掛箱」A一〇九—三—一)。

(39) 「洋館倉庫(1)」A二〇三。

(40) 明治十五年九月以降では、役状ならびに令扶「日記」で確認できる為替制度に関する唯一の記事としては、同年十二月に野田玄貞より野田良緒へ一〇円を送金する件がある。しかし、この送金については「無拠情実御坐候」という断りが記されている(明治十五年十二月十七日付三池親義・椿原基長宛小野忠三郎役状〈「柳立」四四五二〉)。

(41) 〔明治十五年〕九月二十九日付小野忠三郎・椿原基長宛三池親義役状(「柳立」四四五二)には、「為換手形其御地御衆評之末此節より改正致候」とあり、同状に対する朱答に「御改正至極ニ奉存候也」とある。

(42) 明治十五年半ば以降に立花家の為替制度の外部利用者が激減した原因については、①立花家の都合、②銀行のコルレス網の拡充により一般の東京への送金に対する需要が満たされた、③同家が第九十六銀行へ譲る形であえてこの業務から撤退したという可能性が考えられるが、明確な理由は判然としない。この点については今後の課題としたい。

(43) 〔明治〕十四年一月二十八日付大村務・桜井正如宛三池親義・小野忠三郎役状(「柳立」四四六六)。

（44）「雑書綴」（「柳立」四四六七）に綴じ込まれた無年号・無署名の役状。内容や前後の綴じ込みの状態から明治十四年前半のものと推測される。

（45）勘定掛家従の明治七年の「日記」（「柳立」四五九八）には、同年七月十一日に長崎の松尾屋伊太郎に横浜本町の松尾熊三郎内駿河屋半兵衛宛で一〇〇〇円の為替を組んでもらっている。長崎の松尾屋について詳細は不明であるが、横浜との取り引きがあり、長崎—横浜間で為替を組むことが可能であったと推測される。この当時、立花家の家職が東京へ向かう際は、長崎発横浜行きの汽船を利用していたため、長崎商人に為替の取り組みを依頼したと考えられる。

また、明治八年二月には長崎で炭鉱開発を手がけており、東京市京橋区木挽町に本社がある蓬萊社に二〇〇〇円の為替を組んでもらっている（「勘定掛日誌」明治八年二月十九日条〈「柳立」四五九九〉）。同社については宮本又郎「明治初期の企業と企業家—蓬萊社の場合—」（『経営史学』四—三、一九七〇年）を参照。

（46）「子一月より同十二月迄　金請払御帳」（「洋館倉庫（1）」Ｂ一一）。

（47）例えば尾張徳川家についても同様の事例が報告されている（松平秀治「明治初期尾張徳川家の経営内容」〈『徳川林政史研究所研究紀要』一一、一九七七年〉）。

（48）〔明治〕十四年一月二十八日付大村務・桜井正如宛三池親義・小野忠三郎役状（「柳立」四四六六）。

（49）〔明治〕十四年四月七日付大村務・桜井正如宛三池親義・小野忠三郎役状（「柳立」四四六六）。

（50）前掲無年号・無署名の役状。

（51）「柳立」四四六七。

（52）前掲〔明治〕十四年一月二十八日付三池親義・小野忠三郎役状ならびに「日記」明治十四年一月二十八日条（「柳立」三七二四—六）。

（53）〔明治〕十四年四月五日付大村務・桜井正如宛三池親義・小野忠三郎役状（「柳立」四四六六）。

（54）「銀行課第一次報告」五五、六頁（日本銀行調査局編『日本金融史資料明治大正編　第七巻上』〈大蔵省印刷局、一九六〇年〉）。

（55）前掲「第六回半季実際考課状」には、コルレス契約について「前季ニ比スレバ増減ナシ」とあるため、第三国立銀行との契約は明治十四年上半季以前に行われたことがわかる。
(56) 前掲「第六回半季実際考課状」。
(57) 「勘定掛日記」明治十二年六月三十日条(「柳立」三七二四―三)。
(58) (明治十二年)六月三十日付小野・由布宛柳河令扶役状(「柳立」四四五一)。
(59) 例えば、竹内洋『立志・苦学・出世―受験生の社会史―』(講談社現代新書、一九九一年)、同『立身出世主義―近代日本のロマンと欲望―』(日本放送出版協会、一九九七年)、天野郁夫『学歴の社会史―教育と日本の近代―』(新潮選書、一九九二年)、E.H.キンモンス著、広田照幸ほか訳『立身出世の社会史―サムライからサラリーマンへ―』(玉川大学出版部、一九九五年)など。
(60) (明治十四年)一月二十七日付立花小一郎書翰(「柳立」四四六八)。
(61) 明治十五年三月二日内務省達乙第一四号(『法令全書』一五、三三五・三三六頁)では、開業医の子弟で助手として医業を営む明治十五年六月時点で満二五歳以上の者に限り、「従来開業医」と見なし、医師試験なしで開業が許可された。
(62) 医師免許規則第五条によれば、医師に乏しい土地では試験を受けなくても履歴によって仮開業免状が授与された(明治十六年十月二十三日太政官布告第三十五号〈『法令全書』一六―一、七〇頁〉)。
(63) 日本杏林社編『日本杏林要覧 前編 医籍』(日本杏林社、一九〇九年)一一九八・一一九九頁。
(64) 以下、医制については、厚生省医務局編『医制八十年史』(印刷局朝陽会、一九五五年)による。
(65) 前掲「勘定掛日記」明治十二年七月十四日条。
(66) 前掲「勘定掛日記」明治十二年九月十一日条。ここでの「小野殿」とは小野隆基のことであろう。
(67) 前掲「銀行課第一次報告」。
(68) この点についてはさらなる実証的な検討が必要になるが、さしあたりエセル・ハワード著、島津久大訳『明治日本見聞録―英国家庭教師婦人の回想―』(講談社学術文庫、一九九九年)二〇一頁に描かれる明治四十年の宮崎県における次の場面を想起されたい。

道路沿いに大勢の人が立っていて、島津家の若君〔忠重〕が通り過ぎると見物人の大部分は深々と頭を下げた。〔中略〕

だんだん奥地に入るにつれ、ある変化が生じた。土地の人々はいまだに昔の習慣どおりに木や土手の後ろに身を隠したり、体を折り曲げて溝に隠れたりした。彼らは若君の目に触れてはいけないと思い込んでいるのである。

（69）この問題については現在、各地の旧藩主家の史料を調査中である。旧岩国藩主吉川家についてはこの時期に東京と旧藩領の邸との間で為替を組んでいたことが確認できた（「吉川家寄贈資料」岩国徴古館所蔵）。

補節　士族授産会社興産義社の再検討

旧藩主家と旧藩領の旧藩士との関係を考察する上で、士族授産をめぐる諸問題は重要な検討課題といえよう。柳川地方についていえば、有明海で獲れる海産物などを缶詰加工し販売していた興産義社という士族結社が明治十四年（一八八一）に設立される。同社に対して立花家は明治二十八年まで毎年補助金を出していた。経営の分析についてはすでに岡本幸雄氏による論考もある。(1)よって基礎的な事実関係については先論に譲り、ここでは同氏が扱っていない史料の紹介を行いつつ、従来の興産義社の理解とは異なる側面を浮き彫りにしたい。

まず紹介したいのは本書でも再三扱った吉田孫一郎の「備忘」である。吉田は興産義社の設立のために水面下で活動している。(2)具体的には同社が設立される前年の七月に福岡県勧業課の吏員と海産物の缶詰方法について試験を重ねていた。さらに吉田は、「興産義社創立之義」について「旧門閥連」の結集を働きかけるため、明治十四年八月二十八日に大村務、十時一郎とともに旧家老の矢島静斎を訪れる。(3)ここでの「旧門閥連」は第一部第二章で述べた旧一門や旧家老たちを指すと見なせよう。さらに九月一日には旧家老の十時雪斎宅で「旧門閥家列」が集まり、吉田と十時も交えて会合が行われた。(4)こうした動きを経て、興産義社の「発起者惣代」は立花家に対して補助金の請願を行う。寛治はそれに応えて毎年一〇〇〇円を補助することを決定した。

これらの事実から次の二点が指摘できよう。第一に、この明治十四年の段階でも、旧藩士たちが結集して旧藩主家に請願するという場面では、旧門閥家がその集団を代表する地位を占めていた。第二に、士族授産会社の設立においても吉田孫一郎や十時一郎といった特定の旧藩士層が集団内で調整役をつとめていた。

右の二点を意識した上で、興産義社の設立において基本史料となる明治十四年九月付の「興産義社設立要旨」(5)を再検討したい。この史料の内容は、興産義社設立に際して旧柳河藩士たちが旧藩主家の立花寛治に対して設立要旨を提出し、同社への資金の補助を求めたものである。ここで注目したいのは「発起者惣代」である。ここに名を連ねている者を記名順に並べると、立花茂樹、立花弘樹、小野隆基、十時雪斎、矢島静斎、由布雪下、杉森憲正、岡田孤鹿、十時一郎となる。

岡本氏は彼らについては旧門閥家も混じっていることにも若干触れてはいるが、その点よりも同時期に活況を呈していた自由民権運動との関係性の方を強調する。同氏が指摘するように、たしかに右の面々のうち杉森、岡田、十時は、この前後の時期に民権運動家としての動きが見られる。しかし、右の並びは旧藩士の序列を表現したものと見るべきであろう。第一部第二章で見たように、立花茂樹と立花弘樹は一門である帯刀家と内膳家、小野・十時・矢島・由布は旧家老家である。そして杉森・岡田・十時は明治初期の藩治職制下において参政を勤めている。先に吉田の「備忘」で見た「旧門閥家列」の結集という動きを踏まえると、「発起者惣代」はこの旧藩士の序列にこそ注目すべきであろう。第二部第二章でも見たように、明治十二年の第九十六国立銀行の設立時においても創業当初は頭取に内膳家の立花弘樹が選出され、取締役に小野隆基が名を連ねた。明治十年代前半の士族集団とはそのような秩序を有していたことをあらためて確認しておきたい。

次に紹介するのは、明治十四年十二月七日付三池親義宛三池貞一郎書翰の一部である。

有明会、興産義社等御設立被成候由感服之至ニ奉存候、実ニ当今者国会開設致可キ者ニ御坐候、且又物産之儀も是非トモ盛大ナラズテハ到底外国交際難出来候、否遂ニハ外人ノ所有と可相成候、故ニ今日物産者必用物ニ御坐候、立花公よりモ其挙ヲ好トセラレ、金千円宛付与セラル、モ、必竟其要用ヲ先見セラル、ニ因ルト奉愚察候、何卒益盛大ニ立行タキ者ニ御坐候、(6)

三池親義は第一部第一章でも見た旧柳河藩士にして立花家家扶である。貞一郎はその実子で、この時、上京して共立学校に在学中であった。貞一郎が明治十四年に有明会(7)と興産義社が柳川に相次いで設立されたことに喜びを示し、両者の前途に期待しているのが見て取れよう。とりわけ注目すべきは興産義社の設立について、士族救済という面に全く触れずに、「物産之儀も是非トモ盛大ナラズテハ到底外国交際難出来」とか、「今日物産者必用物ニ御坐候」と捉えている点である。地方の物産を活性化させることを対外関係に絡めて理解する視点は、まさに第一部第四章で見た立花寛治が農学へ傾倒していく際に、同人と三池親義が共有していた論理とも重なっている。

こうした点に着目した上で、興産義社の要旨や規則をもう一度見てみたい。まず同社の設立要旨から引用しよう。

興産義社創設ノ挙タルヤ、地方物品製造ノ事業挙ラサルヲ振起シ、且士族業ニ就クノ便ヲ計ルヲ以テ要旨トス、豈美挙ト謂サル可ケンヤ、余亦夙ニ同慨アリ、而其方策ヲ得サルヲ憂フル久シ、今其概則ヲ見ルニ実ニ適宜ノ良法ヲ得ルモノト謂フ可シ、挙ノ美ナル法ノ良ナル余何ソ之ヲ賛成セサルヲ得ンヤ、則諸彦ト力ヲ合セ社務ニ従事セント欲スルモ、久シク故土ニ留ルヲ得サル諸彦ノ知ル所ナリ、因テ結社期内十五年間毎歳金千円ヲ本社ニ贈付シ聊微衷ヲ表セント欲ス、金額究テ些少ナリト雖モ諸彦使用ノ方法宜シキヲ得テ社業ノ万一ニ補ヒアラハ余ノ幸タル大ナリ、

明治十四年九月　　従五位立花寛治

興産義社諸彦(8)

ここでは興産義社の設立が「地方物品製造ノ事業挙ラサルヲ振起」することと、「士族業ニ就クノ便ヲ計ル」こと

の二つの目的を持っていたことが読み取れよう。

特に前者の点については「興産義社規則」[9]の第一条には「本社ハ当地方工業ノ興起セサルヲ憂ヘ同心共力資金ヲ義集シテ之ヲ設立ス」とある。また、第二条では同社の業務について、第一項に「内外各地ノ需用品本地ノ製造ニ適スルモノハ時価、運賃、諸費等ヲ取調ヘ製造者報告スルコト」とあるほか、あわせて四項が記されるが、同条の但し書きに「本条数項ノ外ト雖トモ凡ソ物産興隆ニ補ヒアルモノハ衆議ニ因リ増加スル事アルヘシ」とある。さらに、明治十四年十二月には同社の発会式が行われ、義社の規則[10]が決定する。その規則の第一章「締結ノ主義」の第二条には「本社ハ工作ノ事業ヲ助成シ販売ノ便路ヲ開通シ以テ物産ヲ繁殖セシムルヲ主旨トス」ともある。

岡本氏は興産義社設立の目的について設立要旨の検討を行った際に、「地方物品製造ノ事業挙ラサルヲ振起」という文面については触れているが、その意味について掘り下げた検討は行っておらず、士族授産の一般的なイメージ[11]である困窮した士族の救済という側面を強調する。しかし、注目すべきはもう一方であると筆者は考える。近年、士族授産については、士族救済という側面だけでなく、国益という視点から再評価する傾向もある。[12]興産義社の設立要旨もまたそのような側面も有していたことがわかる。

註

（1）岡本幸雄「士族授産事業・柳川「興産義社」関する覚書」（『福岡県地域史研究』八、一九八八年）。後に『士族授産と経営―福岡における士族授産の経営史的考察―』（九州大学出版会、二〇〇六年）に所収。このほかに興産義社についての先学としては、野村啓子「自由民権運動と缶詰生産」（福岡県地域史研究所『県史だより』三七、一九八七年）がある。

（2）江島香「史料紹介　吉田孫一郎日記『留記』」（『地方史ふくおか』七四、一九九一年）。

（3）吉田孫一郎「備忘」明治十四年八月二十八日条（「甲木与一郎先生収集史料　吉田文書」二一）。
（4）吉田「備忘」明治十四年九月一日条。なお、翌二日に立花茂樹・矢島静斎・由布雪下・吉田孫一郎・十時一郎の五人が立花寛治へ面会に訪れている（令扶「日記」明治十四年九月二日条〈「柳立」三七二四―六〉）。
（5）「甲木与一郎先生収集史料」諸史料六九。
（6）「三池文書（二次）」Dこ四〇。
（7）有明会については『福岡県史　近代史料編　自由民権運動』（財団法人西日本文化協会、一九九五年）を参照願いたい。
（8）註（5）に同じ。
（9）註（5）に同じ。
（10）「三池文書」E二一。
（11）我妻東策『明治社会政策史―士族授産の研究―』（三笠書房、一九四〇年）など。
（12）士族授産事業と国益の関係については、群馬県の製糸会社を分析した布施賢治『下級武士と幕末明治―川越・前橋藩の武術流派と士族授産―』（岩田書院、二〇〇六年）第五章によっても指摘されている。

第三部　旧藩主家と立身出世の社会構造

明治期の旧藩主家が旧藩領における教育の発展に尽力したことはよく知られる。彼らが私立中学校の設立や育英事業に多額の寄付をしたことは、これまでも個別の研究によって明らかにされてきた。しかし、個々の研究が分断的に行われてきたため、その行為の歴史的な意義づけはなされていない。さらに、彼らが教育事業へ寄付をする理由についても資産を有する旧藩主家だからという説明で片付けられてきた。一見するともっともな理由にも映るが、一定の規模の旧藩主家が長期的にそのような行為をするのであるならば、彼らにも何らかの利益はなかったのであろうか。第三部では右のような問題関心から、旧藩主家の教育に対する一連の行為を包括的に捉えることを試みる。

それらを分析するにあたっては、旧藩主家を立身出世の社会構造のなかに位置付けて捉えることとする。従来の立身出世をめぐる研究は、東京大学（後に帝国大学）や士官学校をはじめとする進学体系の形成を前提として、個々人の立身出世をめぐる意識の高まりや受験能力の鍛錬をめぐる社会的潮流を明らかにしてきた(1)。本書でいう立身出世の社会構造とは、右の要素に加えて、これまでの教育社会学の議論では十分に掬い取られていない上京遊学生の日常を支える仕組みをも含めた意味で用いる。日常に関わる問題とは、具体的には学資や住居、人脈といった点を指す。

以上を要するに、第三部では、立身出世の社会構造の成立に旧藩主家がどう関わったか、あるいは逆にこの構造が同家にどのような影響を及ぼしたかを具体的に解明する。

第三部において旧柳河藩主立花家を事例とする意味は二つある。一つは旧藩主家と立身出世の社会構造をめぐる議論の普遍性を探るという点である。従来、地方からの進学をめぐる問題については、地元に高等中学校を設立した点で長州と薩摩を特別視してきた。(2) しかし、高等中学校の設置という点を除けば、上京遊学生の支援については他の地方でも見ることができる。例えば、育英事業のために結集する場合、旧藩を単位とするケースは数多く存在する。(3) むしろ、明治前期に帝国大学への進学者を数多く輩出できたのは、そうした旧藩であったとの指摘もある。(4) したがって高等中学校の設立を除けば、上京遊学生を支援する仕組みはある程度の普遍性があると筆者は考えている。

もう一つは、次の点で旧藩の結合を検討する上で興味深い事例となり得るからである。第一は、旧藩と郡との領域が一致しない点である。図3に見えるように、福岡県山門郡全域は旧柳河藩領に含まれるが、三池郡、三潴郡、八女郡（明治二十九年〈一八九六〉に上妻郡と下妻郡が合併）は部分的にしか含まれない。したがって、検討を進めていけば、旧藩と郡との領域の齟齬がどのように解消されたのかが明らかとなるはずである。

図3　福岡県柳川地方の地図

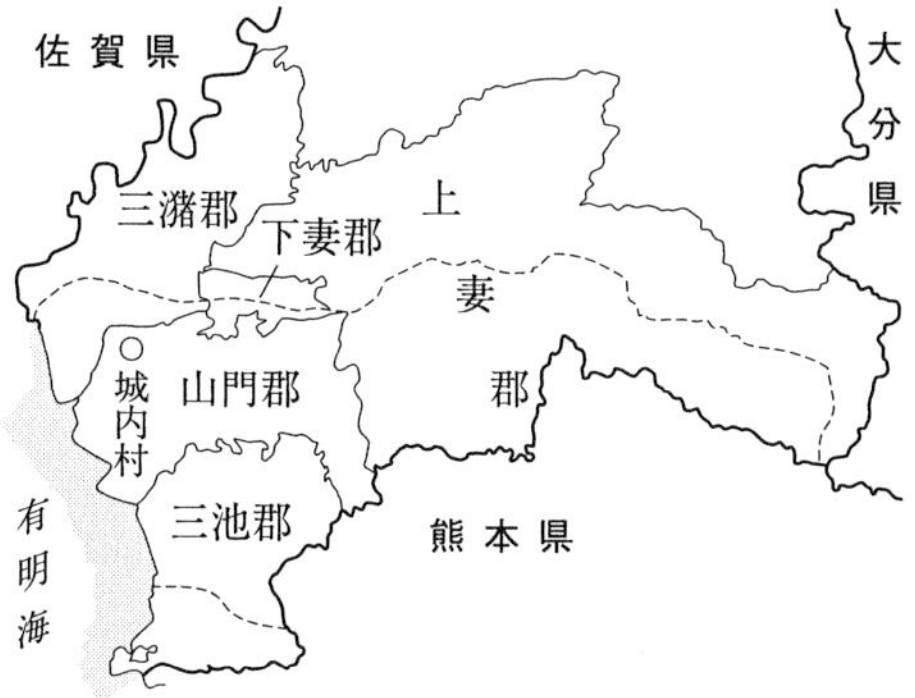

備考　-------は旧柳河藩のおおよその境界を示す.

第二は、隣接する旧藩同士の関係である。柳川地方は、中規模な旧柳河藩（一〇万九六〇〇石）と小規模な旧三池藩（一万石）から成る。二つの旧藩の出身者が柳川地方や東京でどのような関係にあったのかを検討することで、旧藩の結合が複層的であったことを示したい。

各章の具体的な内容は次の通りである。第一章では、旧藩主家と東京の旧藩社会との関係を、旧藩主家東京邸の家職と明治政府に出仕した旧藩士と上京遊学生の三者に注目しながら検討する。この三者の結合が同郷会的組織を生み出す素地となったことを明らかにする。

第二章では、明治二十年代における私立尋常中学校の設立と存続問題を取り上げる。明治十九年の中学校令の公布により、上京遊学を支える仕組みの負担が旧藩領の側にも及んだ。そのため私立中学校の設立や維持をめぐって地域内部における対抗関係が生じた。さらには、そうした状況を特定の旧藩士層が旧藩主家と地域の側とを調整することで、地域において中学校の存続が可能となったことを明らかにする。

第三章では、旧藩主家と育英事業との関係について見ていく。旧藩主家は旧藩領内の様々な事業に金銭的な支援を行うが、なかでも育英事業については長期にわたり多額の支援を行う。本章ではその理由について検討する。

なお、立身出世の社会構造という枠組みのなかで各章の位置づけを整理すると、第一章および第三章で検討する内容は上京遊学生の日常に関わる問題である。一方、第二章では、上京遊学生の日常というよりも、その前段階となる地方からの進学ルートの確保という側面を検討することになる。

註

（1）　代表的な研究を挙げておくと、天野郁夫『学歴の社会史―教育と日本の近代―』（新潮選書、一九九二年）、同『試験の社会史―近代日本の試験・教育・社会―』（東京大学出版会、一九八三年）、竹内洋『立志・苦学・出世―受験生の社会史―』（講談社現代新書、一九九一年）、同『日本の近代一二　学歴貴族の栄光と挫折』（中央公論新社、一九九九年）、E. H. キンモンス著、広田照幸ほか訳『立身出世の社会史―サムライからサラリーマンへ―』（玉川大学出版部、一九九五年）など。

（2）　永添祥多『長州閥の教育戦略―近代日本の進学教育の黎明―』（九州大学出版会、二〇〇六年）。

（3）　菅原亮芳「明治期民間育英奨学事業史の一断面―旧藩系主体の団体を中心として―」（『地方教育史研究』一四、一九九三年）。

（4）　天野前掲『学歴の社会史』第二章。

第一章　旧藩主家と同郷会的組織

はじめに

本章では、旧藩主家が東京において旧藩出身者との関係でどのような役割を果したのかを検討する。

右の課題に関していえば、旧藩主家が旧藩出身者から成る同郷会的組織に対して不動産の提供や資金の補助を行ったことはよく知られる(1)。従来、この同郷会的組織をめぐっては、日本思想史と教育社会学の分野で研究が積み重ねられてきた。前者においては国民国家論に引きつけて、ナショナリズムの形成(2)や地方出身者のアイデンティティの確立(3)を説明するための素材として扱われてきた。後者においては、これらの組織を上京遊学生を支える仕組みとして捉えて、組織の具体的な中身の解明が進められてきた(4)。同郷会的組織を立身出世の社会構造に位置づけて捉えるという本章の分析視角は、後者の研究の潮流に位置するものである。

もっとも、従来の旧藩主家と同郷会的組織の関係をめぐる研究については次の二つの問題が残されている。第一に、従来の研究が同郷会的組織そのものに議論が集中しているため、それらが設立される以前の段階については顧慮されてこなかった。そのため、同郷会的組織が設立される以前において、上京遊学生たちはどのようにして在京時に生じる諸問題に対処したのかという疑問が残る。

第二に、旧藩主家と同郷会的組織とが結合する理由についても十分に検討されてこなかった。先行研究が指摘するように、たしかに同郷会的組織の会長などに旧藩主家の当主が据えられ、そうした組織の事務所は旧藩主家東京邸に置かれることが多かった。成田龍一氏はその理由を、旧藩主家の存在が地方から上京した人びとに「故郷」を想起させたという心性面に求めている。(5) しかし、それだけではなぜ同郷会的組織が明治十三年前後から出現しはじめるのかという疑問には十分に答えられない。この点は明治初期と明治十年代とを断絶ではなく、連続的に捉える必要があると筆者は考える。

右のような問題関心を踏まえて、本章では以下の二つの課題を設定する。

第一に、同郷会的組織が有する上京遊学生を支援する機能の歴史的前提を検討する。一家を挙げて上京した場合はともかく、学校の寮に寄留するとしても彼らが独力で不自由なく東京で生活できたとは想像し難い。明治期においてそうした上京遊学生を支える同郷出身者たちによる旧藩社会の存在を前提とすべきであろう。本章では、東京の旧藩社会のうち、旧藩主家東京邸の家職および旧藩の先達(6)が果たした役割を解明していく。前者については第一部第一章でも若干触れたが、後者については旧柳河藩士にして後に文部官僚となる清水彦五郎(7)に注目する。本書全体の問題関心から見れば、彼らに注目することは、旧藩主家東京邸の構成員たち（家令・家扶や顧問・相談人）の存在意義を明らかにすることにも繫がるはずである。

第二に、実際に設立された同郷会的組織の機能や結集のあり方を、運営の中心となる人物に焦点を絞りながら分析する。特に旧柳河藩および旧三池藩のそれぞれの出身者がどのように結合したのかを見ていく。(8) 本章でも具体的に明らかにしていくが、旧柳河藩社会には旧三池藩士の子弟も含まれており、彼らもその社会のなかで一定の役割を果たしている。同郷会的組織は旧藩や旧国を単位に纏まるといわれるが、本章の分析からは従来の研究とは異なる論点を提供できると考える。

第一節　上京遊学生にとっての旧藩主家

本節では同郷会的組織が成立する以前において、上京遊学生たちは上京遊学に関わる諸問題をどのように解決していたのかを、旧藩主家の役割に注目しつつ検討したい。

最初に想起される旧藩主家の上京遊学支援としては、学資の補助が挙げられよう。「旧藩主系」の育英事業の発生時期を検討した菅原亮芳氏によれば、旧藩主家全体の傾向としては明治三十年代以降、育英事業に多額の寄付を行うようになるという。本節で見ていく明治十年代について菅原氏は、旧加賀藩主前田家の加越能育英社、旧長岡藩主牧野家、旧小倉藩主小笠原家を挙げている。(9)右以外では筆者は旧備前藩主池田家による育英事業を確認できたが、(10)概してこの時期に育英事業に関与した旧藩主家は多くはない。

旧柳河藩主立花家について述べれば、上京遊学を理由に同家から金銭を借用した人物については一人だけ確認できた。旧柳河藩士で幕末期に御用人として藩主の側近であった渡辺又四郎は、明治八年（一八七五）に子息の村男の「遊学」を理由に、立花家に対して「御銀願」を行った。(11)この時、同家は八〇円を「別段御銀より差出」している。ここで問題となるのは、この金銭が無利息の貸与であるか否かであるが、結論からいえば、これは有利子の借用金であった。確認できる範囲から推し量ると、この「別段」は主に貸付のために蓄えられていた財政部門と考えられる。(12)実際に又四郎はその後、金銭の返済や金利の上納、あるいは延滞願のためにたびたび立花家を訪れる。(13)立花家による上京遊学生を金銭的に支援する制度は、明治三十四年の橘蔭会の設立まで待たなければならない。しかし、右の事例からは、旧藩主家から貸し出される資金が上京遊学のためにも利用されていたことは指摘できよう。

次に旧藩主家と上京後の遊学生たちとの関係を見てみよう。明治十年代に立花家の家令を臨時的に勤めていた吉田孫一郎の「備忘」には、上京遊学生たちが東京において同家の関係者たちと行動をともにする場面が散見される。例えば、明治十六年十二月に立花寛治の弟の寛正と寛直が、「五、六名書生相伴フテ」千葉県の鴻ノ台まで遠足に出かけた(14)。また翌十七年一月に当主の立花寛治が狩猟に出かけた際には「書生八、九名」が随行している(15)。

旧藩主家東京邸は府下において多くの旧藩出身者が常駐する場所の一つでもある。学生たちは上京した際には親類縁者を頼りにしていたことを鑑みると(16)、右に述べた書生たちの行動も理解できなくはない。とはいえ、右の学生すべてが旧藩主家の家職の親類縁者である可能性は低いと考えられる(17)。むしろ両者は日常的に交流する機会を有していたと捉えるべきであろう。

例えば、貢進生として上京した清水彦五郎の場合、明治七年に一時、柳川へ帰郷して、再上京した際に真っ先に立花家東京邸へ挨拶に伺っている(18)。あるいは、旧柳河藩士の子弟の隈徳三が明治十五年に士官学校へ入学するために上京した際に、士官学校の一年先輩となる同じく旧藩士の子弟の橋爪六郎に連れられて立花家東京邸を訪れている(19)。旧藩士やその子弟が着京した際には、旧藩主家東京邸へ出向いて旧藩主ないし当主に挨拶に出向く慣習があったと筆者は考える。しかし、立花家については東京邸の「日記」を利用できないため、この点からの論証は難しい。よって、別な角度から両者の日常的な接点を示すことで傍証としたい。

立花家に関する史料からは、以下に述べる三種の類例を挙げることができる。第一は金銭の借用である。学生たちの上京時における苦労の一つに金銭の欠乏が挙げられよう。特に必要な額が大金となった場合、周囲の学生たちから借りるのは困難であったと推測される。そのような際に彼らは旧藩主家東京邸を訪れた。そうした事例を確認できた範囲で示しておこう（なお、事例で示す三名はいずれも旧柳河藩士の子弟である）。

後に郡長職を各地で歴任することになる十時参吉郎は、明治八年より上京遊学をした[20]。同人は柳川へ帰郷する際に立花家の東京邸で二〇円を拝借し、明治十二年十一月に同家の柳川邸にて全額を返済した[21]。さらに、明治十四年にも東京邸で一五円を借用して柳川邸で返済している[22]。

また、明治八年に上京遊学した渡辺村男は東京師範学校を卒業後、明治十二年七月に青森県の八戸中学校に赴任することになった。同人は赴任先へ出発する前に立花家東京邸で二〇円を借用し、翌年一月に為替にて返済した[23]。

このほかに明治十七年四月に筑紫本吉は、当時、立花家東京邸に詰めていた家令の吉田孫一郎から五円を借用した[24]。このとき、筑紫が慶應義塾へ入塾した直後[25]という事情を踏まえると、入塾に関わる費用を借用したか、その支払いによって困窮したあたりが借金の理由として想像されよう[26]。

次に上京遊学生たちが旧藩主家東京邸を訪れる第二の類例について見ていく。上京遊学生たちは旧藩領からの仕送りを旧藩主家東京邸で受け取っていた。立花家の為替制度についてはすでに第二部第二章で詳述した通りである。表21はこの制度を利用した上京遊学生の一覧である。立花家のこのような為替制度が旧柳河藩領出身の上京遊学生たちへの仕送りを支えていたことを再度強調しておきたい。したがって個人差もあろうが、一部の上京遊学生たちは高い頻度で旧藩主家の東京邸を訪れ、家職と接触する機会があったといえよう。

第三の類例として、旧藩主家東京邸が荷物の中継地として機能していた点を挙げられる。柳川邸から東京邸へ送られる荷物に柳川の人びとが便乗して送っているケースが見られる。例えば明治十五年二月六日の船便で、立花家の家従や女中宛の荷物に混じり、家職以外の東京在住者に宛てられた荷物がある。そのなかには山崎元栄より上京遊学生の山崎弁之へ荷物一個が送られている[27]。

以上に述べたように、同郷会的組織が成立する以前の明治十年代前半から、上京遊学生たちの多くは旧藩主家東京邸やそこに詰める家職たちと接点があり、彼らによっても遊学を支えられていた。特に金銭の借用の場面を見ると、当然ながら上京遊学生たちは資産も所持していないため、無担保で金銭を借用したようである。さらに、返済の記事から推察すると無利子であった可能性が高い(28)。先に記した金銭の借用は旧藩主家東京邸の家職と上京遊学生たちとの信用関係のもとに成り立つものであろう。こうした点を勘案すると上京遊学生たちは上京以後に東京邸の家職と親密な関係を築いていったのではなかろうか。

第二節　東京における旧藩の先達の役割

前節では同郷会的組織が設立される以前から、旧藩主家東京邸の家職が学生たちの上京遊学を支えていたことを指摘した。しかし、両者の関係だけでは、同郷会的組織の設立までを説明することはできない。よって本節ではそれらの組織の設立以前から東京にいた旧藩の先達がどのような役割を果たしたのかを検討しよう。具体的には清水彦五郎に注目する。

実際に清水の支援を受けた上京遊学生を見てみよう。ここでは明治二十年に帝国大学法科大学に入学し、卒業後に内務官僚となった白仁武を例にとる。白仁武は柳河藩士白仁成功の子として文久三年（一八六三）に出生する。成功は文久年間頃で石高一七〇石を有し(29)、明治九年より同十八年頃まで家従として立花家に勤務した(30)。武自身も立花家との関係があり、幼少期に同家の当主寛治の弟寛直の学問の「御相手」を勤めたことがある(31)。その武が明治十五年に上京する際に父から九条にわたる訓戒状を示された(32)。

この訓戒状の前半部分には白仁家の家計事情と学資に関する内容が記される。「学資無之は全く父の罪なり、成丈痛まぬ様勉強致すべき事」（第一条。以下、同訓戒状による場合は条数のみを記す）とあり、成功は武の進学資金を十分に準備できなかった。そのため成功は武に「祖先よりの大小金物等外し」（第四条）て持たせ、それらを立花家東京邸に詰める家扶の椿原基長を通じて売却し、そこで得た金銭を学資に充てるよう命じた。さらには「御祖母様始両親兄弟ニ至迄成丈倹約」（第三条）することを述べている。柳河藩士二千余人のなかで単純に禄高を比較すれば、白仁家は全体の上位五％に位置する家である。(33) そのような家でも子弟の上京遊学は家計に多大な負担を強いられるものであったことがわかる。

もっとも、先祖伝来の刀の装身具を売却したところで、その後の学資のすべてを賄えたとは思えない。それ以外にどのような手段で白仁親子は学資を捻出したのであろうか。前述の訓戒状には「当時の難出来金員を清水君始御扶助に預候事は不容易義故、烈敷勉強致べき事」（第二条）とあり、さらに「大金扶助に預候故、是非々々勉強致卒業迄は下県に不及」（第九条）とも記される。これらの部分から、白仁親子はほかの人物たちから金銭的援助を受けていたこと、さらにその援助には「清水」なる人物が関与していたことを指摘できる。

訓戒状に関する註記によれば、この「清水君」とは旧柳河藩士の清水彦五郎を指すという。さらに、「清水君始」と記されていることから、武の学資を援助した人びとには清水以外の人物も存在したと考えられる。この東京における清水を中心としたグループについては、旧柳河藩士の立花親信が上京した際に同人から直接聞いた次の話に注目したい。

書生教育ノ為メ、柳地ノ人ニテ在京官途ニ就タル者ヨリ集金シ、其金ヲ運用シテ以テ学資ニ充ントモ已ニ曽我少将ヲ始メ、追々各員ニ相謀リ候処、大ニ同意ヲ表セラレタリ、因テ其方法ヲ取認ヘ、不日尚各氏ニ相談致スノ積ナリ、(34)

右の話は明治十三年末のものである。このとき、親信は柳川にもこうした育英事業はないかと清水から問われ、「含英舎」を組織した旨を述べたという。すると清水は、「柳河ヲ本社トシ、当地ヲ支社トシ以盛大ニナサン」と話している。白仁武が上京する時点でどこまで組織化されていたかは判然としないが、少なくとも前述の訓戒状から、同人への学資援助について清水が重要な役割を果たしたことは指摘できよう。

ところで、この訓戒状には次のような内容も記されている。

第五　清水君より教誡之通、演説等一切傍聴無用、諸見物等も勿論ナリ、

第六　校中之課目丈勉強致、外之事ハ全く馬鹿ニ成、新聞等一切無用、世中事ハ卒業之上、知るへき事、

演説会や新聞を「無用」とするなど、この頃に最盛期を迎えていた自由民権運動が上京遊学生たちにとっては学業の障碍にしかならないという指摘自体が興味深いが、ここで注目したいのは「清水君より教誡之通」とある点である。同状の末尾にも訓戒の内容を武に厳守させるために同じものを「清水君」へも見せるとある。白仁成功は学費だけでなく、東京における息子の生活態度についても清水を頼りにしていた様子がうかがえよう。旧藩領から東京へ学生を送り出す親は、上京する子息のお目付役を必要としていたことがわかる。

白仁武の上京遊学において旧藩の先達の一人である清水の役割の大きさがうかがえたが、同人は白仁家に対してのみそのような役割を果たしたわけではない。例えば、清水はほかの上京遊学生たちの保証人にもなっている。明治十年代に上京遊学した旧柳河藩出身の学生たちの入学願などを見ると、同郷の先達が彼らの保証人となっている例が多く見られる(35)。表23に見える保証人となった者のうち清水、平野、杉森、菊池はいずれも当時、東京で職を得ていた者たちである。上京遊学生と保証人とが親族という関係性も考えられるが、一方で清水のように同時に多くの上京遊学生たちの保証人となる人物が存在することは看過できまい。

上京遊学生たちが熟読したとされる少年園編『東京遊学案内』（明治二十三年刊行）は、上京を目論む学生に対してあらかじめ保証人を確保するように説いている。当時、東京府下の上級学校へ進学する学生の保証人になるには、府下に在住し、一家計を立てる身元の確かな丁年男子である必要があった(36)。仮に学生が授業料を滞納すると、保証人が学校に呼びつけられて「痛く小言など言はる」という(37)。したがって上京遊学生が保証人を確保することは容易なことではなかったと考えられる。そのようななかで清水のような世話役的な旧藩の先達が、彼らの東京における受け皿になっていたことは強調しておくべき事実であろう。

表23　明治10年代における上京遊学生の保証人

学校名	氏名	入学年月	保証人
慶應義塾	立花寛正	明治11年11月	野波八蔵
	中西喜十郎	明治12年９月	中西二三郎
	寒田勝平	明治15年２月	平野参郎
	佐藤熊蔵	明治17年３月	清水彦五郎
	筑紫本吉	明治17年４月	清水彦五郎
	小田部　栄	明治19年３月	菊池武信
	古賀巳之吉	明治19年11月	菅野省吾
	服部六郎	明治20年５月	清水彦五郎
一致英和学校	杉森此馬	明治13年４月	
	島　参郎	明治14年５月	谷崎全二
	寒田勝平	明治14年10月	杉森此馬
	木原政治	明治18年９月	清水彦五郎
	池末寿吉	明治18年10月	清水彦五郎

備考　出典は『慶應義塾入社帳』，明治学院資料館所蔵の在塾証明書と入学願による．

もう少し清水彦五郎の役割について見ておきたい。一連の清水の書翰からは、同人が東京における上京遊学生たちの結集核となっていたことがわかる。以下、清水が同人の父親に宛てた書翰(38)に基づいて、同人と東京の上京遊学生たちとの関係を探ってみよう。

休みの日には清水の家に多くの書生たちが訪れるという。明治十七年八月のある日曜日には、旧柳河藩出身の佐藤熊蔵、筑紫本吉、家永豊吉、島亘（菊池武信）をはじめ、二十名余の学生が来ていた。清水によれば、旧柳河藩出身者たちのあいだで同人は「親方」と目されていた。佐藤、筑紫、家永、島は「小頭」として清水を助けて他の上京遊学生たちを束ねる存在であった。この日は顔を出していないが、旧三池藩出身の立花小一郎も小頭の一人であった。彼ら小頭たちと清水との関係は、「私〔清水〕義ヲ義兄トシ、るという。

一身上之事万端相談致ス」というものだったという。そして彼らの周囲には「惣人数百人ニ近ク」の上京遊学生がい

では、なぜ清水彦五郎の周囲にはこのように上京遊学生が集まるのであろうか。たしかに清水は上京遊学生のお目付役、あるいは保証人となっていたが、それだけが理由とは考えがたい。今日に残る清水の書翰を通読すると、同人は明治十年代において上京遊学生やその家族からの様々な依頼に応えていたことがわかる。(39)具体的には、進路や借金の相談といった月並みの話から、卒業試験の順序の変更、就職後に途絶えた実家からの送金をめぐっての交渉役など、その内容は非常に多岐にわたる。一言で説明すれば、清水は上京遊学生の世話をしていたということになるが、上京遊学生の側からすれば彼らの数だけ悩みはあったはずである。彼らから相談を受ければ、清水は自らの人脈を駆使して可能な限りその依頼に応じていた。

世話好きという本人の性格もあるが、上京遊学生の相談に応じることは清水にもメリットはあった。同人のもとには自然と上京遊学生を通じて様々な情報が集まった。人物評や日常の学生生活、あるいは実家や親戚の様子などである。それらの情報を勘案しながら清水は彼らの世話をした。そのことによりさらに新たな上京遊学生が同人のもとに集まってくるというサイクルができつつあった。旧藩社会には互助的な働きがあり、それ自体は放っておいても何らかの効果は生み出す。しかし、それをより効果的に機能させようと思ったら、それを稼働させる人物が必要であった。東京の旧柳河藩社会の場合、その人物こそが清水彦五郎であった。

さらに付け加えるなら、清水によれば「何レ之国ニテモ高官之人々書生ヲ愛スル様ニ相成リ候」(40)という風潮であり、決して同人だけがそのような働きをしているのではないという。もし、その指摘が事実であるとすれば、本章で示した旧藩の先達の重要性という筆者の議論は、旧柳河藩に限らず東京に形成された他の旧藩社会の分析にも適用できる

ことになろう。

明治十年代前半における旧藩の先達と上京遊学生の関係は右のようなものであったが、では先達と旧藩主家はどのような関係にあったのであろうか。結論から先に述べれば、彼らは同郷会的組織が設立する以前から立花家の顧問的な立場で東京邸の家職と接点があった。例えば、第一部第四章第三節で見たように、明治十八年三月頃に曽我祐準宅で同人と清水彦五郎、東京邸詰家職が集まって立花寛治の進路について会議を開催している。このほかに、同年六月に寛治の再婚相手を探す際にも清水は立花家の名代として関係先に出向いている。[41]

筆者は第一部第三章において旧藩主家の意思決定の仕組みを検討した際に、家憲が作成されて家政会議が成立する以前から、旧藩主家には顧問的な役割を果たす旧藩士が存在したことを明らかにした。立花家の場合、旧藩領に居住する相談人と呼ばれる者たちがそれに該当した。しかし、右で確認したように東京にもそのような位置にある人物を見出すことができた。立花家の場合、当主が旧藩領へ移住したため家政会議には相談人たちが議員となったが、当主が東京に居住する多くの旧藩主家の場合は、こうした旧藩の先達たちが後に形成される家政会議の議員になるという見方ができよう。[42]

最後に旧藩の先達について次の二点を指摘しておきたい。第一は、在京の旧柳河藩士として最も立身出世を遂げた曽我祐準をどう考えるかである。曽我が華族令により子爵を授けられた頃、清水は次のように述べている。

柳川生モ従五位殿〔立花寛治〕、曽我君両人ヲ第一ニ立テ、私義〔清水〕親方ニ相成リ、島、家永、佐藤等ヲ小頭トシ、春秋ニ懇親会等可致積リニ御坐候[43]

東京の旧柳河藩社会において旧藩主家の立花寛治が象徴的な位置に据えられることと同時に、曽我もまた傑出した存在であったことがわかる。

もっとも、曽我自身も明治零年代においては学生であった清水らの世話をしていた。具体的には、金銭の貸出や就職の斡旋、あるいは火災によって焼け出された学生たちへの宿の提供といった具合である。[44]清水彦五郎の出世とともに、上京遊学生の支援という役目が次世代の清水へ受け継がれたという見方ができる。

第二は、旧藩主家と上京遊学生の間において旧藩の先達はどのような役割を果たしたのかという点である。すべての上京遊学生が旧藩主家と同じ距離感にあったわけではない。最初から親密な関係にあった者もいれば、疎遠だった者もいる。例えば、立花家家扶の三池親義の息子の貞一郎は柳川中学校卒業後に東京大学予備門を受験するために上京して共立学校に通ったが、当初は立花家東京邸に仮寓していた。[45]あるいは前述した白仁武が祖先伝来の刀の装身具を売却する際に同家家扶の椿原基長を頼れたのも、武の父成功が立花家の家従にあったため、同僚の誼で頼むことができたと思われる。この場合、当主や家職との人間関係が旧藩主家との距離感に直結していると見なせよう。

当然ながら、旧藩主家や旧藩社会を頼らずに自分の家の力で上京生活の不足を埋めた者もいるであろう。しかし、なかには旧藩主家や旧藩社会に縋りたいが縁遠いためにその恩恵を受けにくかった者もいた。旧柳河藩社会についていえば、次のような場面があった。明治十七年八月に柳川から上京してきた西田常次郎、古閑定、片山茂一郎の三人が清水宅へ挨拶に訪れたことがある。[46]その日は日曜日であったため、清水宅には佐藤熊蔵、筑紫本吉、家永豊吉、島亘など一〇人以上の書生が来ていた。しかし、先客の書生たちは西田ら三人とは交流の様子が見られなかった。それどころか、書生たちの一部は彼らを腹黒い男と非難していた。おそらく両者の不和は地方政党の対立が反映していたと思われる。[47]清水は柳川出身の書生たちが二つに割れそうな気配を感じたという。ところが、小頭の一人佐藤熊蔵が、西田らは「学派」が異なるため周囲から色々と言われるが、「心底ハ宜敷人物」であり、自分が話をしようと言って仲介の労をとった。

前述の隅徳三が橋爪六郎に連れられた場面なども該当すると思われるが、清水や同人の周辺にいた人物は、旧藩主家や旧藩社会と縁遠い上京遊学生との距離を埋める働きをしていたといえよう。

第三節　柳川地方出身者による同郷会的組織

同郷会的組織が成立する以前から、上京遊学を支援する仕組みは、東京において旧藩主家東京邸と旧藩の先達とに分散された状態で機能していた。本節ではそれらの機能がどのように同郷会的組織に統合されていったのかを検討する。その際には旧小藩であった旧三池藩出身者の存在にも注目しながら各組織の構成員を確認し、それぞれの組織の機能について明らかにしたい。

(1)　柳川親睦会

柳川地方出身者による東京での親睦会は、管見の限りでは明治十五年一月十四日に開催されたものが初見である。[48]このときは曽我祐準、綿貫吉直（警視副総監）、笠間広盾（海軍中佐）、佐藤鎮雄（海軍大尉）、小林玄海（浅草病院長）など数十名が集まったという。なお、立花寛治は当時柳川に滞在中であるため、この親睦会には出席していない。この会を含め明治三十五年までで確認できる限りで柳川親睦会と見なせる催しは表24の通りである。

これらの親睦会は立花寛治の歓送迎が契機となって開催される場合が多く見られる。例えば、明治二十二年四月の親睦会は、同人の旧藩領への貫属換にともなう送別を名目として開催された。また、明治三十二年以降で三月に開催される親睦会は、貴族院議員であった寛治が帝国議会を終えて柳川に帰郷する時期と重なっている。他家の場合でも、

表 24　柳川親睦会開催状況

開催日	場所	人数	備考
明治15年1月14日			
明治16年5月19日			
明治17年3月23日	池之端三河屋	約30名	会費は立花寛治が全額負担
明治22年4月21日	東京ホテル		
明治23年11月6日	東京ホテル	約80名	会費の不足分は立花家が補助
明治28年2月下旬	下谷立花家邸	約80名	祝捷兼近衛予餞会
明治29年2月2日	上野精養軒	103名	旧柳河藩人親睦会兼凱旋将校慰労会
明治31年11月27日	上野精養軒	152名	
明治32年3月1日	偕楽園		
明治33年3月4日	上野精養軒	100名超	
明治34年3月30日	上野精養軒	100名超	
明治35年3月9日			

備考　出典は「旧柳河藩主立花家文書」，吉田孫一郎「備忘」，渡辺村男「明治十五年経歴記」，「清水家文書」，「永江文書」，「立花小一郎文書」，『郵便報知新聞』，『福岡日日新聞』による．

大名華族の外遊への出発や帰国にあわせた親睦会の開催予告が新聞広告に頻繁に掲載されている。

もっとも、明治三十一年の親睦会については、寛治の上京を前に開催された。この会は当初は翌三十二年一月に開催されるはずであった。しかし、以前から衆議院が解散した場合、寛治が早々に帰郷するため、一月に開催予定の親睦会も延期がちであった。そのため、学生幹事たちは「何トカ急ニ被催度」と関係者に懇願し、曽我祐準に相談した結果、親睦会の開催日程が明治三十一年十一月に繰り上げられた(49)。この一連の経緯から立花家は柳川親睦会の運営主体ではないこと、さらに曽我が会の中心的な役割を担っていたことを指摘できよう。

次に、旧藩主家と親睦会の関係について検討する。立花家と柳川親睦会との関係において同家の東京邸詰の家令・家扶の働きは見過ごせない。明治二十二年の親睦会に際し、新聞に掲載された広告(50)には、発起人として曽我祐準・綿貫吉直・清水彦五郎・十時嵩の四人が名を連ねる。ここで注目したいのは十時である。この広告には同人のみ連絡先として「下谷西町三番地」の住所が付記されている。十時はこの時、家扶として立花家東京邸に勤務していたが、右の住所は同邸のそれと一致する。また、翌二十三年の親睦会の際には、発起人として曽我祐準・清水彦五郎・小野忠三郎・福原信蔵・立花政樹の五人が新聞に記載される。(51)このときに立花家家令であった小野のみ前述の十時と同じ住所が連絡先として付記されている。(52)これらの広告から立花家の東京邸詰の家令・家扶は柳川親睦会の連絡役を担っていたことがわかる。

親睦会の開催時に旧藩主家の家職が連絡役となるケースは他家でも確認できる。これまでに知れている史料で説明すると、例えば旧越前国の親睦会の場合、各旧藩主家の家職と東京邸の住所が連記されている。(53)また、旧浜田藩出身者によって結成された浜田会は、公選幹事六名のうち、一名は旧藩主松平家の家令・家扶に嘱託するという規則が設けられているという。(54)同時期の新聞を眺めると、このような事例は枚挙に遑がない。旧藩主家の東京邸が家政組織として機能していたならば、同邸に詰める家職たちが住所を移す可能性は低い。そのため連絡先に適任であったと考えられる。

ところで、右に述べた旧越前国は旧藩の連合体として旧国単位で親睦会が開催されているが、柳川親睦会の場合も旧藩の連合体という点では類似した特徴が見られる。同会には旧柳河藩主立花家の当主だけでなく旧三池藩主立花種恭とその長男の種政も参加した。親睦会の成立当初については判然としないが、明治二十八年の親睦会や同三十一年の親睦会では立花種恭・種政父子が出席している。(55)(56)

また、柳川親睦会には旧三池藩主家の当主だけでなく、旧三池藩士族も参加した。その一人である立花銑三郎が明治二十八年の会に参加した際、軍人の出席者数について兄の立花小一郎に「将校士卒二十名余り（柳河三池領合して）」と伝えている。(57)旧三池藩主だけでなく、旧三池藩出身の者たちも出席していることから、柳川親睦会はある時期から旧柳河藩と旧三池藩との合同の様相を呈していた。

ただし、立花銑三郎の「柳河三池領」という表記からは、この明治二十八年の段階においても、旧三池藩士族にとっては旧柳河藩領と旧三池藩領という区分が意識されていたことがわかる。こうした意識は旧三池藩を軸とした同郷会的組織の設立という欲求が潜在的にあったことの証左ともいえよう。しかし、東京で三池出身者が結集する際の枠組みは、旧三池藩ではなく、それよりも広域となる三池郡であった。この点は後述したい。

（2）柳河学友会

明治末年に地方紙である『柳河新報』に掲載された回顧記事によれば、柳河学友会は明治十八年六月十四日に初会合を実施した。設立にあたっては立花家の家扶十時嵩が発起人となり、綿貫吉直からの資金援助もあったという。[58]ここでも旧藩主家の東京邸詰家扶が重要な役割を果たしたことがうかがえる。

柳河学友会は事務所と会場施設を立花家東京邸の敷地内に保有していた。同会の規則[59]第三条によれば、この会場で毎月第三日曜日の午後に定期会が開催されることになっていた。このほかに、明治三十三年には学生のための寄宿舎も併設された。[60]本書では十分に検討できないが、明治三十年代に各学友会によって設置される寄宿舎もまた上京遊学生のための重要な進学支援装置である。

柳川親睦会が旧藩出身者に対して新聞広告などを通じて幅広く参加を呼びかけていたのに対し、柳河学友会は会費制の会員組織として発足する。同会の会員数は、設立当初の明治二十一年頃で九四名と伝えられる。[61]会員は会費の納入額によって通常会員と特別会員とに分かれており、[62]右の時点での特別会員については表25の通りである。曽我や綿貫といった著名な人物のみならず、戊辰戦争後の早い時期から明治政府に出仕した者も多い。さらにいえば、旧柳河藩士かその子弟が圧倒的に多いことがわかる。また、旧三池藩士族であった立花小一郎の名も見えることは同会の会

表25 柳河学友会特別会員

人名	生没年月日	出身地	族称	備考
中村祐興	文政一二年 七月一〇日～明治四二年一〇月二七日	山門郡山川村	◎	紙幣寮出仕、抄紙局長
綿貫吉直	天保 二年 一月 ～明治二三年 六月一四日	山門郡垂見村	◎	警視副総監、元老院議員
戸上親宗	天保 八年一〇月 ～	山門郡城内村	◎	元警視庁御用掛
曽我祐正	天保一〇年 八月一二日～明治三八年一〇月二〇日	山門郡城内村	◎	警視庁巡査長
十時 嵩	(天保一三年) ～大正 元年一一月二五日	上妻郡北山村	◎	立花家家扶
曽我祐準	天保一四年一二月 ～昭和一〇年一一月三〇日	山門郡城内村	◎	陸軍士官学校長、参謀次長、枢密顧問官
立花通誠	嘉永 六年 八月 四日～大正 二年 八月二二日	山門郡城内村	◎	警視庁消防司令、立花家家扶
桑野庫三	弘化 四年 一月 八日～	山門郡柳河町	◎	陸軍省十三等出仕、陸地測量師、桑野鋭の実兄
清水彦五郎	安政 元年一一月一九日～大正 二年 四月	山門郡清水村	◎	元貢進生、文部省
菊池武信	安政 三年一二月一〇日～大正一一年 六月	山門郡鷹尾村	○	旧姓名／島亘、女子教育奨励会書記
戸次兵吉	安政 四年 五月 ～明治四五年 一月 九日	山門郡城内村	○	大蔵省銀行検査官、横浜正金銀行支店長
桑野 鋭	安政 五年 一月 ～昭和 四年 九月	山門郡柳河町	○	宮内省
杉森此馬	安政 五年 三月二五日～昭和一一年 六月二一日	山門郡城内村	○	明治学院教員兼幹事
立花小一郎	文久 元年 二月一〇日～昭和 四年 二月一五日	三池郡	△	陸軍大学校
白仁 武	文久 三年一〇月一八日～昭和一六年 四月二〇日	山門郡城内村	○	帝国大学学生
臼杵永次郎		山門郡城内村	○	農林学校学生
田島盛治				警保局第一部編纂課御用掛（明治一八年）
荒島正雄	～明治三六年 一月			陸軍省十一等出仕

備考1 人名は「二十余年前の柳河学友会」（『柳河新報』明治四五年七月五日）による。
2 履歴は原則として明治二一年のものを記載
3 生年の（ ）内は推定。
4 族称の◎は旧柳河藩士、○は旧柳河藩士の子弟、△は旧三池藩士の子弟。
5 備考の出典は「叙位裁可書」（国立公文書館蔵）、『官員録』、安部規子『修猷館の英語教育』（海鳥社、二〇一二年）などによる。

員構成が旧柳河藩士族に限らなかったことを意味しよう。

柳河学友会の機能については二つに集約できる。一つは旧柳河藩領出身の先達と上京遊学生たちの親睦と情報交換のための場である。立花家の当主であった立花寛治の小伝にこの頃の東京邸について次のような記述がある。

柳河出身の学生が東京に出ると伯の邸内で月二回集会した。立花子爵（種恭子内三池藩主）、曽我〔祐準〕子爵、故綿貫〔吉直〕警視副総監等の先輩も参会して有益の談話を試みられた。伯も時々臨席されて快く話があり、一同茶菓の馳走を受けた。(63)

明治二十二年に亡くなる綿貫吉直の名前が記されており、さらには立花寛治も同じ頃に旧藩領の柳川へ貫属を換えたことを踏まえると、右の内容は学友会が設立された明治十八年から同二十二年までの間の時期と推測される。曽我や綿貫といった会を支えている人物たちと上京遊学生たちがこうした場において顔を合わせていたという事実は記憶に留めておきたい。

もう一つの機能は会員の監督である。会則(64)第八条には「会監」を五名置き、彼らが「会員ノ行状勤惰ヲ監督ス」とある。同会の会則には明示されていないが、ここでの監督の対象となる会員は、ほかの同郷会的組織の会則と照らし合わせてみると、上京遊学生を指すと考えられる。清水が白仁成功から個人的に依頼されていたようなことを集団で担うようになったことがわかる。

実際に柳河学友会の会監となった人物を見てみると、少し時代が下った明治三十六年時点となるが、清水彦五郎（東京帝国大学書記官）、西田敬止（東京女学館幹事）、小野英二郎（日本銀行検査局長）、由布武三郎（行政裁判所評定官）、白仁武（内務省神社局長）の五人が就いている。清水以外の四人はいずれも明治十年代に上京遊学して以降、立身出世の階梯を順調に昇った者たちばかりである。彼らが同郷会的組織の中堅層として新たな世代の育成に携わり、同郷会的組織の構成員を再生産していくという構図を見て取れよう。

（3）三池郡郷友会

三池郡郷友会は福岡県三池郡出身者によって東京に形成された同郷会的組織である。設立当初の同会については、明治三十一年七月十七日付の「三池郡郷友会員名簿並報告」[65]という史料が残されている。以下、右に依拠しながら同会について説明したい。

同会では明治三十一年五月五日に本郷区元富士見町の「しく本」で最初の組織会を、同月二十九日に芝区源助町の「東家」で第二回の会合を開いた。後者の会には十時参吉郎三池郡長、野田卯太郎、永江純一の両代議士らが臨席した。また、このときに「在京学生学資平均一ヶ月凡十三円ト定ム、但シ書籍、衣類其他臨時費ハ此外トス」ることが決まったという。この内容から同会が上京遊学生の支援を目的の一つとした組織であることがわかる。ただし、どの程度の人数を支援していたかは判然としない。

会長は立花銑三郎、幹事は東京専門学校に在学中の西山酉蔵であった。会員は全部で三五名（うち学生一五名）。このほかに勧誘予定の人名が四名挙がっている。基本的には在京者あるいは在京経験者たちの親睦団体という性格も有していた。設立当初の名簿には第二回の会合に出席した十時郡長や二人の代議士の名前は記されていない。もっとも、同会は三池郡教育会からの寄付も受けていた[66]ことから推測すると、三池郡が同会を後援していたことは間違いなく、第二回会合への郡長の出席もその点から説明できよう。

同会の活動の形跡については、若干ながら確認できる。例えば、福岡県三池郡出身の平民で衆議院議員となった永江純一の「日記」からは、明治三十年代については、同三十二年三月二十六日、同三十三年十月六日、同三十四年一月三十日、五月二十六日、九月二十二日などに三池郷友会へ出席した記事があり、同三十八年まで同会の集いに参加したことを確認できる。[67]その後、三池郡郷友会は財政難により活動を休止した。

しかし、明治四十年に三池郡出身で在京の隈徳三や三原三郎らによって再興が企てられ、[68]同年十月に再結成された。再興後、会長には旧三池藩主家の立花種忠（種恭の次男）が就任した。[69]また、再興されてからは名称が三池郷友会に改められる。再興にあたっては会の拡張を計り、会員も三池郡在住者を取り込んだ。そのため会員数も大正三年（一九一四）で二〇四名（中央会員九八名、地方会員一〇六名）[70]と三池郡郷友会時代に比較すると格段に増加する。

再興された郷友会の設立の趣旨には、同会は三池郡出身の上京遊学生のために組織されたとある。[71]機能は柳河学友会と重なっているが、三池郡という旧柳河藩領よりも狭い範囲での人間関係が組織の基盤となっていた。前述した柳河学友会は旧城下町出身の旧柳河藩士とその子弟を中心に結成された。そうした社会の周縁に位置した少数派、具体的には旧城下町出身者ではない旧藩士の子弟や平民たちが別組織を設けたということになろう。[72]ただし、三池郷友会と柳河学友会とで深刻な対立があったわけではなく、同時に両会の会員になっても問題はなかった。[73]

(4)　酬義社

詳細は第三部第三章で述べるが、酬義社は明治二十四年頃に柳川地方出身で帝大を卒業した人びとを中心に結成された育英組織である。彼らは給与から一定の金額を寄附することで育英事業の基金を蓄え、毎年、同地方出身の若干名の学生に対して奨学金を貸与した。同社は東京の人びとを中心にして結成され、旧三池藩士族で学習院講師であった立花銑三郎が幹事役であった。

その後、酬義社は明治三十四年に立花家と柳川地方の有志を中心に結成された育英組織である橘蔭会に吸収合併される形になり、同会の東京支部へと発展的に改組された。

以上の整理から同郷会的組織には同郷出身者の親睦、上京遊学生への育英資金の貸与、学生の監督という機能があり、さらにそれらの機能が複数の組織によって分担されていたことが明らかとなった。第一節および第二節の議論を踏まえた上で、同郷会的組織の成立が持つ歴史的意義を述べると、分散していた上京遊学生たちの進学を支援する機能を組織化し、規模を拡大化させた点にあるといえよう。そしてその核となったのが旧藩主家の東京邸と旧藩の先達であり、その周囲に重層的に同郷会的組織が配置されたといえる。また、結合のあり方も旧藩単位という一面的ではなく旧国や郡単位も併存しており、そのような意味でも重層的でもあった。こうした重層性にはおそらくは事業規模や資金の問題も絡まっていたと考えられる。

おわりに

本章で明らかにしたように、同郷会的組織が設立される以前から、旧藩主家とその周辺の人びとから成る旧藩社会によって上京遊学生の日常は支えられていた。そして、上京遊学生や卒業後に東京で働く者たちが増加したため、次第にその社会内で上京遊学を支援する仕組みの組織化が進む。その結果、旧藩主家を中心とした同郷会的組織が東京に設立された。

最後に、「はじめに」で設定した課題に答えることで本章を終えたい。第一は、同郷会的組織が有する上京遊学生を支援する機能の歴史的前提である。この機能は、当初、旧藩主家と旧藩の先達によって担われていた。そのような状態を拡大し組織化したものが同郷会的組織といえよう。旧柳河藩社会全体でそうした機能を複数の同郷会的組織に分担させる形で抱えるようになったのである。

また、同郷会的組織と旧藩主家とが結びつく理由については、上京してきた人びとが郷愁的な心情から明治十三年前後から結集して同郷会的組織を形成し、その組織の上部に旧藩主家の関係者を据えたのではない。それ以前から上京遊学生を支援する社会が存在していた。そして世話役的な人物がその社会を機能させる役割を果たしていたのである。東京において旧藩出身者同士が地縁や血縁に基づいてお互いに結びつきを強めたというこれまでの指摘に異論はないが、明治初期において旧藩士とその子弟たちが東京で旧藩を単位に結集するのは、旧藩主家の東京邸が存在するためであるというのが本章での主張である。このようにまとめると、旧藩主家の東京邸がまさに東京にあったことの意義は強調されるべきであろう。

第二は、この旧藩社会が単純に旧藩単独で成立するとは限らず、複数の旧藩と接合する可能性を有していた点である。旧小藩の場合、旧藩の先達となる人材が乏しく、また旧藩主家東京邸も本章で述べたような機能を果たせなかった可能性が高い。旧藩領からの上京遊学生への支援を単独でできない旧小藩は、本章で見た旧三池藩のように周辺の旧大藩ないし旧中藩と結びついたのではなかろうか。むしろそうした旧小藩の大名華族は、自らの置かれた立ち位置を自覚していたならば、他家と旧自領出身の上京遊学生との橋渡し役を積極的に行っていたと見なすことができよう。立花種恭・種政親子の柳川親睦会への参加などはそれを象徴する行為と解することができる。

これを同郷会的組織の機能とあわせて論じると、東京において親睦を深めるという形での組織は大なり小なりいずれの旧藩でも可能であったと考える。しかし、上京遊学生を支援する機能のうち育英組織や寄宿舎の建設といった多額の資金が必要な場合、事業の中心となる規模の大きな旧藩と、それに追従する規模の小さな旧藩があったと考える。

註

（1）本稿では育英事業も同郷会的組織として考える。ただし、旧柳河藩出身者が設立した育英組織については本章でも若干触れるが、本格的な検討は第三部第三章で行う。

（2）竹永三男「同郷会の成立―一八八〇～一八九〇年代における同郷人結合の結成―」（『高井悌三郎先生喜寿記念論集　歴史学と考古学』真陽社、一九八八年）。

（3）成田龍一『「故郷」という物語―都市空間の歴史学―』（吉川弘文館、一九九八年）。

（4）井上好人「近代日本の『流動エリート』と郷友会ネットワーク―加越能郷友会の事例―」（『教育社会学研究』七八、二〇〇六年）。

（5）成田前掲書。成田氏は「一八八〇年代」と表現しているが、本章では表記を統一するために「明治十三年前後」と言い換えた。

（6）ここでいう旧藩の先達とは、明治維新期に政府に登用され、明治十年代に一定の地位を築いた者たちを指す。

（7）清水彦五郎は、柳河藩の貢進生として上京し大学南校に入る。その後、東京英語学校教諭などを経て明治十三年より文部官僚となる。同人については「叙勲裁可書　大正二年叙勲巻一　内国人一」（国立公文書館所蔵）、唐澤富太郎『貢進生―幕末維新期のエリート―』（ぎょうせい、一九七四年）三三三頁を参照。

（8）柳川以外で旧藩主家と東京における旧藩出身者の関係を分析した研究としては、瀬戸口龍一「明治期における井伊家と士族たち―「相馬永胤日記」から見る彦根藩士族たちの動向―」（『専修大学史紀要』七、二〇一五年）と、少し時期は下るが、野島義敬「大正・昭和期における有馬頼寧と『旧藩地』人脈の形成」（『九州史学』一五九、二〇一一年）がある。

（9）菅原亮芳「明治期民間育英奨学事業史の一断面―旧藩系主体の団体を中心として―」（『地方教育史研究』一四、一九九三年）。

（10）菅原前掲論文および「池田家文庫」（岡山大学附属図書館所蔵）。

(11) 「勘定掛日誌」明治八年一月七日条（「柳立」四五九九）。
(12) 詳細は第二部第一章第一節（2）を参照。
(13) 渡辺又四郎は明治十一年八月頃に元金一五〇円のうち五〇円を返済した（「勘定掛日記」明治十一年九月二十二日条〈「柳立」三七二四―二〉）。令扶「日記」明治十二年十二月二十四日条には「金四十円の金利二円四十銭上納」（「柳立」三七二四―三）とある。
(14) 吉田孫一郎「備忘」明治十六年十二月二日条（「甲木与一郎先生収集史料　吉田文書」三七）。
(15) 吉田「備忘」明治十七年一月十三日条。
(16) 吉田昇「明治時代の上京遊学」（『石川謙博士還暦記念論文集　教育の史的展開』大日本雄弁会講談社、一九五二年）。
(17) 明治九年十二月の時点で立花家の東京邸詰の家職は、家扶二名、家従八名、家丁六名、女中一三名であった（「御婚姻一件」〈「柳立」三〇二四〉）。
(18) 〔明治七年〕十二月二十三日付清水藤一宛清水彦五郎書翰（「清水家文書」六一一、大牟田市三池カルタ・歴史資料館所蔵）。
(19) 〔明治十五年〕七月二十九日付清水藤一宛清水彦五郎書翰（「清水家文書」六二三）。
(20) 古賀長善校訂『吉田孫一郎留記』（一九九一年）明治八年一月十日条。十時が上京時に通った私塾ないし学校は不明である。同人が死亡した際の地元新聞にも「東都に出て勉学し」（『柳河新報』大正十四年十月三日付）としか書かれていない。しかし、東京から柳川に帰ってきた後に立花寛直に「洋学」を教えていた時期があることから、上京中に「洋学」を学んだようである。なお、この明治十四年十二月に同人は福岡県より警部を拝命したため、寛直の個人教師を辞している（令扶「日記」明治十四年十二月二日条〈「柳立」三七二四―六〉）。
(21) 「勘定掛日記」明治十二年十一月十八日条（「柳立」三七二四―三）。
(22) 〔明治十四年〕一月二十一日付小野・三池宛桜井・大村役状（「柳立」四四六八）。これらの金銭は、立花家で貸すこともあれば、東京邸の家職個人が貸すこともあったようである。明治十四年のケースでは、十時は東京詰家令大村務から借用した金銭を柳川で返済した。このときの借用は「内輪拝借」であったため、大村は柳川の家職に返済分を自分宛に送金するように依頼している。

(23) 令扶「日記」明治十三年一月十五日条(『柳立』三七二四―五)。

(24) 明治十七年四月三十日付吉田孫一郎宛筑紫本吉「記」(「吉田文書」J一五九―五―一二)。なお、吉田の「備忘」によれば同月六日に筑紫は同人の許を訪れている。

(25) 福澤研究センター編『慶應義塾入社帳』三巻(慶應義塾、一九八六年)八八頁。筑紫はその後、九州日報社を経て明治三十三年九月に福岡日日新聞社に入社している(『福岡日日新聞』明治三十三年九月十三日付)。

(26) 柳川出身者以外では、旧膳所藩士の杉浦重剛の事例を挙げおく。杉浦は貢進生の制度が終わり学資が途絶えた際に、旧藩主本多家の家扶田中有年から借金をして東京で勉強を続けている(大月桂月・猪狩史山『杉浦重剛先生』〈政教社、一九二四年〉九六頁)。

(27) (明治)十五年二月九日付小野忠三郎宛桜井正如・三池親義役状(『柳立』四四五二)。

(28) 筑紫本吉は無利子・無担保で借用している(前掲筑紫「記」)。

(29) 柳川市史編集委員会編『柳川歴史資料集成第三集　柳河藩立花家分限帳』(柳川市、一九九八年)四三一頁。

(30) 明治九年一月二十九日に家従として雇われ、同十一年に前当主立花鑑寛の柳川転居にともない同人付の御隠亭家従となる(「達帳」〈『柳立』四四五〇〉)。

(31) 前掲「奥掛日記」明治七年四月十五日条。

(32) 白仁武『人間学』(二松堂書店、一九二八年)口絵写真の訓戒状とその説明文。なお、この時、成功は武に短刀も一緒に渡している。その理由について、もし「学資金ヲ外ニ費、放蕩」して帰郷した場合は、学資を支援してくれた人たちに対して申し訳が立たないので、「立派ニ自害致べく其為メ短刀」を渡すと訓戒状には記される。なお、白仁武の履歴については白仁成文ほか編『二本のけやき―白仁武・マサの思い出―』(二〇〇一年)も参照。

(33) 「揚り米分割控」(『柳立』三四三八)。

(34) 立花親信「日誌」明治十三年十二月七日条(『福岡県史　近代史料編　自由民権運動』〈財団法人西日本文化協会、一九九五年〉二一六頁)。

(35) 明治十七年一月三十日付西田千太郎宛清水彦五郎書翰によれば、清水はこの時点で柳川および松江出身の上京遊学生合わせて三〇名ほどの保証人になっていたという（『西田千太郎日記』島根郷土資料刊行会、一九七六年、三八四頁）。清水は明治十一年より十三年まで松江中学に英語教員として勤務していた縁で松江出身者の世話もした。

(36) 『東京遊学案内』五二頁。

(37) 右書、四五頁。

(38) 〔明治十七年〕八月二十六日付清水藤一宛清水彦五郎書翰（「清水家文書」五一四）。

(39) 詳細は拙稿「東京の中の旧藩―元貢進生清水彦五郎の役割を中心に―」（『年報近現代史研究』八、二〇一六年）を参照。

(40) 前掲〔明治十七年〕八月二十六日付清水藤一宛清水彦五郎書翰。

(41) 拙稿「大名華族の婚姻に関する一考察―明治期の旧柳河藩主立花家を事例に―」（『明治維新史研究』一二、二〇一四年）。

(42) ただし、当然ながら旧藩主家から重要事項を諮問される人物は社会的な地位を有する有能な人物という条件だけでは不充分であり、旧藩主家の当主との信頼関係が必要であった。例えば、幕末期における藩内における政治的な立ち位置や旧藩時代の地位なども影響したと考えられる。旧山口藩主毛利家では明治十一年に当主の元徳から、井上馨・杉孫七郎・宍戸璣・山田顕義の四人が山県有朋や伊藤博文よりも先に家政顧問的な立場を依頼されている（尚友倶楽部編『吉川重吉自叙伝』〈二〇一三年、芙蓉書房出版〉の拙稿解題）。これは萩藩士としての上下の格差が反映された例といえよう。

(43) 〔明治十七年〕八月二十六日付清水藤一宛清水彦五郎書翰（「清水家文書」五一四）。

(44) 詳細は前掲拙稿「東京の中の旧藩」を参照。

(45) 「三池文書」Dこ六一。

(46) 以下の事実関係は、前掲〔明治十七年〕八月二十六日付清水藤一宛清水彦五郎書翰による。

(47) 家永や筑紫は柳川改進党から、西田らは白日会系の一灯銭社という組織から学資の援助を受けていた（『福岡日日新聞』明治十七年七月三十日〈前掲『福岡県史　近代史料編　自由民権運動』四九四・四九五頁〉）。

(48) 渡辺村男「明治十五年経歴記」（前掲『福岡県史　近代史料編　自由民権運動』二五一頁）。

(49) 〔明治〕三十一年十一月二十六日付吉田孫一郎・立花通誠・淡輪信一宛十時嵩・曽我祐正役状（「柳立」四四五五）。

(50)『郵便報知新聞』明治二十二年四月十七日。
(51)陸軍大尉。福原については、大植四郎編『明治過去帳』(東京美術、新訂版一九七一年)を参照。
(52)『郵便報知新聞』明治二十三年十一月二日。
(53)『朝野新聞』明治十六年四月一日(成田前掲書三一・三二頁)。具体的には福井の松平家、大野の土井家、丸岡の有馬家、鯖江の間部家、勝山の小笠原家、武生の本多家。
(54)『浜田会誌』第一号(竹永前掲論文六六七頁)。
(55)〔明治二十九年〕二月三日付十時嵩・立花通誠宛吉田孫一郎役状(「柳立」四四五三)。
(56)〔明治〕三十一年十一月三十日付柳河令扶宛東京詰家扶役状(「柳立」四四五五)。
(57)〔明治二十八年〕三月十一日付立花小一郎宛立花銑三郎書翰(「立花小一郎文書」一六五—一〇、国立国会図書館憲政資料室所蔵)。
(58)「二十余年前の柳河学友会」(『柳河新報』明治四十五年七月五日)。同記事には、柳河学友会は雑誌を発刊していたとあるが、リーフレット状の会務の「報告」を除けば現在のところ現物は確認されていない。
(59)「明治三十六年十二月　柳河学友会会員名簿」(「永江文書」AB二六七、九州歴史資料館所蔵)。
(60)明治三十三年四月二十七日付で家屋変更届がなされた(令扶「日記」明治三十三年五月六日条〈「柳立」三七三八〉)。「柳河学友会寄宿舎規則」第一条には「柳河学友会ニ寄宿舎ヲ置キ学友会場ノ一部ヲ以テ之ニ当テ」とある(「要用書綴」、「洋館倉庫(1)」D五一)。
(61)前掲「二十余年前の柳河学友会」。
(62)明治三十三年に改正された規則では、通常会員は年間に五〇銭の会費を納める者、特別会員は年会費一円以上を納める者とある(前掲「明治三十六年十二月　柳河学友会会員名簿」)。
(63)福岡県社会教育課編『成人教育資料第五輯　立花寛治伯』(福岡県社会教育課、一九二九年)三四・三五頁。
(64)前掲「明治三十六年十二月　柳河学友会会員名簿」。
(65)「永江文書」E一二一。

(66) 〔明治四十年〕十月二十七日付永江純一宛永江真郷書翰（「永江文書」Q一二八三）。
(67) 「永江文書」。
(68) 前掲〔明治四十年〕十月二十七日付永江真郷書翰。
(69) 『三池郷友会会報』第一〇号（大正三年十二月発行、「永江文書」Q一一〇二―五）。
(70) 同右。
(71) 前掲『三池郷友会会報』第一〇号に掲載の設立の趣旨による。
(72) 隅徳三は旧柳河藩士の子弟であるが、三池郡飯江村の出身である（「揚り米分割控」〈「柳立」三四三八―一〉）。
(73) 明治三十四年に東京において三池郡郷友会に貢献した正則尋常中学校教員の大城虎三郎なる人物に対して、会長の立花銑三郎の名前で感謝状が贈られている（『福岡日日新聞』明治三十四年四月六日）。大城は旧柳河藩士の子弟で山門郡出身の人物であったが、明治十三年七月より同十七年七月まで断続的に三池郡の橘中学校で教鞭をとった経歴があって三池郡郷友会にも関わったと考えられる。

このほかに衆議院議員であった永江純一や野田卯太郎（ともに三池郡出身の平民）も三池郷友会の会員であると同時に柳河学友会の会員でもあった。

第二章　私立尋常中学校の設立と存続問題

はじめに

明治期における立身出世の正系コースは、尋常中学校→大学予備門（高等中学校、高等学校）→東京大学（帝国大学）というものであった。しかし、この階梯自体は明治前期においては極めて不安定であったことはよく知られる。その要因として中学校の存続をめぐる問題が挙げられる。明治十九年（一八八六）に中学校令が公布されたことにより、尋常中学校への地方税の支弁は一府県一校以内に定められた。その結果、当該校以外の中学校を抱えていた地域は進学において地理的なハンデを負うことになる。そのためそれらの地域は、私費によって中学校を設立ないし維持しようとした(1)。ここにおいて上京遊学をめぐる問題は青年たちを受け入れる東京側だけでなく、彼らを送り出す旧藩領側にも関係することになった。

福岡県の場合、県立中学校は明治十一年の時点では福岡・久留米・柳河・小倉藩の四つの旧藩に則して一校ずつ設置されていた。同十三年以降、全体の数は一九、九、六、三校と変遷し、中学校令によって福岡尋常中学校の一校のみとなった。旧柳河藩領の場合、当初は県立柳川中学校が、明治十七年よりは町村による組合立の中学伝習館があった。しかし、中学校令が公布されると、中学伝習館への地方税の支弁は停止されることになった。そのため同地方の有志たちは私立での中学校存続へと動き、私立尋常中学橘蔭学館（以下、橘蔭学館と記す(2)）を設立する。本章ではこの橘蔭学館の設立と、その後に生じた同館の存続をめぐる問題を、旧藩主家との関係を重視しながら検討する。

本章で検討する課題は次の二点である。第一は、私立中学校の設立のための資金をどのように集めたか、またそこにどのような問題が発生したかという点である。中学校の設立および維持（具体的には施設の整備や教職員の確保）のためには相応の資金を集めなければならなかった。したがって、中学校を存続させようとする地域の側は旧藩主家へも多額の補助を依頼することになる。しかし、当然ながら地域の側も努力を示す必要があった。その際に、彼らは旧藩主家の資金を中心とした会員制度という形で存続を図った。(3) たしかに、私立中学校の設立・維持において寄付金を集積するという会員制度に一定の効果があったことは認められるが、同時に会費の未納問題や会員相互間の競合がもたらす影響についても検討する必要があるだろう。

第二に、そうした会員相互間の競合がどのように調整されたかという点である。明治十年代から二十年代にかけて地域には、党派性が生み出す軋轢に満ちていたことが指摘される。(4) 特に柳川についていえば、この中学校設立運動によって設けられた橘蔭学館で、明治二十四年十一月に一部の生徒たちが学校の方針に不満を抱き、教師を糾弾するという事件が発生する。この事件について立花家の家令吉田孫一郎は次のように記す。

全体各地学校公私之別ナク一時生徒暴動之事ハ追々承ル事ニ有之候ヒシモ、右等全ク一時生徒ノ不平ニ出シモノナルニ、今般橘蔭館生徒暴動起因ノ如キハ、稍ヤ世間ニアラユルモノト異ル如キ心地致シ、地方ノ為メ尤痛歎可致事ニ被相考候、地方之前途誠ニ思ヒヤレ候。〔ママ〕(5)

生徒の暴動自体は珍しくないが、同館の事件は世間のそれとは異なり、「地方ノ為メ尤痛歎」であり、「地方之前途誠ニ思ヒ」やられるという。吉田の言は、この橘蔭学館の騒動が地域の複雑な状況下で発生したことを示唆していよう。そうした諸集団間との調整ないし調停を旧藩主家がどのように行ったのかを解明することは、旧藩主家の社会的機能を考える上で重要な作業となろう。実際にこの橘蔭学館騒動の後、同館は明治二十五年十一月よりは立花家の直接経営となる私立尋常中学伝習館として存続することになる。本章では、第一部でも確認した特定の旧藩士層の活動に注目することで、この問題について検討する。

以上の問題関心から、本章では明治二十年代における柳川地方の私立中学校の設立および存続をめぐる過程を検討することで、旧藩主家の旧藩領に対する影響力を構造的に捉えることを試みる。

第一節　柳川地方における私立尋常中学校設立運動の展開

最初に橘蔭学館の設立過程について検討しよう。ここでは設立主体の競合が旧藩主家を介することで、どのように調整されるのかに着目したい。

橘蔭学館の設立については従来、福岡県柳川地方の教育の向上を目指して山門郡内の教員や教育に熱心な旧九州改進党系の人物たちを中心に結成された山門郡私立教育会[6]の役割が強調されてきた[7]。彼らは明治二十年二月五日の会議において創設委員一五名を選出すること、そして二月二十日に大会を開催することを決議している。以上の手続を経ることによって橘蔭学館の設立が具体化されたという。最終的には橘蔭学館の設立が同会の主導でなされたことに異論はないが、立花家の史料によればそこに至る過程はもう少し複雑であったことが窺える。同家の「雑留」に綴られた次の文書を見てみよう。

学校設置之儀ニ付願

私共儀

地方子弟ノ便ヲ図リ、二十年度ヨリ尋常中学校則ニ比準シ一ノ普通学校ヲ設置シ、経費ノ儀旧柳河藩内ニ係ル諸有志ノ寄付金ヲ以相充度同志申合仕候、右ニ付従五位様御賛成ヲ仰キ奉リ、右経費ノ儀方御出金被成下度奉願候、尚過日拝謁ヲ賜リ候節概略奉申上置候通ニ御座候、此段可然御執達被成下度奉候也、(8)

右の意見書は明治十九年十二月付で清水聲太他一五名によって「従五位様」すなわち立花寛治へ宛て提出された。ここで注目すべきは、同書を提出した面々に共通の党派性が見える点である。彼らの多くは明白に白日会と呼ばれる政社の構成員であった。(9)白日会とは、旧城下町の士族を中心に結成された九州改進党に対抗して、旧城下町外の面々を中心として明治十五年に旧柳河藩士族の渡辺村男らによって結成された。つまり私立山門郡教育会とも対抗関係にあったことになる。(10)

では右の白日会の面々による中学校設立の要請を請けて立花家は寄付金を準備したのかというと、実態は単純ではない。右の意見書が提出される以前の十月二十六日に同家の相談会で「学校設立ニ付御補助之件」が話し合われていた。(11)相談会については第一部第三章で既述したが、この場に十時一郎、大村務、杉森憲正、吉田孫一郎の四人が顔を揃えていたことは記憶しておきたい。これらの点を踏まえると、意見書の提出は立花家側の「御補助」の動きを察した白日会側のリアクションであったといえよう。

この立花家の「御補助」の動きは白日会以外の者たちの要請に基づくと考えられる。意見書が提出された後と思われる明治十九年十二月二十一日に同家では「学校之儀ニ付」相談会が開催され、(12)翌二十年二月一日にも相談会の面々と家令・家扶が協議を行う。そして翌二日に立花家の当主寛治が大村と杉森の二人を招き、「学校設置目的」と題する書付を示し立花家としての意向を表明する。(13)このときに呼ばれた二人のうち大村は山門郡私立教育会の前会長であることから、白日会より先に立花家に対し寄付を働きかけたのは旧九州改進党系の者たちである可能性が高い。また大村、杉森の両者とも相談会の面々であることから、この設立運動において彼らが旧藩主家とのパイプ役となっていたことがわかる。

一方、この中学校の設立に対する積極性は両派だけでなく、旧藩主家の当主の側にも見られる。立花寛治が彼らに示した「学校設置目的」には次のように記される。

普通学校ヲ設置シ別ニ同校中、英学科ヲ設ケ英学志望者ニシテ専修セ〔シ〕ムルノ準備致度事、〔中略〕右目的之学校設置致スニ於テハ自今五ヶ年間年々金壱千五百円宛寄付可致候也、(14)

右の史料において、五ヶ年という期限は後に作成された学校創立の際の会則にも反映されているため重要な意味を有する。また、「普通学校」のほかに、清水たちの意見書には見られなかった「英学科」を設立することを指示している点にも注目したい。中学校設立直前の段階において資金面の問題から断念せざるを得なくなった時点でも、寛治はこの「英学科」設置構想にこだわっていた。(15)私立中学校の学科の内容には旧藩主家当主の個性も組み込まれる余地があったことも指摘しておきたい。

次にこの立花家の書付に対する両者の反応を見ておこう。私立山門郡教育会は明治二十年二月五日に本節冒頭の決定を行った。その決定をうけて、同月二十日に旧柳河城下の良清寺で開かれた集会では、中学校の設立へ向けて以下の事項が決定された。具体的な内容を列挙すると、①創立委員の選出と権限の委託、②創立委員の任期を開校式までとすること、③募金の期限は五年間とすること、④会員・賛成員の規程、⑤事務を円滑にするために地方委員を置くこと、⑥開校式前に総会を開き会則を議定すること、⑦創立委員の費用の件、⑧授業料の目安、の八点である。(16)

ここでは党派性を確認するために創立委員を見てみよう。この日、投票により選出された創立委員は表26の面々で

表26　創立委員一覧

氏名	住所	政治党派	主な履歴
大村　務	山門郡新外町	旧九州改進党	元県会議員　前山門郡郡長　前三池郡郡長　元立花家家令
風斗　實	山門郡沖端村	旧九州改進党	元山門郡土木常備委員　県会議員
綿貫洋二郎	（山門郡）	旧九州改進党	山門郡役所書記
十時　嵩	上妻郡北山村		元柳河県立洋学校校長　立花家家扶　県会議員
吉田孫一郎	山門郡坂本町	旧九州改進党	元山門郡長　立花家家令
立花親信	山門郡本町	旧九州改進党	元柳川中学校長　県会議員
戸次　登	山門郡新外町	旧九州改進党	
岡田孤鹿	山門郡柳町	旧九州改進党	県会議員
安東多記	山門郡宮永町	旧九州改進党	
永江純一	三池郡江浦村	旧九州改進党	永治村江浦村戸長　県会議員
野田卯太郎	三池郡岩田村	旧九州改進党	元三池郡小区会議員　元岩津村村会議員　県会議員
森　信夫	山門郡南長柄町	旧九州改進党	元県会議員
森　軍治	山門郡新外町	旧九州改進党	
富安保太郎	山門郡川北村		
杉森憲正	山門郡奥州町	白日会系	元柳川師範学校校長　元三池郡長　元立花家家令

備考1　出典は「学校創設ニ付決議及其他諸書留」による。
2　政治党派は『福岡県史　近代史料編　自由民権運動』による。
3　富安保太郎は十時一郎の辞退による繰り上げ当選。
4　上記以外に予備員として、立花親英・阿部譲・由布惟義（以上は旧九州改進党）・武藤鎮齋が選出された。

ある。同表から旧九州改進党系が圧倒的に多くを占めていることがわかる。この運動における両者の勢力比に彼我の差を見て取れよう。しかし白日会側よりも一名、杉森が当選している点は注意しておきたい。その白日会の面々のうち杉森憲正、渡辺村男、清水聲太の三人は、二月九日に立花家を訪れ、同家の決定を受けて自らの案の撤回と今後の協力を申し出ており[17]、橘蔭学館の設立段階では党派間の競合はあったものの軋轢までは生じなかった。

第二節　会員制度と資金問題

本節および次節では、私立中学校の維持に地域の側にも一定の労力が求められていたことを明らかにしたい。本節では会費に基づく会員制度が抱えていた問題について検討する。

最初に論旨に関わる部分で、橘蔭学館の事実関係について確認しておこう。明治二十年五月十四日に開館式を迎えた橘蔭学館の経営は橘蔭学会と呼ばれる団体によって担われた。その名が示すように「橘蔭」という名称は「立花家の御蔭」という意味であり[18]、組織自体は五月八日の総会において成立する。結成の目的は、会則第一条に「本会ハ尋常中学校ノ学科程度ニ依レル普通学科ヲ授クルノ学校ヲ設立センカ為メニ結合スルモノトス」とある。また組織そのものは明治二十年五月から同二十五年七月までであり、その期間が過ぎれば「継続スルヤ否ハ其節衆議ヲ以テ之ヲ定ムヘシ」として、改めてその存続の可否を審議することになっていた（会則第三条）。この期限は立花家が提示した五ヶ年という寄付金の年数とほぼ一致しており、中学校存続の基本的な枠組みは同家のそれに規定されていたことが窺えよう。橘蔭学会の構成員は、年間に一円以上を納める「会員」と一円未満を納める「賛成員」の二種類があった（会則第五条）。両者は総会への建議や会長の許可を得て諸帳簿の閲覧ができた（会則第六条）。また、会員は本人ないしその子弟の授業料の割引や、会員二〇名以上の連署で臨時会や常議員会開催を請求する権利を有していた（会則第七条）。生徒が会員となることは禁じられておらず、実家が遠隔地の場合、父兄ではなく城内村の寄宿舎に寄留する生徒が会員となっていたケースも見られる[19]。

次に会の役員を見ておこう。橘蔭学館の基本的な方針の策定は、会員のなかから選出される一七名の常議員によって担われた。彼らは総会に諮るべき重要な案件を除く「職教員進退ヲ始メ館務定規外ノ事項其他諸般ノ事」を決定する（会則第一八条）。五月八日に選出された常議員には、創立委員から十時嵩を除いた全員が留任しており、新たに山門郡郡長十時一郎と、武島盛美、阿部胖の三人が加わった。また、杉森憲正と渡辺村男にも票が集まっており[20]、同会が旧九州改進党系による一枚岩の集団ではないことがわかる。

次に中学校設立時に資金をどのように調達したのかを、創立委員の吉田孫一郎の「備忘」[21]に基づいて明らかにしたい。明治二十年二月から三月にかけて吉田は学校設立のために精力的に活動している。以下、主な記事を紹介しよう。二月八日に「山門郡内戸長惣会」に出席し、「今般共同シテ私立学校設置ノ要旨ヲ述」べ、「同志者募集ノ手続キ」を彼らに委託する。二月十二日は「旧一扱所」と「旧四扱所」管内の住民をそれぞれ集めて中学校設立のための協力を呼びかけた。その帰路に柳河村ほか二ヵ村の戸長宅へ参り、中学校設立について「所管人民へ設示ノ事ヲ依頼」した。二月十三日、矢富小学校で「元二扱所」管内の、十四日は真教寺において「元三扱所」管内の村民に対して十二日と同様の演説を行う。二月二十六日に「本郡各戸長中へ面接」し、「今般創設ニ係ル二、三ノ事」を依頼する。三月八日には創立委員の戸次登とともに下宮永村と東開村の戸長役場を訪問。九日は柳川市街の戸長役場に足を運ぶ。十日に百町村、下百町村の戸長役場を訪れる。十一日は同じく創立委員の森軍治と栄村戸長役場へ行き、その後に皿垣開の戸長役場を訪ねる。いずれも「学校事件」のためであった。これ以外にも委員の会合がたびたび開催されている。吉田の「備忘」から、創立委員を中心に戸長たちの行政機能を活かしながら中学校設立の主旨を広めていったことがわかる。資金・寄付

（単位は円）

支出合計②	余剰金（①－②）
2,517.612	1,959.980
3,095.592	327.279
2,937.930	1,012.344
3,556.302	317.034
4,608.363	0.000

表 27　橘蔭学会収支一覧

年度	収　入					支　出	
	立花家寄付金	授業料	資金・寄付金	その他	収入合計①	学会費	学館費
明治20年度	1,500.000	463.125	2,514.467	0.000	4,477.592	172.888	2,344.724
明治21年度	1,500.000	569.600	1,348.105	5.166	3,422.871	66.209	3,029.383
明治22年度	1,500.000	1,211.750	1,238.524	0.000	3,950.274	54.175	2,883.755
明治23年度	1,500.000	1,378.900	994.436	0.000	3,873.336	78.224	3,478.078
明治24年度	1,500.000	1,464.600	867.138	776.625	4,608.363	722.523	3,885.840

備考 1　出典は「明治廿年度ヨリ予算決算ニ係ル書類綴」(伝館蔵).
　　2　余剰金については翌年度の会計に繰り越されていない.
　　3　明治 21 年度のその他は金利，24 年度は不足分を有志の寄付で補った.

金の調達もおそらくはこの経路を利用したものと思われる。

　これらの制度を踏まえた上で資金問題の検討に入ろう。橘蔭学会の会則第一〇条には「資金及寄付金ハ満期マテノ予約ヲナスト雖トモ其金額ハ年々増減スルヲ得ル」と定められており、各人の額は年度毎に変動する可能性があった。実際に橘蔭学会の資金繰りがどのような状況であったのかを表27で確認したい。同表からは資金・寄付金の回収率が次第に悪化していったことを看取できる。橘蔭学会は立花家の寄付金を除いて年間二〇〇〇円を目安として資金・寄付金を集めること（会則第九条）になっていた。しかし、目標を満たした年は設立当初の明治二十年のみであり、それ以降は一度もその額に届いていない。

　この点についてさらに詳細なデータを見てみる。表28は地域別の資金・寄付金の予算と実収入を判明する限りで比較したものである。同表を見ると、明治二十二年度までは予算の合計値に大きな変化は見られず、実収入の方は減少傾向にある。これは会員や賛成員の数に大きな変化はなく、資金・寄付金の徴収率が下がったことを意味しよう。つまり初年度は会員・賛成員たちは資金・寄付金を納めたが、二年目以降はそれらの納入を怠りがちになったといえる。明治二十三年度は予算そのものの合計値が大幅に減少しているので、この頃に多くの会員や賛成員が橘蔭学会を退会したと推測される。この点について表29で会員・賛成員の変遷を確認しておきたい。明治二十一年度と同二十四年度を比較してみると、会員

表 28　資金・寄付金地域別一覧　　（単位は円）

年度	山門郡	三池郡	上妻郡	三潴郡	地方寄留者	合計	比率
明治20年度実収入	1,855.262	447.325	40.180	—	171.700	2,514.467	78.3%
予算	2,338.161	649.670	40.180	—	183.700	3,211.711	
明治21年度実収入						1,348.105	44.7%
予算	2,331.954	630.407	38.680	—	17.000	3,018.041	
明治22年度実収入	950.143	146.381	5.000	—	137.000	1,238.524	38.6%
予算						3,211.000	
明治23年度実収入	783.956	134.980	7.000	6.000	62.500	994.436	51.4%
予算	1,362.307	370.492	8.900	—	192.700	1,934.399	

備考 1　出典は明治 20 年度は「廿年度資金及寄付金戸長所轄限収入額既未済高取調」（伝館蔵，以下同じ）．
明治 21 年度は〔覚〕（「明治廿年度ヨリ予算決算ニ係ル書類綴」所収）．
明治 22 年度は「廿二年度三池郡上妻郡収入簿」「廿年度ヨリ収入簿　丙」より作成．山門郡については推定．
明治 23 年度の実収入は「明治廿三年度橘蔭学会経費収入精算報告書」，予算「廿三年度収入予算説明」．

2　明治 23 年度予算の合計欄は 1,934 円 42 銭 9 厘とあったが表のように訂正した．

3　合計は各年度の「橘蔭学会経費収入精算報告書」より作成（「明治廿年度ヨリ予算決算ニ係ル書類綴」所収）．

表 29　会員・賛成員の実数

年度	山門郡		三池郡		上妻郡		三潴郡	
	会員	賛成員	会員	賛成員	会員	賛成員	会員	賛成員
明治21年度	754	2,324	167	800	14	37	0	0
明治24年度	418	269	50	30	9	0	9	0

備考　出典は明治 21 年度は〔覚〕（「明治廿年度ヨリ予算決算ニ係ル書類綴」所収），
明治 24 年度は「廿四年度資金寄付金収入台帳」による．

と賛成員がともに減少しているが、特に賛成員の減少が著しいことがわかる。

このほかに橘蔭学会における資金調達の特徴を二点挙げておく。一つは山門郡内においては郡役所吏員と小学校教員には資金・寄付金の強制的な割り当てが行われている。彼らの資金・寄付金は、ほかの会員や賛成員のように地域別の帳簿ではなく、専用の帳簿で管理されていた。山門郡内の小学校教員は、毎月給与の二〜二・五％分を納めていた。明治二十三年度分の「小学校教員月割額収入簿」（伝館蔵）には一〇八名の小学校および高等小学校の教員の氏名と月給額とその額に応じた毎月の割り当て分が記されている。また、山門郡役所の吏員も「明治二十二年度収入台簿給料割ノ部」（同）に三四名が、「明治二十三年度収入台帳　俸給割ノ部」（同）に三一名が記載される。帳簿自体には金額のみが記され月給額は記されていないが、帳簿の表題からその金額が月給によって割り当てられたものと解せよう。

もう一つは柳川地方以外に在住する者たちからも毎年出金があった。表30はその該当者である。曽我と綿貫の出金額が際立っていることや、人物によっては継続的に出金したことが見て取れる。東京在住者をはじめとして、柳川地方から他地域へ移り住んだ者たちのなかにも出身地の中学校の存続に関心を有する者が存在したことがわかる。

右二つの資金調達先は基本的には固定給を有する者からの安定的な出金である。しかし、彼らの出金額の占める割合は少なく、橘蔭学会の資金調達は柳川在住で中学校の設立・維持に賛同した者たちがどの程度継続的に出金してくれるかに懸かっていた。そのため同会の資金調達は不安定であったといわざるを得ない。前述した資金・寄付金の減少傾向はこの不安定さを裏付けていよう。

もっとも、橘蔭学会も資金調達の不足に対して手を拱いていたわけではない。この問題に対して同会は当初、授業料の値上げを行うことで解決を図った。まず明治二十二年度分より、会員の子弟一ヵ月三〇銭、非会員の子弟は四〇

表 30　地方寄留者による出金額

名前	年度（明治）					居住地または所属
	20 年	21 年	22 年	23 年	24 年	
曽我祐準	50 円	50 円	50 円		30 円	東京
綿貫吉直	50 円	50 円				東京
中村祐興	20 円	20 円		10 円		東京
戸上親宗	15 円	15 円				東京
由布武三郎	10 円	5 円	8 円	18 円	8 円	名古屋控訴院→福井地方裁判所（23 年）
十時虎雄	5 円70銭	6 円				金沢
森下　巌	3 円	3 円				滋賀県大津
武島謙三郎	3 円	1 円	3 円	3 円		横須賀
松岡長秋	3 円		5 円			三重県津電信局→福岡（22 年）
三ヶ尻忠吾	2 円	4 円	4 円	1 円 50銭	1 円 50銭	小倉
園田亨逸	2 円	5 円	5 円			小倉始審裁判所
河原正治	2 円	2 円	2 円	2 円		三池監獄
武田春夫	2 円	2 円	2 円			隠岐国
中村PLACEHOLDER造	2 円	1 円				福岡
岡田謙吉	2 円					東京
名和長恭	1 円	1 円	1 円	1 円		鳥取県
井手　昇	1 円50銭					小倉室町
井手スマ	50銭					小倉室町
立花通誠		10 円	5 円	5 円		東京
小山田四郎		1 円 80銭		3 円		高知→東京（23 年）
戸次兵吉			20 円			神奈川横浜正金銀行
鶴田鹿吉			15 円	15 円	10 円	広島江田島官舎→神奈川県三浦郡（24 年）
大屋武雄			2 円50銭			横浜
荒島正雄			3 円	2 円		東京下谷西町
田中久勝			4 円	2 円		東京本郷
桑野庫三			2 円50銭			東京下谷
立花小一郎			2 円50銭			東京
福原信蔵			2 円50銭			東京麹町

備考 1　出典は「資金寄付金収入簿　丙」（伝館蔵）による．
　　2 「居住地または所属」は帳簿の表記通りとした．（　）は異動した年度（明治）を示す．

銭であったのを、それぞれ一ヵ月五〇銭、非会員六〇銭に引き上げた。[22]しかし、寄付金収入の悪化は改善されなかったため、明治二十四年の夏に橘蔭学会において再びこの問題が議論された。同年七月二十日に常議員会[23]が、そして八月二日には良清寺において維持費を議題とする臨時総会が開かれ、[24]三日後の八月五日には「審査会議」が開催されている。[25]この審査会議において、①従来一円以上の納入であった会員資格の要件を二円以上にすること、②会員の子弟一ヵ月五〇銭、非会員六〇銭であった授業料を引き上げて、それぞれ六〇銭と八〇銭にすることの二つの案が提示された。[26]右の二つの案は八月十日の臨時総会に諮られ、①のみが採択された。[27]②が見送られた理由は不明であるが、再三の授業料の値上げに対して抵抗感があったと推測される。

以上のような方法で橘蔭学会は資金問題の解決を試みた。しかしこの問題は長期化する。その後の経過を確認しておくと、八月十四日に常議員会が開かれ、同月十七日には新しい会員資格の件が生徒父兄へと通知される。[28]そして二十二日に「山門三池各町村長協議会」が開催され、二十四日、三十一日の常議員会を経て、翌九月十日より新たな常議員選挙の投票が行われた。そして新しい常議員のもとで九月二十二日に常議員会が開催される。引き続き会員を希望する者は、おそらくこの期間に会費を二円に修正する申告を行ったと考えられる。[29]

しかし、この会員資格の要件を一円から二円に引き上げる修正は容易には受け容れられなかった。十月三日には「会員資格改正ニ付生徒父兄且町村役場へ通知」[30]が行われた。さらに同年の「資金寄付金台帳」[31]に記される会員資金の領収額は一円から二円に訂正された後、その二円が一円五〇銭に訂正されている事例が多数見られる。この訂正は、会員資格の要件を一円から二円へ引き上げることに反発が生じたことを示していよう。

第三節　会員制度と党派性

次に地域における党派性が橘蔭学会の会員制度にどのように影響したかについて考察する。

先述したように柳川地方における私立中学校の設立をめぐる旧九州改進党と白日会の主導権争いは、前者の優勢という形で決着を見た。劣勢であった白日会の動向を検討すると、山門郡以外の地域の会員・賛成員の名を記した明治二十二年の「資金寄付金収入台帳」(32)には、明治十九年に学校設立を立花家へ願い出た一五人の名前は見当たらない。実際に明治十年代に白日会と関係があったことが明白な人物も、杉森憲正を除けば確認できない。創立委員には同会より若干の参加者が見られたが、遅くとも明治二十二年までには彼らは集団として橘蔭学会に対して影響力を及ぼせなくなったと見られる。以上から橘蔭学会の党派性は旧九州改進党色が強くなったといえよう。

しかし、その旧九州改進党系も一枚岩ではなかった。この点は大同団結運動以降の柳川地方におけるいわゆる民党系の複雑な離合集散が影響している(33)。明治十八年の九州改進党解党以降、福岡県内の政治党派は翌十九年六月に結成された政談社の下に結集が図られた。しかしこの結集も大同団結運動への参加をめぐって分裂し、福岡県内でも三池郡は野田卯太郎、永江純一を中心としてこの運動に反対の意向を示した。その結果、柳川地方では、明治二十二年十一月には大同派と非大同派との抗争は深刻なものとなった。その後、翌二十三年二月の県会議員選挙後に両派の対抗関係も次第に終息に向かい、同年六月には和解した形となる。

旧九州改進党が分裂したことによって新たに生じた党派性は、橘蔭学会にも影響を及ぼした。例えば橘蔭学会の人事面に見られる。同会は、当初は会長大村務、幹事由布惟義という体制で発足したが、明治二十二年の年末に由布が突如幹事職を辞任した。[34] 先述した大同・非大同の区分で二人を分類すると、大村は大同派、由布は山門郡在住であるが非大同派に与しており、両派の対立が影を落としたと見なせよう。

もっとも、橘蔭学会への寄付金という観点から見ると、両派の対立によって同会から非大同派が一掃されたというわけでもない。例えば、非大同派の代表的な人物である野田卯太郎と永江純一は、両派の関係が最も緊迫していた明治二十二、三年の時期においても、三池郡の「資金寄付金台帳」にその名を連ねている。したがってこの時点では党派の問題によって学会が直ちに二分されてはおらず、中学校の存続という点では両派は妥協していたと考えられる。ただし、両派が会員として呉越同舟した状態である限り、同会は運営を不安定化させる要因を常に抱えていたことになる。そして明治二十四年十一月に発生した橘蔭学館の生徒による騒動が引き金となり、その不安定さが露呈する。

ではその騒動について検討しよう。狭義の橘蔭学館騒動は明治二十四年十一月二十五日に発生する。騒動の首謀者の一人である藤村作によれば、昼休みの弁当を食べ終わる時間に「吾々の仲間十人足らず」が、生徒控室で「一場の簡単な演説」を始めた。その演説の主旨は「最近の学校の傾向は思はしくない」ため、「吾々の慕ってゐる立派な校風にする」ため、教職員の主なメンバーに辞職を勧告するというものであった。[35] 騒動のその後の展開については、「橋立生」の投書を基にした『福陵新報』の記事に次のようにある。

> 同地〔柳川〕政党僻の甚しきは世人の夙に知る所なるが此の頃悪風ハ同学館内にも及ぼしたりと見え〔中略〕、遂に去廿三日の夜は生徒の秘密会を催しあり、翌日十二時に数十名の生徒応接室に詰懸け、幹事教師を要して手酷き談判をなし、右終て一同は運動場に繰出して演説会を催し慷慨なる演説をなすものあり、廿六日に至ては全然二箇の党を形造り、一を革命派と称し一を教員派と云ひ〔中略〕何れも同盟募集に忙はしく遂に父兄諸氏が互に後援となるありて、来る廿日（一昨日廿日なり）の常議員会に勝を占めんとする者の如し、因に記す革命派は旧非

大同派の援くる所、教員派は旧大同派の尤も尻押しをなす所と[36]、

右の記事から学館内が二派に別れてどのように抗争したかが伝わってくるだろう。「革命派」と「教員派」の両派の形成過程と主張を整理しておくと次のようなものとなる。

「革命派」の淵源は橘蔭学館創立当初に結成された「養成会」と呼ばれる団体である。同会は「精神修養者の参考場」であり、当時は新島襄、海老名弾正、富安保太郎[37]らを「神の如く信じ」、彼らの人格、演説振りを模範とした「一種の弁論会」であったという[38]。同会は明治二十二年の冬までに会員制の「学園」という団体に様変わりし、『学園余芳』なる雑誌を発行する[39]。その学園については同誌に「文学ヲ講習シ智識ヲ啓発シ精神ヲ修養シ品性ヲ高尚ナラシムルヲ以テ目的トス」とある。同団体の根幹となる理念もまた「精神修養」であった。そしてその理念は次のような思潮と結びついていた。

> 夫レ本館〔橘蔭学館〕の目的タル苟モ機械的人物ノ需用ノ為メニ、他ノ高等諸校ノ階梯ノ為メニ設ケアルニアラズ、地方的人物ノ為メニ、平民的人物ノ為メニ、多数山門、三池ノ青年ヲ養育スルニアルハ、吾人ガ信シテ疑ハザル処ナリ[40]、

彼らが中学校を進学手段としてではなく、人格形成の場と捉えていたことが窺い知れよう[41]。

一方、その「革命派」に批判された「教員派」とは次のようなものであった。彼らは「校則を守り一心学業に勉励して学校の名声を高め、早く官立学校に昇格せしめ、上級学校へ無試験入学、徴兵猶予の特典等を希望[42]」していた。このような希望が沸き起こる背景には、近隣の私立中学校が官立中学校となって教員免許の特典を得たり、上級学校への進学に有利となった[43]ことがあると考えられる。

こうした見解に対して「革命派」側は、官立学校となれば「常に官権に圧迫せられ真の精神教育は出来ず、卑屈なる人間の養成とな」り、また上級学校については「入学試験を受くれば可なり」と主張し、徴兵については「国民の

一大義務」としてその忌避を戒めていた。[44] このような思潮に基づいて彼らは最近の学館内の雰囲気を打破し、理想的な学校にするために教員に辞職勧告を行ったのである。

このように橘蔭学館の生徒たちは中学校の在り方をめぐって二派に分裂した。そしてこの対立が橘蔭学会の党派的対立を喚起する。本来の争点は生徒たちの学校もしくは教員に対する不満であったため、その火花が父兄間に飛び火したことに疑問を抱くところであろう。しかし、「革命派」の生徒と「旧非大同派」の父兄は全く無関係であったとはいいがたい。例えば「養成会」で敬愛されていた人物の一人である富安保太郎は「旧非大同派」[45] である。また、雑誌『学園余芳』は徳富蘇峰の『国民之友』を真似たものであったが、[46] その徳富は非大同派、特に三池郡の野田と永江に強い支持を寄せていた。[47] このような繋がりが「非大同派の学校乗っ取りの陰謀」[48] という疑惑を醸成させ、「旧大同派」の敵愾心を煽ったと考えられる。実際に明治二十四年十二月六日に橘蔭学会は総会を開くことになったのだが、この直前に会員登録を行う、すなわち総会に参加するためだけに会員になる者が多く見られた。[49]

このように地域や生徒が抱えていた複雑な関係は、私立尋常中学校を支える会員制度を揺るがすものであった。柳川地方の場合、明治二十三年の県会議員選挙を経て一旦は雪解けに向かったと思われた地域間の感情的対立も、実は容易には解消されるものではなかったことがこの騒動からは読みとれる。本章の冒頭で吉田孫一郎が「世間ニアラユルモノト異ル」心地がすると評した橘蔭学館騒動とは、こうした柳川の事情を踏まえた上で理解する必要があるといえる。

第四節　橘蔭学館のその後

最後に橘蔭学館騒動以降、私立中学校の存続へ向けた動きのなかで、特定の旧藩士層たちの役割がどのようなものであったのかを検討したい。

明治二十四年の年末に生じた騒動は福岡県および立花家の介入によって収束に向かう。[50] さらに騒動の発端となった生徒のうち一〇名ほどには学館から退学処分が下される。すると彼らに同調した形であわせて一〇〇名近くの生徒が自主退学した。[51] 騒動の影響は生徒たちにとどまらず、橘蔭学会にも及んだ。特に会員数が大幅に減少したことにより、同会の財政は決定的に悪化した。明治二十五年の「資金寄付金台帳」[52]には会員三四名・賛成員一名、資金・寄付金の合計額三五円五〇銭しか記されておらず、同会が資金の調達に行き詰まったことは明らかである。

では橘蔭学会はどのような対応策を採ったのであろうか。まず総会の決議を確認しておきたい。明治二十五年七月二十日に総会に提出された議案によれば、同館の満期となる七月三十一日をもって閉校とすることを柱として、教員の解雇、橘蔭学会が残務処理を担当すること、学校の財産は学会が管理することが決まった。[53] ただしこの決定によって直に柳川地方における中学校存続の道が閉ざされたわけではない。議案には「衆議ヲ竭シ更ニ学館設置ノ計画ヲ定ム」ともあり、七月三十一日までに学会の財政再建が可能であった場合には二つの選択肢が示される。一つは橘蔭学会が引き続き橘蔭学館の運営を行うこと、もう一つは立花家に「学館御設置ヲ請願スル」ことであった。

さらに三ヵ月後の十月二日に次の三つの決議が行われた。第一に、七月二十日の総会以降、整理は完了していないが、「地方青年就学ノ便ヲ失フモノ少ナ」くないので、立花寛治に対して「高等ノ普通教育ヲ挙ケ」るために中学校の創設を請願すること。第二に、校舎、敷地、書籍、器械などを立花家へ寄付すること。第三に、仮に同家が請願を容れた後、将来「学校ノ存廃及ヒ規模ノ伸縮」については「御任意ニシテ本会ハ敢テ将来ニ過望ヲ懐カス」という点である。(54)

また、懸案とされていた中学校の資金面については、先の橘蔭学会総会における議決の四日後の十月六日に、次のような支援の報せが届く。補節で述べたように、立花家は士族授産結社である興産義社に毎年一〇〇〇円の補助金を付与していたが、同社の社長仁科孫六が明治二十五年下半季以降より補助金の半額を立花家に返還する旨を申し出た。その要旨には「此ノ奉還金員」で「学館御補助」を増やすようにとの請願が記される。(55)

橘蔭学会をめぐる表面的な動静は右の通りであったが、水面下ではどのような動きがあったのであろうか。橘蔭学館騒動以降、中学校の問題処理および存続に向けて中心となって活動したのは大村務、十時一郎、吉田孫一郎の三人であった。吉田の「備忘」を検討すると、彼らの役割について以下の三点を指摘できる。

第一に、立花家との調整である。中学校の存続において最も重要であったのが立花家による寄付の継続であった。すでに前年の明治二十四年八月の段階で、立花家は同二十五年以降も引き続き五年間の寄付を内約していたが、(56)彼らはその実現を同家に働きかけた。三人は立花家の家令・家扶と相談を続け、明治二十五年三月頃に当主の寛治に上申を行った。その結果、三月十五日に三人と寛治の会談が実現している。(57)さらに七月の橘蔭学会総会を経た八月二十五日の寛治との会談では、中学校の運営において不足が生じた場合には、立花家よりその分を「御差出被為在候旨」を彼らは拝聴した。(58)このように彼らが寛治や立花家との調整が可能であった理由としては、元家令・家扶経験者であり、同家の相談人の位置にあったことが大きかったと考えられる。

第二に、新たな館長の招聘である。彼らは新館長として、帝国大学文科大学を卒業し、山口高等中学校に勤務していた旧柳河藩出身の立花政樹を迎え入れた[59]。後年の回想録などによれば、同人は騒動の後始末のために請われて館長となり、着任後は退学者たちの復学に尽力したといわれる[60]。その立花政樹に対して八月十二日に吉田は十時一郎、立花親信と会談を行い、さらに九月十五日には再び同じ面々で立花家を訪れ、政樹とともに「学校組織上ノ事」について打ち合わせを行っている[61]。

第三に、資金の捻出である。右で指摘したように立花家より不足分の寄付について確約を得たが、彼らは同家へ追加の負担を課さないために策を講じた。それが前述した興産義社からの立花家補助金の半額返還の申し出である。この返還自体は株主総会の決議に基づいていたが、そもそもその決議は「常議員決議」を可決したものであった[62]。吉田自身は六月三十日の臨時常議員会および八月十日の常議員会に出席しており[63]、総会に提出された原案作成に携わっている。つまり、吉田らが関わることで立花家からの補助金の分配額が調整されたといえよう。

その後、明治二十五年十一月に橘蔭学館が立花家の経営による私立尋常中学伝習館として新たに開校された際に、彼らは同家の学務委員としてその運営に携わり、同校が明治二十七年に福岡県に引き継がれるまでその職を担った。

おわりに

本章の検討結果から、明治二十年代において私立尋常中学校の設立や存続は容易ではなかったことが明らかとなった。容易ではなかった理由は二つある。一つは資金の問題である。東京で同郷会的組織を支えていたのは、立身出世の階梯を昇りつつある人物たちであった。これに対して旧藩領で私立中学校を支えた人びとは、少なく見積もっても半分は士族たちであった[64]。そのため、継続的な寄付金・資金の捻出が難しかったと考えられる。

もう一つは、地域統合の難しさである。東京の同郷会的組織に集まった人びとは、立身出世の価値観を共有しているなど同質性は高い。それに対して中学校の維持のために参加する者たちの人数の多さは東京とは比較にならない。また、この時期になると、中学校への進学は士族に限られた問題ではなく、平民たちの間にも立身出世への憧憬が湧き出てくる。彼らも旧藩領側の旧藩社会のなかに加わり、他方で地域における政党間の対抗関係の問題も絡むようになる。したがって、当該期における地域統合にはこれまでよりも困難が生じた。

しかし、旧柳河藩領の場合、そうした問題を克服できたのは、特定の旧藩士層の存在が大きかったと考える。彼らは旧藩主家と地域の双方に働きかけることで中学校の設立や存続を実現させた。旧藩主家が旧藩領に対して有する重要な社会的機能の一つとして調停役が挙げられるが、それは彼らのような両者の結節点となる存在抜きには成り立たなかったことを指摘できよう。そして旧藩領における旧藩主家の存在意義が明治期よりは薄らいだ大正期においても、旧藩主家内においては依然としてその地位を占める人物が求められていた(65)。

註

(1) 新谷恭明『尋常中学校の成立』(九州大学出版会、一九九七年)。
(2) 橘蔭学館に関する概説としては、福岡県教育百年史編さん委員会編『福岡県教育百年史　第五巻　通史編(1)』(福岡県教育委員会、一九八〇年)五五三・五五四頁、福岡県立伝習館高等学校編『創立百七十周年県立移管百周年記念誌』(一九九四年)、新藤東洋男「私立橘蔭学館と中学伝習館」(『三池史談』二三、一九九七年)が挙げられる。
(3) 私立尋常中学校の設立および維持をめぐる研究としては、荒井明夫氏の一連の論考があり、『明治国家と地域教育—府県管理中学校の研究—』(吉川弘文館、二〇一一年)にまとめられている。
(4) 有馬学「ムラの中の『民党』と『吏党』—近代日本の地域・選挙・政党—」(『年報・近代日本研究・一九　地域史の可能

性―地域・日本・世界―』山川出版社、一九九七年）。

（5）明治二十四年十二月十日付小野忠三郎宛吉田孫一郎・十時嵩役状（「柳立」四四七一）。

（6）渡辺村男『旧柳川藩志』（青潮社復刻版、一九八〇年）二七五頁。結成当日（明治十九年八月二十五日）に参加した主な人物は、十時一郎、岡田孤鹿、杉森憲正、武島盛美、立花親信らであり、会長に大村務が、副会長に由布惟義が選出された（『福岡日日新聞』明治十九年八月二十九日）。杉森を除けば旧九州改進党の主要な面々が名を連ねているといえる。なお『旧柳川藩志』にはこの他に風斗實、綿貫洋二郎の名も見られる。

（7）渡辺前掲書二七五頁。新藤前掲論文、柳川山門三池教育会百年祭記念誌委員会編『柳川山門三池教育会百年祭記念誌』（柳川山門三池教育会、一九八五年）。なお、三池郡教育会の面々も同会に加わっていた（野田卯太郎「手帳」明治二十年二月五日条〈「野田文書」B―一、九州歴史資料館所蔵〉）。

（8）「雑留」（「藩政」一三三九）に所収。提出者は清水聲太、渡辺村男、永松毅、樺島濤来、馬場文造、津村宣哲、足達熊彦、宇佐益人、清水岩蔵、由布惟允、安武一、杉森憲正、神崎甚次、内田逸蔵、綿貫寅雄、樺島俊の一六名。

（9）彼らの所属政党については『福岡県史　近代史料編　自由民権運動』（財団法人西日本文化協会、一九九五年）、福岡県三池郡教育会編『三池郡誌』（臨川書店、一九二六年）を参照。なお、杉森については渡辺らと行動をともにしていたが、同会に属していたことが確認できないため白日会系と記す。

（10）白日会の中心人物渡辺村男が明治十八年に柳川を離れたことから勢力が衰退したともいわれていた（『福岡日日新聞』明治十九年一月十九日）。しかし、明治十九年の九州鉄道の設立をめぐって再び同会の活動は活発化した（秀村選三「九州鉄道会社の創業に関する一史料（一）―渡辺村男「九州鉄道創業経歴記」―」〈『産業経済研究』二九―三、一九八九年〉、中村尚史『日本鉄道業の形成―1869～1894年―』〈日本経済評論社、一九九八年〉第七章）。

（11）令扶「日記」明治十九年十月二十六日条（「柳立」三七二四―一一）。

（12）令扶「日記」明治十九年十二月二十一日条。

（13）令扶「日記」明治二十年二月二日条（「柳立」三七二五）。

（14）同右。

(15) 関係者が英学科を普通学科に合併させて、英語教員を充実させるという代替案を用意して立花家に説明に伺った際、寛治は科の合併については当初の目的に沿うものとして代替案に許可を与える一方で、もしその目的から外れることがあれば、直ちに寄付の撤回を行う意向を示している（「学校創設ニ付決議及其他諸書留」明治二十年八月十六日、伝習館高校所蔵、以下、伝館蔵と記す。本章で用いた同校所蔵史料は、柳川市史編さん係所蔵のマイクロフィルムを利用した）。

なお、立花寛治が英学科の設置にこだわった理由は定かではないが、彼自身が学習院に在学中、周囲より英語の必要性を説かれたことにも一因があると思われる（明治十二年四月二十七日付大村務意見書〈「北庫(2)」G三二〉）。

(16) 前掲「学校創設ニ付決議及其他諸書留」二月二十日条。

(17) 令扶「日記」明治二十年二月九日条。

(18) 藤村作『八恩記』（角川書店、一九五五年）八〇頁。『八恩記』は藤村の自伝であり、後述する橘蔭学館騒動について「革命派」生徒の視点で詳細が語られている。

(19) 「明治二十四年資金寄付金収入台帳」（伝館蔵）。

(20) 前掲「学校創設ニ付決議及其他諸書留」五月八日条。杉森は七二票で常議員に当選、渡辺は二四票で常議員の予備員となっている。

(21) 以下、吉田の活動は「備忘」明治二十年二月および三月の当該日による（「甲木与一郎先生収集史料　吉田文書」三九）。

(22) 「明治廿年度ヨリ予算決算ニ係ル書類綴」（伝館蔵）。

(23) 「明治二十四年度学会費収支日計簿」（伝館蔵）。

(24) 明治二十四年七月三十一日付永江純一宛関一郎葉書（「永江文書」AH二七―一九、九州歴史資料館所蔵）。

(25) 吉田孫一郎「備忘」明治二十四年八月五日条（「甲木与一郎先生収集史料　吉田文書」四三）。前掲「明治二十四年度学会費収支日計簿」。

(26) 吉田「備忘」明治二十四年八月十日条。

(27) 同右、（明治二十四年）八月十二日付野田卯太郎宛永江純一書翰（「野田文書」一二一八、九州歴史資料館所蔵）。

(28) 前掲「明治二十四年度学会費収支日計簿」。以下、常議員会の開催期日は同帳簿による。

(29)「明治二十四年度学会費収支日計簿」には「会員資格訂正ノタメ帳簿整理ノ件ニ付、九月十二日ヨリ同廿四日迄ノ内日数十三日分筆耕雇給一日金拾五銭」とある。
(30) 前掲「明治二十四年度学会費収支日計簿」。
(31) 伝館蔵。橘蔭学会会則第八条には「会員ノ資金及ヒ賛成員寄付金ヲ領収スルトキハ橘蔭学会ノ印章ヲ捺印シタル領収証書ヲ発スヘシ」とあり、この時に発行される領収証書の割印の片方はこの帳簿に捺される。そのためこれらの帳簿には、会員・賛成員の氏名、徴集された会費とその領収の日付が地域毎に記されており、所々に書き込みや付箋などによって修正がなされている。
(32) 伝館蔵。明治二十二年分については山門郡の会員・賛成員は不明である。会員・賛成員の名前が完全にわかる年は明治二十四年と二十五年だけであるが、前者の帳簿には清水岩蔵の名前のみ確認できる。
(33) 以下、福岡県内のいわゆる民党系の動向については有馬学「第二回総選挙における永江純一の遭難手記」(『九州文化史研究所紀要』四四、二〇〇〇年)を参照。
(34)『学園余芳』一号(明治二十三年三月)二七頁。
(35) 藤村前掲書八二頁。
(36)「柳河橘蔭学館紛紜の詳報」(『福陵新報』明治二十四年十二月二日)。
(37) 富安保太郎は明治学院卒。後に福岡県会議員、衆議院議員となる。ここで挙がっている人物たちから推測すると、養成会はキリスト教に共鳴していたと思われる。
(38)「伝習館中学卒業生　中村常太郎執筆」(伝館蔵)。中村の記憶によれば、十時彌、大内暢三、坂梨哲、山本耕造、許斐熊次郎、児玉湖一郎、藤村作、麻生作太郎、由布鎌太郎、立花政一郎、宮崎虎之助が活動していた。彼らのうち判明する限りで主な経歴を記すと、十時彌は第五高等学校校長、大内暢三は衆議院議員(国民党→政友会)、坂梨哲は衆議院議員(政友会)、山本耕造は九州各地の中学校校長を歴任、宮崎虎之助は宗教家となっている。
(39) 創刊号には「学園に遊フ諸子ハ既ニ養成会ヲ設テ講習ノ用ニ充ツ」とある(松澤岩人「学園ノ発刊ニ就テ」『学園余芳』一号、二四頁)。創刊号は明治二十二年十二月三十日印刷、同二十三年三月二十日発行、「園丁」と呼ばれる橘蔭学館生徒の会員と「園友」と呼ばれる館外の会員に配られていた。
(40) 立花政一郎「卒業生ニ告ク」(『学園余芳』三号、明治二十三年四月、一二頁)。
(41) このような思潮は同館だけに見られるものではなく、当該期の青年に全国的に見られるものであった(木村直恵『〈青年〉の誕生―明治日本における政治的実践の転換―』〈新曜社、一九九八年〉)。
(42) 「橘蔭学館生徒　石川熊彦執筆」(伝館蔵)。石川の回想によれば「革命派」は「硬派」あるいは「精神家」と、「教員派」は「軟派」あるいは「正義派」と呼ばれていたとあるが、本稿では混乱を避けるため『福陵新報』の表記に従った。
(43) 例えば、久留米の明善中学校は明治二十二年に県の管理を受ける学校となった(前掲『福岡県教育百年史　第五巻　通史編(1)』五五二頁)。
(44) 同右「橘蔭学館生徒　石川熊彦執筆」。
(45) 「私立尋常中学伝習館卒業生中村常太郎氏執筆」(伝館蔵)。
(46) 藤村前掲書八一・八二頁。
(47) 有馬前掲論文。
(48) 藤村前掲書八五頁。なお、騒動の前年七月に立花家家令として東京邸に詰めていた吉田孫一郎は、柳川から「橘蔭館生徒中少シ党派ラシキ都合一時両立抵抗ノ模様」という連絡を受けている(「備忘」明治二十三年七月四日条〈「甲木与一郎先生収集史料　吉田文書」四一〉)。
(49) 「明治二十四年資金寄付金収入台帳」。
(50) 令扶「日記」明治二十五年一月十日条(「柳立」三七三二)には次のようにある。
安場知事午前九時頃山門郡長外ニ学務掛一人同道ニテ被罷出、御直ニ橘蔭学館之儀ニ付、上申ニ相成候次第有之候、
(51) 藤村前掲書八四頁。
(52) 伝館蔵。
(53) 吉田孫一郎「備忘」明治二十五年七月二十日条(「甲木与一郎先生収集史料　吉田文書」四四)。
(54) 吉田「備忘」明治二十五年十月二日条。

(55) 令扶「日記」明治二十五年十月六日条。
(56) 令扶「日記」明治二十四年八月十五日条（「柳立」三七三一）、吉田「備忘」明治二十四年八月十五日。
(57) 令扶「日記」明治二十五年三月十五日条。
(58) 令扶「日記」明治二十五年八月二十五日条。
(59) 立花政樹の履歴については「叙勲裁可書　大正五年叙勲巻一上　内国人一」（国立公文書館所蔵）による。
(60) 藤村前掲書や「立花政樹先生訪問記（上）」（『柳河新報』昭和八年十月二十一日）。
(61) それぞれ吉田「備忘」による。
(62) 吉田「備忘」明治二十五年十月五日条。
(63) それぞれ吉田「備忘」による。
(64) 前掲「明治二十四年資金寄付金収入台帳」と明治三十一年作成の「揚り米分割控」（「柳立」三四三八―一）との照合作業による。
(65) 地域政治の主要なポストを歴任した由布惟義が大正二年に立花家の家令に就任した際には、「旧藩士之長者」の再来として周囲から期待が寄せられている（「大正三年」二月十四日付由布惟義宛十時三郎書翰〈「由布（昭二）文書」Ｂ七―三―二〉）。

【付記】史料閲覧にあたって福岡県立伝習館高等学校には便宜を計っていただいた。記して感謝の意を表したい。

第三章　旧藩主家と育英事業

はじめに

第三部第一章では同郷会的組織について分析したが、本章ではそれらのうち十分に分析できなかった育英組織について検討したい。

明治・大正期において各地に設立された育英組織が、地方の青年たちの上京遊学を大きく後押ししたことは周知の事実であろう。なかでも旧藩主家から多額の寄付金を受けた育英組織は、資金規模も大きく受給者数も多かった。そうした組織の実態の検討はこれまで主として教育史の分野で行われてきた(1)。また、近年では布施賢治氏によって人材観という角度から育英事業の性格が明らかにされつつある(2)。しかし、育英組織の研究については以下のような課題も残されている。

第一に、担い手と領域の問題である。旧藩主家から寄付を受けた育英組織は、旧藩領域内に在住する者を貸与金の受給対象者としていた。しかし、実際に地域における育英事業の担い手は郡、後には県というように行政が主体となることが多かった。当然ながら旧藩という仮想の領域と郡という実態の領域は一致するものではない。であるならば、そのような領域の不一致によっていかなる問題が生じ、さらにはそれらがどのように克服されるのかは丁寧に見ていく必要があるだろう。

第二に、旧藩主家が育英組織に対して長期にわたって寄付をするのはなぜかという疑問である。単純に考えれば、旧藩主家にとっての育英事業の意味は、地方に埋もれた人材の発掘という説明ができよう。発掘された人物が後に国家にとって有為な人材になれば、それを後援した旧藩主家の当主は華族としての責務を間接的に果たしたことになろう。しかし、それだけの理由で旧藩主家が毎年、しかも多額の寄付を続けてきたのであろうか。むしろ、旧藩主家の側にも思惑があるからこそ両者の関係は構造化していったのではなかろうか。そのような見方をするならば、旧藩主家の側にも何らかの利益はなかったのかが検討されなければなるまい。ここで注目したいのは、第一部第一章で見たように行政にとって有為な人材は旧藩主家でも必要とされていたという点である。これを敷衍化すれば、国家にとって有為な人材は、旧藩主家にとっても同様に有為な人材であると見なせよう。

以上の点に留意しつつ本章では旧藩主家と育英組織との関係について、福岡県柳川地方に明治三十四年（一九〇一）に設立された橘蔭会を事例に検討する。同会は旧柳河藩主立花家から多額の寄付を受け、さらに地理的かつ歴史的に複雑な要素を抱えている点で興味深い素材である。地理的要素とはこれまでにも述べているが、山門郡全域は旧柳河藩領に含まれるが、三池郡、三潴郡、八女郡（明治二十九年に上妻郡と下妻郡が合併）は部分的にしか含まれないことを指す。さらに歴史的要素とは、柳河藩藩祖の立花宗茂と三池立花家初代の直次が実の兄弟であった点、そして三池郡のうち柳河藩領ではなかった部分が、文化三年（一八〇六）より立花家の預かり地となった点である。これらの要素を踏まえつつ、以下、橘蔭会の成立までの過程を検討したい。

第一節　酬義社の結成

柳川地方出身者のための育英組織としては、明治三十四年に設立された橘蔭会の存在が知られる。(3)しかし、第三部第一章でも若干触れたが、東京には同会の成立以前に含英舎や酬義社が組織され、すでに育英活動を行っていた。前者については第三部第一章の説明に譲り、ここでは後者について見ておきたい。酬義社の実態についてはこれまで全く不明であったが、国立国会図書館憲政資料室所蔵の「立花小一郎文書」などを通じて僅かではあるが、その活動を捕捉できるようになった。本節ではそれらを用いて同社の実態を明らかにしたい。

旧柳河藩の下級藩士の家に生まれ、後に東京帝国大学に進学した藤村作は、第五高等学校時代を回顧して「私は酬義社から月々三円の育英補助を送つて貰」ったと述べる。(4)さらにその酬義社について「同郷先輩の大学を出た人達四五人が結集して、報恩の意味で育英事業をなす結社」であったとも記している。(5)

酬義社に関する一次史料で最も年次の古いものは、管見の限りでは明治二十五年(推定)三月十九日付立花銑三郎宛立花政樹書翰(6)である。また、同じく同年九月に白仁武が銑三郎へ宛てた書翰(7)にも「酬義社御世話之由、何卒御存分通御運被下度」とあることから、遅くとも明治二十五年までには同社が活動していたことは疑いない。

もっとも、立花銑三郎宛の他の書翰を見ると、酬義社の設立時期をもう少し遡らせることができる。前述した白仁武の父親にあたる成功は、明治二十六年に旧柳河藩士の子弟で同年夏に第五高等中学校を卒業する古森幹枝の上京遊学にかかる費用の補助について相談を受けた。このとき、古森は月々四円(三円と「不時之用」一円)の金額の補助を望んだという。そこで成功は、白仁武、清水彦五郎、曽我祐保に連絡をとる。(8)彼らのうち最初に返答を寄せた曽我は、成功に「一昨年頃柳河之優等生之貧家ノ生補助ノ為メ一社咄合置」と伝えた。酬義社が「一昨年頃」すなわち明治二十四年頃から学資の補助まで行っていたかは判然としないが、少なくとも同社の起源はこの年まで遡れよう。

この白仁成功の書翰には他にも酬義社の実態が垣間見える興味深い内容を含む。曽我祐保は成功に対して酬義社を紹介した際に、私立尋常中学伝習館館長の立花政樹に相談するように勧めた。成功の相談に対して政樹は、古森へ補助することには「別段意存〔異〕ハ無」いが、その額については「弐円宛渡候て宜敷かろふ」と答えた。政樹が古森への補助の減額を提示したのには理由があった。自身が勤める中学伝習館を翌年三月に卒業する予定の山口真一なる生徒も、酬義社よりの学資補助の候補者となっていたためである(9)。山口への補助額を確保するためには古森への支給総額を抑える必要があったと推測できよう。一方、政樹から思うような返答を受けられなかった成功は、古森への学資補助額の最終的な判断を立花銑三郎に仰いだ。

藤村作は酬義社について大学を出た同郷の先輩四、五人によって設立されたと述べていたが、これまで明らかになった事実関係から、少なくとも立花銑三郎、曽我祐保、立花政樹はその面々に該当するといえよう。さらに、右の三人のうち立花銑三郎が酬義社の中心人物であった可能性が高い。この点をほかの史料でも確認しておきたい。

藤村は五高時代に酬義社から学資補助を受けたが、その際に仲介役となったのが立花家家令の吉田孫一郎であった。藤村家は元来、吉田家の奉公人であり、明治以降も藤村一家は吉田家に居住していた(10)。その関係もあって吉田は藤村の学資工面の手助けをしたと思われる。明治二十八年二月二十七日に吉田は、藤村が「大学迄修業ノ存念」を抱いているので、「同人〔藤村〕之性行等余〔吉田〕カ見込ミ陳へ」て学資補助を立花銑三郎へ依頼した(11)。吉田の依頼に対し、銑三郎は「学資補助ノ事少敷六敷模様」なる旨を回答した(12)。

立花銑三郎は明治二十五年に帝国大学文科大学哲学科を卒業し、この当時は大学院に籍を置きつつ学習院で教鞭をとっていた。ここで注目したいのは帝大進学以前の同人の履歴(13)である。銑三郎は慶応三年（一八六七）に奥州下手渡藩家老立花碩の三男として生まれる。その後、版籍奉還にともない下手渡藩主立花種恭は旧領の三池へ再封され、立花碩や銑三郎らも同地へ移住した。そして銑三郎自身は三潴県（のちの福岡県）の三池中学校へ入学する。中学校を卒業後、上京して明治十六年に共立学校に入学し、同十七年に大学予備門へ入学した。

右のような履歴を有する銑三郎が、旧柳河藩士の子弟たちとともに育英組織を運営していたことは、東京における旧柳河藩社会という括りが単純ではないことを意味しよう。第三部第一章で柳川親睦会について言及した際に、銑三郎は旧三池藩という括りを意識していたことを確認した。しかしもう一方で、同人は旧柳河藩士の子弟との関係のなかでは旧柳河藩という括りも共有している。例えば、当時北海道に勤務していた白仁武より「柳生前後就学、堀内、江崎大学進門愉快」と柳川出身の学生たちの進学の喜びを共有する書翰を送られている。(14)銑三郎は出身の三池中学校ですでに旧柳河藩士族と席を同じくしていたと考えられる。(15)そうした郷里で旧三池藩士族と旧柳河藩士族の混淆した関係も東京における旧藩社会の形成に影響したといえよう。

第二節　橘蔭会の成立

本節では橘蔭会の設立過程を検討する。同会は最終的には旧柳河藩領内の子弟を対象とした事業となるが、その旧藩という枠組みがどのような過程で成立したかを検討したい。もっとも、橘蔭会の設立に先立ち明治三十四年一月に旧藩領内の教育関係者が中心となって柳河育英会を設立する。よって先に彼らと立花家の動向から見ていこう。

最初に立花家から取り上げる。同家の育英事業実施へ向けた動きは、橘蔭会設立の二年前にあたる明治三十二年秋頃にすでに見える。この時、同家は旧福岡藩主黒田家、旧小倉藩主小笠原家、旧佐賀藩主鍋島家、旧久留米藩主有馬家のいずれかの家から育英事業に関する規則を、東京邸を通じて入手しようとした。(16)いずれも福岡県内ないし隣県で立花家と同規模以上の家に相当する。そして同年十一月に立花家の東京邸家扶は鍋島家の規則を入手し、それを柳川邸に送付した[17]。

立花家内では育英事業へ向けた動きについてはこれ以上のものは見出せないが、なぜこの時期なのかという疑問が生じよう。この点は福岡県による中学校の運営のあり方が転換したことと関係する。前章でも述べたように、明治十九年の中学校令の影響により福岡県内の藩校の系譜を引く修猷館、明善、伝習館、豊津の四中学校は公費の支弁が打ち切られた。そのためこれらの中学校の経営は、地域の有志と旧藩主家の寄付金によって維持されてきた。その後、右の四校は順次、県立中学校となった。しかし四校とも経費の面で依然として旧藩主家からの寄付金に大きく依存していた。その後、明治三十二年より県の支弁によって校費が賄われるようになり、経営面においても完全に県立化が達成される[18]。その結果、各旧藩主家による中学校への寄付金は不要となった。

そこで旧藩主家から中学校へ付与されていた寄付金を、育英組織へ向けてもらおうとする動きがこの時期より福岡県内各地で生じる。これらの運動で特徴的なのは、育英組織を旧藩領単位で設立しようとした点である。旧久留米藩では東京の有馬頼多男爵ほか三〇名が発起人となって同年六月に育英組織の設立に動き出す。これに旧藩領側では三潴郡の溝田精一らが呼応した。そして、彼らは有馬家の寄付金と旧久留米藩の一市四郡が負担していた明善中学校維持費を育英資金に充てようとした[19]。

旧柳河藩領を見ると、明治三十二年の段階で新聞紙上では育英組織設立に向けた動きは確認できない。また、立花家が旧藩領内の人びとへ育英事業の実施を慫慂した形跡も見られない。したがって、前述した立花家が育英事業に関する規則を入手しようとした件については、地域の側から育英事業への協力を要請された際の準備であったと理解しておきたい。

さて、旧柳河藩領内で育英組織の設立に関する具体的な動きは、明治三十三年から確認できる。例えば、同年六月二十三日に「旧柳河藩に属する三池山門両郡有志者」の関係者が「矢部川駅前の楼上に会合し、組織上に就き種々協議」したという。[20]さらに同年十二月八日には「柳河育英会」の調査委員会が、山門郡下瀬高町の松屋において開催された。この時の参加者は、山門郡よりは立花親信（元衆議院議員）、由布惟義（教育支会副会長）、坂本久寿（郡長、教育支会長）、大原信義（郡視学）、綿貫洋二郎（郡会議員）、野田実（郡書記）、三池郡よりは岩井芳三郎（郡会議員）、堤俊蔵（前郡会議員）、神崎佶（学務課長）などであった。なお、欠席したが三池郡からは十時参吉郎（郡長、教育支会長）と松岡進士（郡会議長）も出席の予定であった。[21]後述するように、彼らが柳川における育英組織設立の中心的な役割を果たしていく。

さらに十二月十三日に「旧御領内子弟学生御補助願ノ為メ」に山門郡長の坂本と三池郡長の十時が立花寛治の許を訪れた。[22]また、翌月の明治三十四年一月十一日にも坂本は立花家を訪れる。[23]そして同月十五日には山門郡柳河町の西方寺において「柳河育英会山門郡部総会」が開催され、その場で山門郡に対して柳河育英会への補助を請求することなどが決議された。また、役員の選挙も行われ、支部長に郡長の坂本が、評議員に立花親信・由布惟義・山崎断・永江慎一・沖健雄・綿貫洋二郎・大原信義が、そして幹事に野田実が選出された。[24]前年十二月八日に松屋に集まった面々が役員に就いていることがわかる。なお、そのときの新聞に名前の見えなかった山崎、永江は山門郡参事、沖は山門郡会議員である。

右の総会の後、明治三十四年一月十九日から二十五日まで開かれた山門郡通常郡会において明治三十四年度の歳出入予算書が可決された。その予算書には新規事業として歳出臨時部に育英会基本金補助八五〇円が盛り込まれた。[25]その理由について山門郡会では次のような説明が行われた。

卅四年度予算調製ノ上、郡参事会ノ審査ニ付スル迄ハ育英会ノ組織全ク成立スルニ至ラス、然レトモ不日ニ於テ成立シ、郡費ノ補助出願スルコトナルハ其当時分明シ居ルカ故、予メ之レカ補助額ヲ見積リ予備費ニ増加シ置キタリ、然ルニ已ニ組織成立シ出願シタルヲ以テ予備費ヲ更正シ補助費ヲ設クルカ為メ、更正予算ヲ提出シタル所以ナリ、[26]

右の史料から山門郡会は育英組織の設立と補助の出願を待ち構えていたことがわかる。さらに柳河育英会からの補助請求の決議から、同会への補助金が盛り込まれた予算案の可決までの早さは、郡長をはじめ多くの郡関係者が柳河育英会設立に関与していたという事情もあるだろう。三池郡会の動きは判然としないが、前述の会合なども踏まえると、少なくとも育英会の設立の中心は山門郡と三池郡の教育行政関係者であったことは明らかである。

ただし、この明治三十四年一月の時点で成立した柳河育英会は、あくまでも旧藩領側のみの運動であり、東京の酬義社とは異なる組織であった。その後、両者がどのようになったのかを見ていこう。

最終的に成立する育英組織の名称は橘蔭会であるので、このときに成立した柳河育英会とは名称が異なっている。この点も含めて、立花家の「明治三十四年家政会議事并報告書綴」[27]に合綴される会則草案四点（作成順に甲号・乙号・丙号、そして丁号と思しき草案）と、それらの草案が作成された経緯を記した「覚」を検討したい。

「覚」によれば「地方有志者協議ノ末、創立委員ヲ挙ケ」て甲号を作成し、「総会ノ容認」を得て、さらに郡費補助を請願し、郡会もそれを認可したという。右の総会や郡会に関するできごとは前述した明治三十四年一月と見なして問題なかろう。したがって甲号が作成されたのはこの時点より前になる。

甲号は「柳河育英会設立趣旨書」（活版）と条文三四条から成る。趣旨書においては「我旧柳河領内ノ子弟」の優秀な学生の中には学資に窮する者がいることが嘆かれ、彼らを金銭的に支援するように説かれる。そして育英会設立の経緯が述べられる。具体的には「柳河育英会」を立ち上げ、「在東京柳河同志会ト開脉ヲ通シ」、東京と柳川の会員で「毎月若干ノ金員ヲ醵集シ」て、その資金で右の子弟の修学を助けることを目的として、規約書を作成して立花寛治へ請願したという。その案に寛治は理解を示し、毎年一定の補助金を与えることを決定した。よって地方有志たちは寛治を総裁とし、「子弟ヲシテ此恩恵ニ浴セシノ他日有用ノ人才ヲ背出（ママ）シ、以テ国家ノ裨益ヲ謀ラント」と記す。これらの内容から柳河育英会設立の動きは柳川地方から生じたことがわかる。また、「在東京柳河同志会ト開脉ヲ通シ」とあるが、後述する乙号の内容から推し量ると、東京と柳川の関係者の間で組織の中身までは議論が詰められていなかったと考えられる。

郡域が旧柳河藩と旧久留米藩とに跨がる八女郡や三瀦郡がどのように扱われたかも検討しておかねばなるまい。立花家に残る「柳河育英会設立趣旨書」には両郡とも印刷されてはいるが、墨で抹消されている。例えば、第一条に、組織の名称は「柳河育英会」とし、構成員の居住地については「山門三池両郡~~及ヒ八女三潴両郡ノ幾部分（旧柳河領）~~」とある。また、基金の設立のために各郡に割当予定であった寄付金の徴集額の欄にも、八女と三瀦の両郡が印刷されているが、同じく墨で抹消されている。寄付金の徴収が予定されていた戸数や金額から判断すると、両郡ともに旧柳河藩領内に位置する家が対象となっていたと推測される(28)。したがって、少なくとも柳河育英会の設立を牽引した山門郡と三池郡の教育関係者は、当初は八女郡と三瀦郡の旧柳河藩領に居住する人びとに同会への参加を期待していたこと、しかし、柳河育英会を立ち上げた段階ではそれらの地域を除外したことがわかる。

このほかに、甲号の条文の特徴を見ておこう。本部を柳川に、支部を郡内の枢要の地に置くこと（三条）、会員は寄付額に応じて名誉会員、正会員、賛助会員に分けること（四条）、役員は総裁一名、会長一名、支部長二名、幹事六名、評議員一四名、町村委員若干名とする（七条）、総裁は立花伯爵（＝寛治）を推戴すること（八条）などが定められた。これらの条文から彼らの当初の組織像に東京は含まれていなかったことがわかる。

次に「橘蔭社々則草按」（墨書）と題する乙号を検討しよう。「覚」によれば、「東京有志者」に協議を要請するため柳川から曽我祐準へ甲号が送付された。これは明治三十四年一月以降であろう。そして曽我たちによって甲号が訂正されて作成されたのがこの乙号全一一条であるという。ただし、この乙号は甲号が訂正されたというよりは、甲号とは全く別な案といってもよい。

乙号は次の点で甲号とは異なる。まず、役員の名称とその人数である。乙号では、社長一名、理事一四名、幹事二名、書記二名（五条）とされている。さらに、組織のあり方も異なる。本部を柳川に、支部を東京に置き、事務は専ら東京で行うとある（八条）。これらの点と、「橘蔭社」という組織の名称から察すると、東京で作成された乙号は、前節で述べた酬義社の延長線上に位置づけられよう(29)。

このほかに、奨学金の支給対象者も異なる。乙号では、「旧柳河本支藩内」の子弟で学業に就けない者とし（一条）、対象となる学生の学校の限定（四条）、資金の管理、学生の選抜方法については別に細則を作成する（一一条）とあり、甲号と大きく隔たりがある。曽我たちが甲号とは全く異なる案を提示したということは、乙号には何らかの既存の規則が反映されたと見るべきであろう。また、「本支藩」という表現から、東京の関係者たちの結合の原理は、郡ではなく旧藩に根ざしていたことがわかる。

この乙号を受けた柳川側は「地方評議員ハ本案ニ就キ相談ノ上」、折衷案である丙号（蒟蒻版）全一五条を作成した。第一条には同会は「山門三池両郡又ハ八女郡三潴郡ノ幾部分（旧柳河藩領地）」の有志者で組織されるとある。この表記は柳河育英会の設立主体であった二郡の名称を残しつつ、東京側の「旧柳河本支藩」という領域をめぐる要求を一部受け容れた形となっている。些細な修正かも知れないがこの点は見過ごせない。三池郡全部を含めて「旧柳河藩領地」という表記が可能であったのも、本章の「はじめに」で述べた歴史的前提があったからであろう。

そのほかの修正点も見ておこう。受給対象者は、同郡中で学力優等、品行端正にして学資乏しき者に援助を行う（二条）とされた。会員は郡会議員と町村長、それに年間五円を一〇年間あるいは一時金五〇円以上を醵金する者とする（五条）。本部を柳川、支部を東京に置く（六条）。役員は会長一名、幹事二名、評議員一五名、書記本支部一名ずつ（七条）であり、会長は立花伯爵（八条）とある。また、受給資格は五年以上の期間、第一条の地域に在住する者または旧柳河藩や旧三池藩に縁故ある者で特定学校の学生（一二条）と定められた。

丙号は再び東京に送られ、それを基に丁号が作成される。そして最終的に「丁号ノ通リ折衷案同意ノ確答」を得た。丁号は丙号に若干の字句の訂正が行われた以外には特筆すべきことはないが、丙号の検討が東京のどのような面々で行われたかを窺える史料がある。永江純一の日記には、明治三十四年五月二十四日に「曽我、白仁、小野ヲ訪、育英会の事相談ス」とある。(30) また五月二十八日には立花家の東京邸に「柳河育英会之儀」について相談するため、曽我祐準、清水彦五郎、白仁武、野田卯太郎、永江純一、小野英二郎、西田敬止が集った。(31) 野田と永江を除いた五名は、明治三十二年に柳河学友会の寄宿舎建設の際に同会の学生幹事とともに立花家東京邸へ相談に訪れた面々でもあった。(32) さらに、野田と永江は三池郡出身の衆議院議員である。よって、彼らを東京における旧柳河藩出身者のこの時点での中心人物と見なせよう。そして、この五月二十八日の協議の翌日に白仁武は、山門郡長坂本久寿と三池郡長十時参吉郎に宛て次の書翰を送っている。

橘蔭会則之義ニ付、永江〔純一〕氏ニ御伝言及同人宛御差廻相成候会則修正案篤ト協議相遂候処、一同異存無之候事ニ決定候間、該件立花家へ御願出之義ハ便宜貴地ニ於テ御運被下度此段一同ニ代リ申進候、(33)

右に見える永江は単なる規則案の受け渡し役ではない。五月二十八日の立花東京邸での会合の後、永江は三池郡長の十時に対して連絡を取っている。(34) 同人は東京における山門郡と三池郡とのパイプ役であり、この事業を両郡による共同歩調で推進するための東京における舵取り役であったと考えられる。

さて規則案が確定したことにより、立花家側も最終的な意思決定を行う。明治三十四年八月五日に、同家の家政会議において、橘蔭会の基本金に毎年二〇〇〇円を一〇年間にわたり寄付する「学事ニ関スル出資按」の審議を行い、同日付で可決した。そして同月九日には立花寛治の裁可を経る[35]。右案において橘蔭会に寄付を行う理由として、寛治が「学生養成ノ儀ハ常ニ厚ク望マル、所」という点と、また前年まで中学伝習館の維持費を寄付していた点が挙げられている。前者については明確な説明を欠くため在り来たりの理由になっているが、この点は次節で別な角度から検討したい。後者については本節の冒頭でも若干説明したが、詳述しておくと次の通りである。第三部第二章でも指摘したように、立花家では明治二十年より私立尋常中学橘蔭学館の運営母体である橘蔭学会に毎年一五〇〇円を寄付し、同二十七年に私立尋常中学伝習館を直接、運営した時には年に二〇〇〇円を提供し、さらに同校が県立に移管されて以後も同額の運営資金の寄付を続けていた。明治三十二年に県立中学伝習館の運営費が福岡県より支弁されるにともない、宙に浮く二〇〇〇円が育英事業に廻される格好となった。

橘蔭会は明治三十四年十二月二十五日に、福岡県立尋常中学伝習館において立花寛治の出席のもと発会式を行った。会長の寛治が九名の評議員の指名を行い、山門郡長の坂本久寿に同会の幹事を委嘱した[36]。橘蔭会の評議会は山門郡役所で開催されており、その結果を後日、幹事が立花家の柳川邸へ報告に訪れていたようである[37]。

また、東京では、明治三十五年二月二十八日に東京支部の発会式が行われ、評議員に清水彦五郎、白仁武、立澤久雄、古賀治人、堀貞の五名が指名され、堀が幹事となった[38]。

これまでの検討から柳川における育英組織の設立の主体と組織の枠組みの関係についてまとめておこう。柳河育英会の設立を主導したのは旧藩領側の山門郡と三池郡の教育関係者であった。その点で郡の主体性の強さがうかがえよう。一方、旧柳河藩主立花家に山門郡と三池郡の二郡のみを対象とした寄付という選択肢はなかった。戦前に立花家は様々な形で寄付を行うが、その対象は国―県―旧藩―郡―村という階層になっており、自身の居住地である山門郡より広い範囲で寄付を行う場合の領域設定は旧藩であった(39)。したがって柳河育英会の結成当初は領域をめぐる枠組みは郡と旧藩で揺らいでいたと言える。しかし、以前から東京で活動していた酬義社の存在が旧藩という枠組を後押しする。同社は旧柳河藩と旧三池藩出身者たちから構成されていたため、郡という実態の領域で結合するわけにはいかなかった。したがって彼らを取り込むためにも柳河育英会は旧藩という領域設定を行うことになった。

以上のように見てくると、旧藩主家を抱える地域では結合の枠組みをめぐって郡と旧藩が併存しており、様々な力学のもとでいずれかが浮上するという構図になっていたと指摘できよう。

第三節　旧藩主家にとっての育英事業の意味

本節では育英事業の意味を、旧藩主家の側の利点に注目しながら検討したい。

第一部第一章で述べたように、大正期以降、立花家では家令・家扶に欠員が生じた際に旧藩領からの新たな人物の補充に苦心していた。また、第一部第三章では、同家では柳川在住の者が家政会議員に選任されていたが、大正期以降は新たに東京在住の官僚や教育関係者も選任されるようになったとも指摘した。繰り返すまでもないが、立花家は当主が明治二十二年に旧藩領に移住し、同地に家政の拠点を置く家である。そのような家ですら人材の供給を東京の旧藩社会に頼らざるを得なかった。これらの事実を踏まえると、東京という場で、旧藩主家が優秀な上京遊学生の学業を支援し、卒業後にはその能力を同家に還元させるという関係が成立していたとも見なせよう。

育英組織へ寄付を行う際に、将来、旧藩主家を支える人材を育成するという論理を立花家の史料からは見出せないが、それが直截的に表明されている家もある。ここではそのような事例として、旧小浜藩主酒井家を見てみたい。

酒井家では、明治三十三年十一月一日に「酒井家将来保護ノ為メ人物ヲ養成スル」ために教育部を設けて、「旧御家臣中子弟ノ前途有望ノモノ」を一〇名から一五名を養成する案が協議員会に提出された(40)。具体的には、同家の東京邸の近くに寄宿舎を設けて、一名の監督を置き、生徒に係わる費用の全部または何割かを給付するという制度であった。同案において寄宿舎を設ける理由を次のように記す。

当時御家の勤仕及関係ノ諸氏ハ皆従来酒井家ノ恩沢ヲ蒙リタル人々ノミニシテ、情誼温ナルモ今後幾多ノ星霜ヲ経ルニ随ヒ自ラ御家ニ対スル情誼次第ニ薄ク相成、御家範ニ制定セラレタル条項モ或ハ其実行出来カタキ場合ニ陥ルモ測リカタキ義ニ候得ハ、自今其情誼ヲ温ムル手段トシテ前顕ハ効力アルモノト認メ候ニ付、提出致候也(41)、

右において、旧藩主家を支えている者たちとの関係が「情誼」に基づくものであること、そして家範が制定されても家政の担い手を欠いては家の存続は必ずしも安泰ではないという危機感が反映されている点で興味深い。第一部第三章で立花家の事例を見たが、家憲や家範も作成当初は家の安泰に繋がるものとして多大な期待が寄せられた。しかし、実際には制度を設けただけで家は安泰するわけではない。家を支えてくれる担い手が必要であり、しかもそこには「情誼」がなくてはならない、というのが明治三十三年における酒井家の認識である。旧藩主家との関係を繋ぎ止めるための先行投資を行っていたといってしまえば身も蓋もない表現となるが、大名華族やその周囲の人物たちは、何もしなければ世代交代が進むにつれて大名華族や旧藩主家に対する周囲の者たちの「情誼」が薄れてゆくと認識していたことが読み取れよう。さらに、直接、藩主の存在を体感したことのある者とそれ以降の世代とでは、大名華族に対する感覚が大きく異なっていたことも意味しよう。

育英事業の受給者が将来、旧藩主家を支えるという関係はほかの育英組織でも確認できる。旧福岡藩主黒田家の「貸費生規則」(42)を見てみよう。この規則の第一条には目的として「故従二位公ノ遺志ヲ継キ学術奨励ノ為、筑前ノ学生ヲ選抜シ、東京ニ在ル筑前学生寄宿舎ニ於テ修学セシムル」とあり、第二条には貸費生となるための資格として「筑前人ニシテ修猷館ヲ卒業シ優等ノ証書ヲ有スル者」とあるほかに、性格や健康状態、家庭の経済状況が考慮される。そうした人物が貸費生に選抜されるが、規則の第三条には、「貸費生ハ修学中ハ勿論、卒業ト雖モ誠実公正ヲ本トシ、黒田家ノ安全及繁栄ヲ謀ルヘシ」とある。

このように旧藩主家による育英事業への寄付には、有為な人材の育成と同時に旧藩主家自身への将来的な還元が期待されていたことがわかる。繰り返しになるが立花家についてはこうした史料が見当たらないので、そのような意図があったかは判然としない。しかし、旧藩主家を支える人材の確保という観点から見れば、意図はなくとも、そのような関係性が成立していたことは指摘できるのではなかろうか。

おわりに

以上、本章では橘蔭会を事例として、旧藩主家による育英事業への寄付について考察してきた。はじめに掲げた疑問については各節で答えたため、その点は繰り返さない。ここでは旧藩社会という筆者の枠組みの中でこの育英組織をどのように捉えるべきであるかを述べておきたい。

旧藩主家が旧藩領に対して行った最も長きにわたる社会貢献がこの育英事業である。この点は近代における旧藩主家の特徴の一つとして指摘できよう。さらに、東京における旧藩社会全体の維持にとっても育英事業は基軸となっていたと考える。この点について学資補助を受けていた藤村作の回想は興味深い。

私はかうして一生これらの恩人達の鴻恩に感謝し奮励し、自誡して来たものである。私のこの大学卒業までは全然母兄や恩人達の遺志に真摯に従つて来たといふだけで、これ等の方々の好意、信用のまに〳〵働いて来たに過ぎない。これを封建的と罵られようとも、卑屈と誹られようともそれは意に介しない。高等学校を了へたのは、私自身の遺志の為ではなく、全く私の鴻恩を受けた方々の、庇蔭の為だと信じ、又さう考へて、一生忘れないでゐることを期してゐる。(43)

明治期の上京遊学生にとっては金銭的な援助が最も必要とされていた支援であったこと、そして周囲からの「鴻恩」こそが彼を突き動かしていたことがわかる。さらに、藤村は自らの進学を援助してくれた人びとと同郷会的組織で顔をあわせていたと想像される。そうした距離感が組織の拡大再生産に寄与したのではなかろうか。実際に橘蔭会からの援助を受けた者は就職後に会員となって同会へ寄付を行っている。

ただし、戦前における各地の育英組織については旧藩主家を介さずに郡単位で成立している場合もある。この点をどう考えるかという問題が残されているが、筆者の見通しは次のようなものである。旧藩主家の資力に頼れる地域では、彼らにも育英事業に関与してもらいたいと考えるのは当然であろう。逆に最初からそれが期待できない地域では郡単位で組織されることになる。問題は旧藩領には含まれるが、旧城下町から離れた郡である。そのような地域は当初は旧藩領の育英組織に組み込まれていたが、後年に独自に郡単位で育英事業を展開するようになると考える。(44)

註

（1）　菅原亮芳「明治期民間育英奨学事業史の一断面―旧藩系主体の団体を中心として―」（『地方教育史研究』一四、一九九三年)、中川言美「防長教育会の設立過程における『教育授産』の理念」(『教育学研究紀要』三七―一、一九九一年)、同「防長教育会による育英事業の展開―山口高等学校廃止前を中心として―」(『広島大学教育学部紀要』四一、一九九三年)、同「芸備協会による育英事業の成立と展開―奨学生採用方式の変容を中心として―」(『広島大学教育学部紀要』四二、一九九四年)、同「福山教育義会による育英事業の成立と展開」(『広島大学教育学部紀要』四三、一九九四年)、同「士族授産から育英事業への展開過程―防長教育会を中心として―」(『日本の教育史学』三七、一九九四年)、同「島津奨学資金による育英事業の成立と展開―造士館との関連を中心として―」(『地方教育史研究』一六、一九九五年)。

(2) 布施賢治「育英事業と人材観―最上育英会と旧藩意識・士族意識・実業との関係から―」(『米沢史学』二五、二〇〇九年)、同「旧山形藩士族が設立した霞城育英会について―近代山形県に旧藩を母体として設立された育英事業の検討―」(同)、同「同郷会と育英事業―村山会と村山同郷会の事例から―」(『米沢史学』二六、二〇一〇年)、同「庄内における育英事業と地域社会―青年の上京遊学の実態と彼らの育英観・庄内観を視点として―」(『米沢史学』二八、二〇一二年)。

(3) 菅原前掲論文。

(4) 藤村作『八恩記』(角川書店、一九五五年)一一〇頁。藤村が東京帝国大学に進学した際には毎月の補助額は五円になったという。

(5) 同右、九九頁。なお、旧藩出身の学士たちによる育英事業については、島津奨学資金の前身にあたる事業として旧薩摩藩出身の帝大の卒業生が中心となって明治二十六年に設立された「奨学会」が知られる(中川前掲論文「島津奨学資金による育英事業の成立と展開」)。

(6) 「酬義社之事今迄折忘れ居候」とある(「立花小一郎文書」四五八、国立国会図書館憲政資料室所蔵マイクロフィルム)。立花銑三郎は小一郎の実弟にあたる。銑三郎は留学先からの帰国の途中に三五歳で死去したため、小一郎や妻の生家の曽我祐準が同人の遺族の面倒を見た。「立花小一郎文書」に銑三郎宛の書翰が含まれるのもそのためである。

(7) (明治二十五年)九月十九日付立花銑三郎宛白仁武書翰(「立花小一郎文書」四四八)。

(8) 以下の事実関係は、(明治二十六年)九月九日付立花銑三郎宛白仁成功書翰(「立花小一郎文書」四四九)による。なお、曽我祐保は立花家家扶曽我祐正の次男。明治二十三年帝国大学法科大学政治科卒。大蔵省に入省後、秋田収税長、神戸税務

管理局長、大阪税関長を歴任する（大植四郎編『明治過去帳』東京美術、新訂版一九七一年）。

（9）〈明治二十六年〉九月十日付立花銑三郎宛立花政樹書翰（「立花小一郎文書」四五八）。山口は明治九年生まれ。同三十年第五高等学校卒、同三十三年東京帝国大学造船科卒。逓信省海事部技師などを経て尼崎船渠株式会社社長となる（『昭和人名辞典第一巻　東京篇』日本図書センター、一九八七年、原題は谷元二編『大衆人事録』帝国秘密探偵社、一九四三年）。なお右書翰には、酬義社の資金の徴収額について、他の人物の書生の話を交えながら次のように述べている。

二人之費金弐拾円、給料の百分の二を出すものとすれは現時毎月会員之給料総額千円ならざるへからす、これイムポッシブル!!、多分収税長の間違ならん、小生之差出分大分滞居候と存候、幾何差出候て可然哉、御通知奉仰候、

比率については確定できない部分もあるが、酬義社の面々は毎月、自身の給料から一定の割合を納めていたことがわかる。

（10）藤村前掲書。

（11）吉田孫一郎「備忘」明治二十八年二月二十七日条（「甲木与一郎先生収集史料　吉田文書」四六）。

（12）吉田「備忘」明治二十八年三月九日条。

（13）立花銑三郎の履歴については「立花家系図」（「立花小一郎文書」四〇三）による。

（14）〈明治二十五年〉九月十九日付立花銑三郎宛白仁武書翰（「立花小一郎文書」四四八）。

（15）銑三郎の兄小一郎の事例になるが、同人は柳川中学校において旧柳河藩士の子弟である佐伯三郎との交流が見られる（立花小一郎「送佐伯君遊于東京序」「天丘文稿（二）」〈「立花小一郎文書」三八三〉）。

（16）〈明治〉三十二年十月五日御令扶御衆中宛曽我祐正役状（「柳立」四四五六）。

（17）〈明治三十二年〉十一月三日御令扶御衆中宛曽我祐正役状（「柳立」四四五六）。佐賀県の『県教育会雑誌』第一〇号によれば、鍋島家は遅くとも明治二十五年より育英事業を行っていた（『佐賀県教育史　第二巻　資料編（二）』佐賀県教育委員会、一九九〇年、九九九頁）。

（18）明治二十年から同三十二年にかけての福岡県内の中学校については、福岡県教育百年史編さん委員会編『福岡県教育百年史　第五巻　通史編（1）』（福岡県教育委員会、一九八〇年）による。

（19）『福岡日日新聞』明治三十二年七月四、七、十一日。

(20)『福岡日日新聞』明治三十三年六月二十四日。
(21)『福岡日日新聞』明治三十三年十二月十二日。山門郡教育支会の前身である山門郡私立教育会は明治十九年に設立、三池郡教育会は設立時期は不明である。両会は福岡県私立教育会が福岡県教育会となった明治二十一年以降に県の支部会となった(小塩熊次郎編『福岡県教育会五十年史』福岡県教育会、一九三九年)。
(22)吉田孫一郎「備忘」明治三十三年十二月十三日条(「甲木与一郎先生収集史料　吉田文書」五二)。
(23)令扶「日記」明治三十四年一月十一日条(「柳立」三七三九)。
(24)『福岡日日新聞』明治三十四年一月二十日。
(25)「明治三十四年一月通常郡会決議録」(柳川市史編集委員会編『柳川市史史料編Ⅵ　山門郡行政・上』〈柳川市、二〇〇九年〉五一三頁)。
(26)「福岡県山門郡明治卅四年度歳入出予算議案」中の「第五号　明治三十四年度福岡県山門郡歳出更正予算書」(「沖家文書」E一九)。
(27)「柳立」三五一三。
(28)ただし、第二条では、支給の対象となる学生は「前条四郡中ノ学生」となっており、訂正が徹底していない。
(29)立花寛治は橘蔭会東京支部の発会式において「是迄曽我子爵ヲ始メ酬義社ヲ設ケラレ数年学生ヲ養成サレタル段ハ深ク感スル処」との挨拶文を寄せている(令扶「日記」明治三十五年三月六日条〈「柳立」三七四〇〉)。
(30)「日記」明治三十四年五月二十四日条(「永江文書」C九、九州歴史資料館所蔵)。
(31)〔明治三十四年〕六月四日付柳河令扶御中宛曽我祐正役状(「柳立」四四五七)、前掲永江「日記」明治三十四年五月二十八日条。
(32)寄宿舎建設をめぐって柳河学友会関係者と東京邸詰の家扶曽我祐正との間で次のような協議が交わされたという。
旧冬柳河学友会幹事より会場拡張之件請願ニ付、修繕費見積リ至急御回送仕候様御懸合ニ寄リ、幹事へ申談シ会員決議之上、幹事并ニ〔曽我〕祐正協議之上、模様替図面ヲ製シ、為見積本月一日〔立花家〕御扣邸へ〔曽我〕祐準、〔清水〕彦五郎、〔白仁〕武、〔小野〕英二郎、〔西田〕敬止其他幹事集会(〔明治〕三十二年十月五日御令扶御衆中宛曽我祐正役

状〈「柳立」四四五六〉）

(33) 〔明治三十四〕五月二十九日付坂本〔久寿〕・十時〔参吉郎〕宛白仁武書翰（「明治三十四年家政会議事并報告書綴」に合綴）。

(34) 永江「日記」明治三十四年五月二十八日条。

(35) 前掲「明治三十四年家政会議事并報告書綴」。

(36) 令扶「日記」明治三十四年十二月五日条。なお、橘蔭会の基本金に酬義社より受け容れた金額が計上されている。どの時点かは定かではないが会計上も東京の酬義社は橘蔭会に吸収されている（大正三年一月付「橘蔭会支部会務報告書」〈「洋館倉庫（1）」D八七―一〉）。

(37) 例えば、前掲令扶「日記」明治三十五年四月十六、二十一日条。

(38) 令扶「日記」明治三十五年三月六日条。東京で橘蔭会の評議員となった者のうち、清水と白仁は前述の通りである。明治三十六年のデータになるが、古賀は陸軍砲兵大尉、堀は東京帝大卒の逓信大臣秘書官である（「明治三十六年十二月　柳河学友会会員名簿」〈「永江文書」AB二六七〉）。なお、立澤は明治三十六年の時点では地方会員として三池郡上内村に在住しているが、肩書きは不明である。

(39) 拙稿「新たな大名華族像を求めて」（『九州史学』一五九、二〇一一年）。

(40) 以下の記述は「協議員会決議録　自明治二十九年二月至同三十五年三月」（「酒井家文庫」一八―一三、小浜市立図書館所蔵）による。

(41) 同右。

(42) 修猷学会編『修猷館再興録』（一九〇四年）七一頁。

(43) 藤村前掲書、一一〇・一一一頁。

(44) 例えば、三潴郡郷友会東京支部では、大正十年（一九二一）に寄宿舎の建設と育英事業の立ち上げを行っている（福岡県三潴郡編『福岡県三潴郡誌』一九二五年、四三九頁）。

結　論

以上、明治期の旧藩主家と旧藩社会との関係について検討した。最後に本書で明らかにした点をまとめ、その意義について述べたい。

本書では旧藩主家の意思決定の仕組みとその担い手を具体的に解明した。担い手となった人物たちを見てみると、明治前期における旧藩主家の人事には、能力主義と門閥主義との併存を指摘できる。

福沢諭吉の「門閥制度は親の敵で御座る」という警句を出すまでもなく、家柄や血統に基づく武家社会の人事のあり方は、日本近代史研究でも否定的な評価が与えられる。しかし、旧藩主家は明治になってからも門閥主義をすぐには放棄できなかった。第一部第二章でも見た通り、立花家の場合、明治十年代前半までは旧門閥家を取り込もうとした。また、家職についても、家令・家扶に旧下級藩士が登用されることはなかった。当主の代替わりや家職の世代交代を通じてその秩序は弛緩していくが、明治前期の旧藩主家の人事において旧上級藩士と旧下級藩士との間には厳然たる差異が見られる。

家職の人事にまで門閥主義が見られた理由としては、旧藩主の周辺の人々はただ有能であれば良いわけではなく、まさに旧藩主の側で働くがゆえにその立場に応じた立ち居振る舞いが求められたためと考える(2)。そのため、彼らには旧藩主の側近での勤務経験も必要であった。近世においてそうした経験を積むには家柄が重要となる。それゆえに旧藩主家の人事は当初は門閥主義を帯びていた。

ただし、門閥主義に基づくだけで旧藩主家の人事が行われたとしたら、明治前期において同家は家政を維持できなかったと思われる。したがって能力主義に基づいた人事も欠かせなかった。立花家の場合は、両者を兼ね備えた人物を取り込むことができたため、門閥主義を保持しつつ能力主義へと移行できた(1)。

また、本書では旧藩主家の意思決定の仕組みを分析したことにより、旧藩主家と旧藩社会とを誰がどのようにつないでいたかを解明した。ここでは旧藩領と東京とに分けて議論をまとめておきたい。

旧藩領においては、旧藩主家と地域経済および教育に関わる問題を検討することで、特定の旧藩士層の存在を浮き彫りにした。彼らは中老の家柄の出身で、明治初期には参政を勤める能力主義と門閥主義を満たした者たちである。明治十年代には旧藩主家内の重要な問題に対処するために顧問的な役割を与えられ、同家の意思決定に関与する。それと同時に、旧藩領においては郡長や県会議員、士族銀行や士族授産会社の重役なども兼務していた。そうした立場を活かして彼らは旧藩主家と旧藩領の両方に影響力を有することにより、旧藩領における近代化の推進役となったことを明らかにした。

特定の旧藩士層の能力の形成には、おそらくは幕末における学問の体験とも関係していると推測される。これまで触れてこなかったが、彼らはいずれも幕末の段階で洋式兵学を学んだという共通の経歴がある(3)。こうした経歴が明治期において近代化へ向けた諸制度の移入やリーダーシップの形成にも寄与したと思われる(4)。

もっとも、特定の旧藩士層の旧藩領に対する影響力については、旧藩領における旧藩士の政治的な比重の大きさを前提とする必要がある。旧柳河城下町を抱えていた山門郡は、福岡県内でも特に旧藩士の影響力が強い地域であった。

郡制施行以降の郡長には、吉田孫一郎、大村務、十時一郎の順で就任している。明治二十四年（一八九一）に初めて旧柳河藩士以外の人物が山門郡長に就任するが、この時も直前まで旧藩士でしかも立花家の家扶であった立花通誠が郡長候補に挙げられていた(5)。この人事から福岡県側は意図して旧柳河藩士を山門郡長に充てていたことがわかる。

そうした旧藩士の影響力の強さは、特定の旧藩士層のような存在が調整役として機能することと表裏の関係にあったと考える。明治十年代前半の秩禄処分とそれに関連する法令によって生じた諸問題は旧藩士たちに限定されたものであった。それゆえにこのときに旧藩主家と接触したのもほとんどが旧藩士たちであった。一方、明治十九年の中学校令による私立中学校の設立や存続問題は、旧藩士たちだけの問題ではなく、平民にも降りかかった。それでも特定の旧藩士層が旧藩主家と旧藩領地域との間に入って利害を調整できたのは、旧藩士の結集力や社会的な影響力の強さを前提として理解するべきであろう。

しかし、明治三十年代においては旧藩士という社会集団の存在や、特定の旧藩士層の影響力などは見出しがたい。旧藩士とその子弟という枠組みで集まる機会は唯一、減禄返還訴訟のときである(6)。柳川では明治三十一年に旧家老の矢島静斎ほか二一一四名の旧柳河藩士ないしその子弟が、明治初期において家禄の算出の際に上り米分を減らされたことに対して返還請求を行った。もっとも、実際の手続きは弁護士と一部の旧藩士が行い、該当者の名簿作成などは町村役場が行っていた。育英組織の設立の際にも確認できたが、この時期、旧藩領においては旧藩や旧藩士に関わる問題は、地方行政の枠組みによって処理された。そして旧藩領地域と旧藩主家との関係を取り持っていたのは旧柳河藩士ではない郡長であった。世代交代といってしまえばそれまでだが、旧藩士の子弟という形で結集する必然性もなく、また、旧藩領において両者が接触する機会も減少したこと、さらには彼らの問題を解決できる地方行政が機能しはじめたことなどの要因により、その結集力は弱まったと考えられる。

一方、東京においては、明治維新期に政府へ出仕した旧藩士のうち、社会的地位を獲得した人物が旧藩主家からの信頼も得て家政の助言者となった。彼らは旧藩領から上京してきた旧藩士の子弟をはじめとする青年たちの世話をする。そのような過程を経て彼らは東京における旧藩出身者たちの間で中心的な地位を獲得する。旧柳河藩士でいえば、曽我祐準や清水彦五郎がそれに該当しよう。ついでに記せば、その曽我と前述の吉田・十時・大村は同世代であり、両者は良好な関係にあった。明治期における立花家の家政運営が安定的に展開した要因としては、東京と旧藩領の両方向から均衡の取れた形で支えられていた点が挙げられよう。

東京の旧藩社会は、旧藩士やその子弟たちだけでなく、次第に旧藩領から上京してきた平民たちも含まれるようになる。仮に旧藩主家を中心とした旧藩社会に馴染めなかった場合には、旧藩ではなく郡単位で別な同郷会的組織を設けることも可能であった。東京において別な受け皿も出現する余地があるため、旧藩主家を中心とする東京の旧藩社会は、昭和戦前期までは同質性の高さを維持したと考える。同時代の人びとの感覚としては、旧藩という仮想の枠組みは旧藩領よりも東京の方がリアリティがあったのではなかろうか。

また、東京においては旧柳河藩士だけでなく旧三池藩士やその子弟も旧柳河藩社会に包摂されていた。単独の旧藩でもなく、筑後国といった旧国でもないこの枠組みを彼ら自身はどう表象していたか。第三部第三章の橘蔭会の設立過程において見たように、東京の関係者は「旧柳河本支藩」という表現を用いた。

近年の研究においては本藩と支藩という語句自体は近世には存在せず、近世史研究の分析枠組みとして用いることに疑義が呈されている。(7) しかし、もう一方でなぜこのような枠組みが明治期において用いられるようになったのかも検討されるべきであろう。本書の内容に引きつけて述べれば、本支藩という枠組みが前提となって、彼らは結集したわけではなく、東京での人間関係を表象する際に、歴史に根ざした形に見せるためにあえて「旧柳河本支藩」という表現を用いた点に注目すべきであろう。であるとすれば、本支藩に限らず旧藩や旧国という表象のあり方も、その枠組みを自明視せずに今一度、右のような視点で見直す必要があると考える。

このほかに、本書では旧藩主家と立身出世の社会構造とがどのような関係にあったかを論じた。

旧藩主家が近代社会で生き残るためには、明治政府によって与えられた特権や、彼ら自身が生み出した家憲ならびに家政会という制度だけでは不充分であった。旧藩主家にとって最も必要なのは、彼らを献身的に支えてくれる優秀な人材であった。明治政府に出仕した旧藩士や旧藩領において社会的地位を得た旧藩士は、まさにそうした人物に該当しよう。彼らの多くは明治維新以降も依然として旧藩主家に対して恩義を懐いていた。それゆえ彼らは大名華族より顧問や家政会議員への就任を要請された際には、その招きに応えて旧藩主家に助言を行った。また、なかには家令や家扶として直接、旧藩主家の家政に携わる人物もいた。

しかし、旧藩士たちが次第に減少し、世代交代が進むにつれて新たな世代の旧藩主家に対する情誼は、それまでの世代に比して希薄になる。そのため旧藩主家は優秀な人材の確保という問題を抱えることになった。その際に旧藩主家が依存したのが東京に形成された旧藩社会であった。

上京してきた人びとにとっても旧藩主家を中心とした東京の旧藩社会は、必要不可欠とまでは言わないが、自己の目標の実現を後押ししてくれる存在であった。そもそも旧藩主家自体が、中央と地方とを結びつける組織であった。上京遊学という行為は旧藩主家のそうした社会的機能によって支えられる部分もあった。そうした意味で旧藩主家は立身出世の社会構造と適合的であった。

さらに、本書では立花家という旧藩領に在住する旧藩主家という少数派の事例を検討した。このことは逆説的に次の点を明らかにできたと考える。繰り返しになるが、大名華族は通常、東京邸に居住しており、同地において家政会を開催していた。したがって東京に優秀な人材が集まることは、彼らにとっても望ましかった。したがって東京に拠点を構える旧藩主家が行った教育面に対する支援活動は、結果的に立身出世の社会構造を強化したともいえる。

むしろ、近代社会こそが一定規模の旧藩主家を延命させたのではないかとすら思える。明治十年代前半頃までは彼らが置かれた経済環境の変動は著しく、生き延びるために多くの労力を割かなければならなかった。しかし、立身出世の社会構造が安定化し、それと同化することで彼らは順調に優秀な人材の確保ができた。このように整理すると、（大名）華族の解体過程において、第二次世界大戦後の財産税の賦課が彼らに及ぼしたのは、経済的な危機だけでなく、教育事業への関与を極小化させたことにもなる。その結果、旧藩主家は人材供給源を失うという意味でも大打撃を受けたといえよう。

最後に今後の課題を提示して本書を終えたい。具体的には以下の三点が挙げられる。第一は、本書で指摘した論点がどの範囲の旧藩主家にまで適用できるかという問題である。序論でも指摘したように、本書は家政の維持すら困難であった旧小藩の旧藩主家については客体的に捉えている。例えば、東京において旧小藩の大名華族や士族は周辺の旧大藩や旧中藩の旧藩主家を基軸とする旧藩社会と結合する可能性を指摘した。また、当主に政治的な手腕があり、親族に旧大中藩の大名華族がいた場合には彼らの助言役をつとめたことを明らかにした。しかし、そもそも旧小藩の旧藩主家は、旧大藩や旧中藩の旧藩主家のそれと比較すると資産や人材に乏しい。場合によっては東京にも住めず、家職も雇えなかった家すらある。このような旧藩主家が旧藩社会に対してどの程度の役割を果たせたかは別途、事例の積み重ねが必要であろう（8）。

では、旧大中藩の旧藩主家についてはどうであろうか。まず、東京における旧藩社会の議論については概ね適用できると考える。多くの旧藩主家は東京に邸を構えており、また明治前期の上京遊学生や明治政府へ出仕した者たちも旧藩士ないしはその子弟であったことを踏まえれば、類似の社会が形成されたのではなかろうか(9)。この点は戊辰戦争で敗退した旧藩主家も含めることができよう。

一方、特定の旧藩士層が旧藩主家と旧藩領とを繋いでおり、地域の近代化を推進したという議論については、次のような要素を考慮する必要がある。一つは、各藩の固有の歴史である。特に幕末の政治抗争は明治期以降の社会的結合に大きな影響を及ぼしたことは想像に難くない。周知のごとく、この時期は各藩内において政治的な対立が激化し、有能な藩士たちも相次いで喪われた。そうした藩では明治期においても凝りが残り、旧藩主家の御家問題や家政内の不和の原因ともなり得た。逆に本書で扱った柳河藩では、他藩に比すると激しい政治抗争は発生せず、粛清も行われなかったため優秀な若手の人材が残った。また、明治期において旧藩士の結集の場面では目立った不協和音も生じなかったため、特定の旧藩士層の働きはスムーズであった。もっとも、この点については一概にいえない部分もあるため、今後の事例分析の深まりを期したい(10)。

第二は、自由民権運動との関係である。本書で扱った時期は、自由民権運動が各地で隆盛していた。しかし、本書では明治二十年代の地域における党派性の問題には触れたが、自由民権運動そのものとの関係についてはほとんど言及していない(11)。その理由は立花家の史料からは、同家が旧藩領の民権運動に関与した形跡はほとんど見られなかったためである。柳川地方は民権運動が盛んであった地域であり、関連する人物の史料も豊富に残るが(12)、本書ではそれを生かし切れなかった。現状においてはこの分野の研究がまとまるのを俟ちたい。

第三は、旧藩主家に関する思想史研究との融合である。旧藩主と近代をめぐる思想史の研究は近年、急速に伸展している。特に歴史意識や歴史認識をキーワードとして、近代における家史編纂、旧藩主を祀った神社の創建、歴代藩主の法要をめぐる研究などが相次いで発表されている(13)。本書では実態としての家を分析対象としたが、「御家」という観念的な家が同時代においてどう機能したかについては問題としなかった。今後は本書の成果と近年の研究の蓄積とをどう架橋していくかが課題となろう。

また、こうした問題が旧藩領内の民衆とどう関わるのかという別な課題も残されている。本書では旧藩主家側からの歴史像を描いてきたため、民衆の存在についてはほとんど言及していない。旧藩主家側の史料を見た立場からこの問題に触れるとすれば、立花家は自らの活動の際には可能な限り地域の偏りが生じないように配慮し、民衆から反感を買わないように振る舞っていたように見えた。このような視点は旧藩主家と民衆との関係を検討する上では考慮すべきであると考える。

註

（1）ただし、この議論は旧藩領を中心に見た場合である。東京においては能力主義の方が優先されたと考える。
（2）例えば、柳河藩の最後の藩主である鑑寛は、隠居して明治十一年に柳川へ戻った際に、立花家柳川邸の敷地内に御隠亭という自らの邸宅を構え、かつての御用人らを御隠亭家従として自分専属の家職とした。
（3）曽我祐準著・坂口二郎編『曽我祐準翁自叙伝』（曽我祐準翁自叙伝刊行会、一九三〇年）四五頁。
（4）この点については、鈴木淳『日本の近代一五　新技術の社会誌』（中央公論新社、一九九九年）三三〜三七頁による。
（5）江島香「明治二十年代の郡長任用問題―福岡県山門郡立花通誠の事例―」（九州史学研究会近現代史部会報告レジュメ、二〇〇八年）。
（6）同問題については、落合弘樹「帝国議会における秩禄処分問題―家禄賞典禄処分法制定をめぐって―」（『人文学報』七三、一九九四年）の研究がある。

（7）野口朋隆『近世分家大名論―佐賀藩の政治構造と幕藩関係―』（吉川弘文館、二〇一一年）。

（8）旧岩国藩の場合、旧山口藩主毛利家を中心とする長州閥に含まれつつ、旧岩国藩主吉川家を基軸として寄宿舎や育英団体が設けられた（尚友倶楽部編『吉川重吉自叙伝』〈芙蓉書房出版、二〇一三年〉の拙稿解題）。旧藩社会の形成をめぐってはこうした重層性も考慮する必要がある。

（9）ただし、東京において上京遊学生を世話していた旧藩の先達が、旧藩主家と一体化しないこともあり得たと思われる。例えば、旧尾張藩出身の上京遊学生を世話していた加藤高明は、最終的には一体化したが、当初は加藤たちと旧尾張藩主徳川家東京邸とは別なグループを形成していたという（伊藤正徳編『加藤高明』上巻、加藤伯伝記編纂委員会、一九二九年、一三八～一四六頁）。

（10）他家では、旧延岡藩主内藤家の家令小林乾一郎がそのような人物に該当すると思われる。小林については落合弘樹「廃藩置県と明治維新」（明治維新史学会編『明治維新史研究の今を問う―新たな歴史像を求めて―』有志舎、二〇一一年）七一頁で言及されている。

（11）河西英通『近代日本の地域思想』（窓社、一九九六年）第一章第四節において旧弘前藩主津軽家の対応が触れられている。

（12）一部については『福岡県史　近代史料編　自由民権運動』（財団法人西日本文化協会、一九九五年）に集録されている。また江島香氏による同書の解題も参照。

なお、令扶「日記」明治十二年一月七日条（「柳立」三七二四―四）に結社の記事が見られるので、該当箇所を引用しておく。

　陰功舎之義ハ法律為研究結社追々公益ニも相成候義ニ付、思召ヲ以テ内分御手許ヨリ当分之処、年ニ金三拾六円宛被下候、依テ今晩社員十時一郎義ニ召呼、拝領させられ候事、

右の「陰功舎」がいかなる性格の団体であるかは判然としない。鍬先騒動の際にしばしば地頭たちがこの「陰功舎」で協議を行っており、法律研究の場として十時一郎をはじめとした地主層が結集していたとも考えられる。この点は柳川地方の民権運動の発生とも関わる問題であるため結論は保留したい。

（13）　寺尾美保「公爵島津家の編纂事業と家政事情―国事鞅掌史料編纂をめぐって―」（明治維新史学会編『明治維新の新視角―薩摩からの発信―』高城書房、二〇〇一年）、日比野利信「維新の記憶―福岡藩を中心として―」（明治維新史学会編『明治維新と歴史意識』吉川弘文館、二〇〇五年）、本康宏史『『加賀百万石』の記憶―前田家の表象と地域の近代―』（『日本史研究』五二五、二〇〇六年）、宮間純一「明治・大正期における幕末維新期人物像の形成―堀田正睦を事例として―」（『佐倉市史研究』二二、二〇〇九年）、佐藤雅也「誰が藩祖伊達政宗を祀るのか」（高木博志編『近代日本の歴史都市―古都と城下町―』思文閣出版、二〇一三年）。

あとがき

本書は、筆者が二〇一三年度に九州大学大学院比較社会文化研究院へ提出した博士論文（原題「明治期における旧藩主家と旧藩士」）を加筆修正したものである。学術雑誌で既に発表したものも含まれるため、各章との対応関係を記しておきたい。なお、本書に収録するにあたっては、発表以降に見つかった史料から得られた知見も加え、全体の議論に沿う形で論旨を修正した。

序論　新稿
第一部　旧藩主家における意思決定の仕組み
第一章「旧藩主家の家政と家令・家扶─旧柳河藩主立花家を事例に─」（『日本歴史』六九九号、二〇〇六年）
第二、三章「旧藩主家における意思決定と家憲─旧柳河藩主立花家を中心に─」（『九州史学』一四六号、二〇〇六年）
第四章「明治前期における大名華族の意識と行動─立花寛治の農事試験場建設を事例に─」（『日本史研究』五七六号、二〇一〇年）
第二部　旧藩主家の財政と地域経済
第一章　新稿
第二章「明治十年代における旧藩主家と士族銀行─旧柳河藩主立花家と第九十六国立銀行の関係を事例に─」（『史学雑誌』

一二四―一、二〇一五年）
　補節　新稿
第三部　旧藩主家と立身出世の社会構造
　第一章　新稿
　第二章「明治二十年代における旧藩主家と地域社会―私立尋常中学橘蔭学館問題を事例に―」（『日本歴史』七二三号、二〇〇八年）
　第三章第一、二節「育英組織の設立をめぐる郡と旧藩―橘蔭会を事例に―」（『地方教育史研究』三四号、二〇一三年）
　第三章第三節「新たな大名華族像を求めて」（『九州史学』一五九号、二〇一一年）
結論　新稿

筆者が近代の旧藩主家研究に挑むようになったきっかけは、史料との偶然の出会いが大きな比重を占める。筆者が最初に「旧柳河藩主立花家文書」に関心を持ったのは、柳川古文書館の史料整理で立花寛治宛の書翰に接した学部時代に遡る。当初は貴族院議員立花寛治という政治史の角度から興味を抱いた。その後、大学院に進学して同館の嘱託となって「旧柳河藩主立花家文書」の目録作成の手伝いをすることになった。いざ、書庫のなかに入って史料群の概要を確認する作業をしてみると、膨大な史料の点数に圧倒された。もっとも、ざっと見た印象では、期待した政治史に関する史料はそれほどの点数ではなかった。また、経済史の分野で使われていた財政帳簿もそれなりに残っていたが、全体量からすれば微々たるものであった。では残りの史料群は何なのか？　本書は「旧柳河藩主立花家文書」の近代史料を用いて近代の旧藩主家研究という未踏の山脈を相手に悪戦苦闘した結果、辿り着いた頂きの一つである。

もっとも最初に設定した地点へ向けて一気に駆け上がったわけではない。途中で目標をより高い方へ変更したり、来た道を戻ったりするなどの紆余曲折があり、またいくつかの幸運にも巡り会えた。だが、それらを記すのは別な機会に譲り、あとがきでは関係者への謝意を述べるにとどめたい。

有馬学先生には九州大学文学部国史学研究室（当時）に進学して以来、大学院を退学するまでの長きにわたり筆者をご指導いただいた。とは言え、筆者の大学院時代の多くは柳川古文書館での史料整理と立花家の基礎的な分析に費やされていたため、なかなか研究成果を挙げられなかった。それでも無理に急かすことなく、研究の中身がしっかり固まるまで温かく見守って下さった。筆者の研究が軌道に乗り始めたのは先生が九州大学を定年退職される頃である。そのため、先生に博士論文審査の主査をお願いすることができなかった。この点は心残りであったが、本書を先生に献じることでこれまでのご指導に対する恩返しとしたい。

九州大学の中野等先生には、先生がかつて柳川古文書館に勤務されていた時代に、筆者が本研究に取り組むことを後押ししていただいた。その点で本書が生み出される原点は中野先生との対話の中にある。先生には何かと至らない点の多い筆者をいつも勇気づけていただいた。また、博士論文審査の主査をお引き受けいただき、いろいろとお手を煩わせてしまった。お礼とともにお詫びも申し上げなければならない。

現在の筆者の受入研究者である九州大学の山口輝臣先生には、研究会や飲み会で筆者の報告や思いつきを聞いてもらっている。博士論文を基に本書を書き直すにあたっても何度か相談する機会があった。自分の研究になかなか自信を持てなかった筆者が大きく前に踏み出せたのも先生のお蔭である。

右の三先生に加えて、博士論文の審査にあたっては九州大学の吉田昌彦先生、大阪大学の飯塚一幸先生に副査として加わっていただき、様々な角度から貴重なコメントを給わった。博士論文の予備審査の際には先生方と夜遅くまで西新の飲み屋で議論をした（はずである）。酩酊してしまい何を話したかはもはや記憶していないが、至福の時間であったことだけは覚えている。筆者の力量不足ゆえに、五人の先生から博士論文の審査を通じて得られたもののすべてを本書に活かすことは出来なかった。それらについては今後、研究の糧として活かしていきたい。

また、「旧柳河藩主立花家文書」が整理されなければ本書の執筆は叶わなかった。さらに、同史料群を補完する旧柳河藩士の家文書も利用できたことは、研究を進めていく上で大変有益であった。いずれも柳川古文書館の学芸員である江島香氏、田渕義樹氏、白石直樹氏のご尽力によるものである。同館は本年で開館三〇周年を迎えることになるが、本書は同館の長年にわたる営為の上にも成り立っている。あわせて同館関係者が中心となって編纂されている柳川市史からも多大な恩恵を受けたことを付しておく。

大学院という制度や史料の存在、そして筆者の意欲だけでは本書は完成しなかった。筆者の研究者としての日常性を支えてくれた人々がいたからこそ本書を為し得たとも言える。くずし字解読や学会報告の準備を手伝って下さった先輩、刺激的な質問を投げかけてくれたゼミや研究会の同席者たち、筆者の送った抜刷に毎回丁寧なコメントを寄せられる方々、調査先で夜遅くまで飲むのに付き合ってくれた研究仲間などなど、本来ならばこの場でお名前を挙げてお礼を申し上げなければならない方々も多数いるのだが、このような形で謝意を伝えることをお許し願いたい。

出版にあたっては宮内庁書陵部の内藤一成氏より吉川弘文館をご紹介いただいた。東京とは縁の薄い筆者にとって華族研究の先達である内藤氏の存在は何かと心強かった。また、校正にあたっては、伊東かおり氏、原口大輔氏のご協力を得た。各位にお礼を申し上げたい。なお、刊行には日本学術振興会の平成二十七年度科学研究費補助金（研究成果公開促進費）による助成を受けた。

最後になるが、筆者の日常を支えてくれた最も身近な方々にもお礼を述べなければならない。大学院時代は両親、結婚後は妻と彼女の実家の支えがなければ本書の執筆はおろか、研究活動を続けることすらままならなかったことは間違いない。末筆ながら深甚の感謝を申し上げたい。

平成二十七年八月二十七日

内山一幸

人名索引

あ 行

足達熊彦 ……256
安部熊次郎 ……130
阿部　胖 ……242
阿部正敬……12
阿部茂助 ……132
阿部　譲 ……240
青木周蔵……96
青山(松浦，立花)鉤子 ……9, 52, 53
青山(松浦)澄子……12
青山幸宜 ……9, 52, 86
秋月種英……12
麻生　栄 ……187
麻生作太郎 ……258
麻生道悦 ……187, 188
荒島正雄 ……223, 246
有馬頼多 ……266
安藤信守……12
安東多記 ……240
安東守男……27, 29, 37
井伊直憲……12
井出参五 ……131
井手スマ ……246
井手　昇 ……246
井上　馨 ……232
井上正巳……12
伊東祐弘……12
伊藤博文 ……2, 232
家永豊吉 ……215, 218, 232
池田謙蔵 ……100, 101, 110
池松春吾 ……138
池末信助 ……138
池末寿吉 ……215
石川一郎 ……170
石川揆一 ……129
石川熊彦 ……259
石川成秀……12
石川　某 ……177
稲葉順通……12
岩井芳三郎 ……267
岩倉具定 ……155
岩倉具視……2, 32, 41, 93, 159
宇佐益人 ……256
上杉茂憲……12
植村家壺……12
臼杵永次郎 ……223
内田逸蔵 ……256
内田政風……87
内田正學……12
内山田収……79
内山田直作 ……129
江崎源吾 ……129
海老名弾正 ……250
小笠原勁一……12
小田部栄 ……215
小野英二郎 ……224, 271
小野作十郎 ……24, 27
小野隆樹(田鶴若)……47, 57, 79
小野隆基(茂承・滝之助・若狭) ……46, 47, 50, 57, 62, 74, 75, 79, 164, 168, 174, 179, 198
小野忠三郎 ……27, 33, 34, 53, 72, 87, 88, 91, 92, 98, 128, 150, 151, 221
小野平三郎……24, 27, 34
小山田四郎 ……246
大内暢三 ……258
大城虎三郎 ……234
大城有保 ……187, 188
大城有元 ……188
大城伴九郎……24, 27, 34
大久保忠順……12
大原信義 ……267
大渕顕造 ……132
大村五郎 ……29, 36-38, 79
大村　務……27, 33, 35, 53, 63, 69, 70, 72, 74, 75, 79, 81, 164, 165, 173-176, 193, 197, 230, 238-240, 248, 253, 256, 283, 284
大屋武雄 ……246

大山　巌……96
太神(十時)雪斎　……46, 47, 50, 55, 129, 197, 198
岡　清雄……186
岡美佐夫……186
岡田謙吉……246
岡田孤鹿……42, 109, 129, 198, 240, 256
沖　健雄……79, 267

か　行

加藤高明……289
加納久宜……9, 12, 86, 89, 92, 93, 105
垣田永雄……38
勘解由小路資生……89
笠間広盾……219
笠間広達……170
風斗　實……240, 256
片山茂一郎……218
勝　海舟……85
樺島　俊……256
樺島濤来……256
樺島與三郎……73
川田権助……181
河原正治……246
神崎甚次……256
神崎　佶……267
木下俊哲……12
木下庄八……129
木原政治……215
菊池武信(島亘)……214, 215, 223
北原善平……42, 188
吉川経健……12
九鬼隆治……12
隈　徳三……210, 219, 226, 234
桑野庫三……223, 246
桑野　鋭……223
古賀(松本)新……132
古賀幸之助……132
古賀治人……272, 280
古賀巳之吉……215
古閑　定……218
小佐井顕親……129
小林乾一郎……289
小林玄海……219
小溝民右衛門……138
児玉湖一郎……258
許斐熊次郎……258
古森幹枝……263, 264
古森精一……87, 88, 106
幸丸弥次郎……24, 27, 34
近藤魯平……188

さ　行

佐伯三郎……184, 278
佐伯　操……184
佐藤熊蔵……215, 218
佐藤鎮雄……219
佐野六太……24, 27
西郷従道……92, 96
酒井忠篤……12
酒井忠一……12
坂梨　哲……258
坂本久寿……267, 271, 272
桜井正如……27
寒田勝平……185, 215
寒田　新……185
三条実美……92, 93, 159
志賀喬木……27, 33, 34
宍戸　璣……232
品川弥二郎……92
島　参郎……185, 215
島亘(菊池武信)……185, 215, 218
島津忠亮……12
島津久光……10, 86, 105
清水岩蔵……256, 258
清水岩間……188
清水聲太……238, 240, 256
清水彦五郎……55, 94, 98, 208, 210, 212–221, 223, 224, 229, 232, 263, 271, 272, 280, 284
清水平太郎……129
清水正源……188
白仁成功……186, 213–215, 218, 224, 231, 263
白仁　武……38, 76, 82, 186, 213–215, 218, 223, 224, 231, 263, 265, 271, 272, 280
新庄直陳……12
菅野省吾……215
杉孫七郎……232
杉浦重剛……231
杉森此馬……185, 214, 215, 223
杉森憲正……27, 33–35, 53, 63, 69, 70, 75, 79, 81, 82, 106, 128, 185, 198, 238–240, 242, 248, 255–257
駿河屋半兵衛……194
清光院(立花文子)……130–132
宗　重正……12

添田栄斎 ……………………………………………184
添田芳三郎 …………………………………………184
曽我祐準……38, 71, 72, 75, 82, 98, 109, 217-224, 246, 270, 271, 284
曽我祐正 ……………………29, 37, 223, 277, 278
曽我祐保 ……………………263, 264, 277, 278
園田亨逸 ……………………………………………246

た　行

田島盛治 ……………………………………………223
田中有年 ……………………………………………231
田中久勝 ……………………………………………246
田中芳男 ……………………………………………101
田中吉政 ……………………………………………157
高橋統増(立花直次)……………………86, 262
高椋金次郎 ……………………………172, 174
高椋重吉 ……………………………………………174
高椋新太郎 ……………………129, 165, 174
竹腰正美……………………………………………89
竹原藤内 ……………………………………………131
竹原波野 ……………………………160, 170, 183
竹原　苞……………………………………79, 129
武島謙三郎 …………………………………………246
武島盛美 ……………………………129, 242, 256
武田春夫 ……………………………………………246
建部秀隆……………………………………………12
立澤久雄 ……………………………………272, 280
立花鑑寛 ……8-10, 23, 24, 28, 30, 31, 34, 46, 48-51, 53, 56, 62, 69, 70, 72, 74, 81, 85, 86, 88, 93, 96, 105, 121, 130, 134, 135, 137, 138, 140-142, 146-148, 153, 160, 171, 183, 288
立花鑑虎……………………………………………45
立花鑑通……………………………………………45
立花鑑徳 ……………………………………………9
立花鑑寿……………………………………………54
立花鑑広 ……………………………………………131
立花鑑良……………………………………85, 105
立花篤翁(縫殿助・対馬) …………………46, 47
立花英子 ……………………………129, 130, 132
立花　碩 ……………………………………186, 264
立花　薫 ……………………………………47, 56
立花勝次郎 …………………………………47, 57
立花小一郎 ……185, 186, 215, 221-223, 246, 277
立花貞子 ……………………………………9, 147
立花貞俶……………………………………………45
立花茂徧……………………………………………46
立花茂官……………………………………………46
立花茂樹(松千代) ……9, 47, 49, 54, 55, 64, 101, 129, 198, 201
立花茂虎……………………………………………45
立花茂稔(辰之助・左京)………………………47
立花茂義(乙壽郎)……………………47, 57, 58
立花志津子 …………………………………………126
立花純子 ……………………………………138, 141
立花菅根 ……………………………………………129
立花(細川)清子 ……………………………9, 147
立花政一郎 …………………………………………258
立花雪叟(親郷・主計・但馬)…………………47
立花銑三郎……221, 222, 225, 226, 234, 263-265, 277
立花孝子……………………………………………9, 49
立花忠茂……………………………………………45
立花種生……………………………………………46
立花種忠 ……………………………………9, 226
立花種次……………………………………………86
立花種俊……………………………………………45
立花種恭 ……9, 52, 71, 86, 92, 93, 105, 221, 226, 228, 264
立花種政 ……………………………………221, 228
立花種善 ……………………………………46, 86
立花千恵……………………………………85, 126
立花親諦(半四郎) …………………………47, 57
立花親雄(熊五郎・峰之助・壱岐)……46, 47, 62
立花親敬(熊千代・備中・猶人) …………46, 47
立花親信 ……73, 75, 79, 129, 213, 214, 240, 254, 256, 267
立花親恒……………………………………………47
立花親徳(伊賀・駿河) ……………………46, 47
立花親英 ……………………………164, 191, 240
立花親博……………………………………………46
立花親義 ……………………………46, 47, 55, 56
立花竹翁 ……………………………………………185
立花輝子(輝徳院) …………………………54, 63
立花敏子……………………………9, 49, 126, 129, 147
立花寿子……………………………9, 49, 126, 132
立花伴雄 ……………………………9, 46, 47, 49, 55
立花友木(茂官・斎宮) ……………………46, 47
立花寛愷(伊予)……………………………46, 47, 50
立花寛篤……………………………………9, 17, 147
立花寛亮……………………………………………46
立花寛直 ……………………9, 129, 210, 212, 230
立花寛治 ……8-10, 12, 17, 21, 23, 37, 38, 42, 45, 47, 49, 50, 52, 53, 56, 60, 63, 69, 70, 72, 74-76, 82, 84-105, 107-111, 115, 119, 121, 126, 127,

130, 136, 137, 144, 147, 148, 152–154, 157, 167, 169–171, 175, 192, 199, 201, 210, 212, 217, 219, 220, 224, 238, 239, 252, 253, 257, 267, 269, 271, 272, 279
立花寛正 ……9, 47, 49, 55, 57, 58, 70, 73, 79, 85, 105, 129, 185, 210, 215
立花直次(高橋統増)……………………86, 262
立花(西高辻)春子 ……………………………9
立花汎愛……………………………46, 47, 55
立花弘樹(種整) ……9, 47, 49, 50, 57, 58, 75, 76, 174, 175, 198
立花文子(清光院) ……………………130–132
立花栄子 ……………………………9, 129, 147
立花政樹………73, 74, 79, 221, 254, 260, 263, 264
立花理子 ……………………………………9
立花通年 ……………………………29, 37, 47, 79
立花通誠(長熊・弾正・栄春)……29, 33–35, 37, 42, 46, 47, 57, 223, 246, 283
立花宗茂………………………………8, 86
立花守雄………………………………9, 49
立花恭子 …………………………9, 49, 54
立花致傳………………………………45
谷崎全二 ……………………………215
玉真正雄 ……………………………187
玉真玄澄 ……………………………187
淡輪信一 …………………………29, 37
淡輪彦三郎 ……………………27, 33, 128
淡輪雅信………………………………79
筑紫本吉 ……………185, 211, 215, 218, 231, 232
筑紫義治 ……………………………185
津軽承叙………………………………12
津田　仙………………………………88
津村永喜 ……………………………132
津村宣哲 ………………………129, 256
拓植善吾 ………………………101, 110
堤　俊蔵………………………………267
椿原基長…………………29, 53, 79, 213, 218
鶴田鹿吉 ……………………………246
戸上純庵 ……………………………188
戸上親宗 ………………………223, 246
戸田忠友………………………………12
遠山友悌………………………………12
徳川秀忠 ………………………………8
徳川義禮………………………………12
徳富蘇峰 ……………………………251
十時一郎……37, 53, 63, 69, 72, 75, 79, 91, 93, 96, 129, 171–176, 185, 197, 198, 201, 238, 242, 253, 254, 256, 283, 284
十時惟治………………………………46
十時惟昌 ……………………………47, 57
十時惟康(千代治・下総)………………46, 47, 55
十時惟恭 ……………………………129
十時惟美………………………………46
十時三郎 ……………………………29, 37
十時参吉郎 …………185, 211, 225, 230, 267, 271
十時(太神)雪斎(惟恵・長門・摂津)……46, 47, 50, 55, 129, 197, 198
十時　嵩……29, 35, 72, 73, 79, 98, 101, 110, 164, 191, 220, 222, 223, 240, 242
十時　尊………………………………79
十時虎雄 ……………………………246
十時直宿(兵庫)………………………47
十時文四郎……………………………79
十時　幹 ……………………47, 49, 56, 79
十時　允……………………………29, 37, 79
十時　貢……………………………24, 27, 34
十時雄次郎……………………………79
十時与次兵衛 ………………………131
十時　彌 ……………………………258
富安保太郎 ………………240, 250, 251, 258
豊臣秀吉 ………………………………8

な　行

内藤政潔………………………………12
内藤政學………………………………12
永江純一 ………225, 234, 240, 248, 249, 251, 271
永江慎一 ……………………………267
中嶋利平 ……………………………132
中西喜十郎 …………………………215
中西二三郎 …………………………215
中野省三 ……………………………29, 33
永松　毅 ……………………129, 132, 256
永松　伝……………………………24, 27, 34
中村小三郎 …………………………129
中村祐興 ………………………223, 246
中村常太郎 …………………………246
中村庯造 ……………………………246
中村正直………………………………85
中村松之助 …………………………130
中山忠能………………………………88
鍋島直大………………………………96
鍋島直彬………………………………12
名和長恭 ……………………………246
仁科孫六 ……………………………253

新島　襄 ……………………………………250
西田敬止 ………………………………224, 271
西田常次郎 ……………………………218, 232
西高辻信稚 ……………………………………9
西山西蔵 ……………………………………225
野田卯太郎 ……73, 225, 234, 240, 248, 249, 251, 271
野田和作 ……………………………………132
野田玄貞 ……………………………184, 188, 193
野田健育 ……………………………………187
野田健道 ……………………………………187
野田　実 ……………………………………267
野田良緒 ……………………………………188, 193
野波八蔵……………………………………27, 215

は　行

萩原治三郎 …………………………………132
橋爪六郎 ……………………………………210, 218
服部六郎 ……………………………………215
馬場久米次 …………………………………129
馬場文造 ……………………………………256
濱岡五雄……………………………………79
濱口亥三郎 …………………………………129
東原作蔵 ……………………………………129
久松勝慈……………………………………12
平野参郎 ……………………………………214, 215
福沢諭吉 ……………………………………281
福原信蔵 ……………………………221, 233, 246
藤村　作…………79, 249, 257, 258, 263, 264, 276
戸次親林……………………………………29
戸次道雪 ……………………………………8
戸次　登 ……………………………………240, 242
戸次兵吉 ……………………………………223, 246
宝珠山直 ……………………………………187
宝珠山玄琢 …………………………………187
細川興生 ……………………………………9
細川護成……………………………………12
細川行真……………………………………12
堀　　貞 ……………………………………272, 280
堀内七郎二 …………………………………128
堀田正倫……………………………………12
本多貞吉……………………………………12
本多多聞 ……………………………………169

ま　行

蒔田廣孝……………………………………12
牧野貞寧……………………………………12
益子半九郎 …………………………………128
町野詮(参郎兵衛) …………24, 27, 28, 30, 31, 40
松尾熊三郎 …………………………………194
松尾屋伊太郎 ………………………………194
松岡進士 ……………………………………267
松岡長秋 ……………………………………246
松平忠和……………………………………12
松平信正……………………………………12
松平信安……………………………………12
松平康荘……………………………………12
松平康昌……………………………………80
松平頼平……………………………………12
松本(古賀)新 ………………………………132
松浦　詮……………………9, 12, 86, 89, 92, 93
間部詮信……………………………………12
三池貞一郎 ……………………186, 198, 199, 218
三池親義……27, 35, 52, 53, 70, 73, 82, 87, 89, 94, 95, 97, 186, 198, 199, 218
三浦基次……………………………………12
三ヶ尻忠吾 …………………………………246
三原三郎 ……………………………………226
三宅康寧……………………………………12
溝田精一 ……………………………………266
宮川　渡 ……………………………………132
宮崎虎之助 …………………………………258
武藤鎮齋 ……………………………………240
毛利高範……………………………………12
毛利元昭……………………………………12
毛利元功……………………………………12
毛利元敏……………………………………12
毛利元忠……………………………………12
毛利元徳……………………………………95, 232
森　軍治……………………………………73, 240
森九郎左衛門 ………………………………131
森　忠恕……………………………………12
森　信夫 ……………………………………174, 240
森下　巌 ……………………………………246
森田利平 ……………………………………130
問注所松叟 …………………………………129

や　行

矢島生三 ……………………………………47, 56
矢島静斎(行敦・隼人・采女)……47, 55, 62, 198, 201
矢島　学 ……………………………………129
矢島　衛……………………………………24, 27, 40
矢島行治……………………………………27, 33, 34

安武　一 ……………………………………………256
柳沢(立花)貴子 …………………………………9
柳田國男……………………………………………64
山内景豊……………………………………………12
山県有朋 ……………………………………2, 232
山口真一 ………………………………264, 278
山崎貞吉……………………………………………79
山崎　高 …………………………………………128
山崎　断……………………………79, 185, 267
山崎弁之 ………………………………185, 211
山崎元栄 …………………………………………211
山田顕義 …………………………………………232
山田圓次郎…………………………………………42
山本耕造 …………………………………………258
由布鎌太郎 ………………………………………258
由布惟精(長三郎)…………………………………47
由布惟時……………………………………………46
由布惟允(九郎) ……………………27, 34, 256
由布惟義………27, 38, 73, 79, 185, 240, 248, 256, 260, 267
由布雪下(熊若・惟益・安芸)……46, 47, 55, 62, 64, 198, 201
由布武三郎 ……………………………185, 224, 246
由布真事(熊若・惟敏) ……………………47, 55
與田作造……………………………………………79
吉田武治 ……………………………29, 37, 38, 79
吉田孫一郎 ……27, 34, 35, 53, 63, 69, 70–72, 75, 79, 81, 82, 93, 96, 97, 102, 129, 150–152, 163–165, 173, 174, 176, 197, 198, 201, 210, 211, 236, 238, 240, 242, 251, 253–255, 257, 259, 264, 283, 284
吉田佐助 …………………………………………188
吉村一二 …………………………………………132
米倉昌言……………………………………………12

わ　行

分部光謙……………………………………………12
渡辺純一……………………………………………73
渡辺房之助 ………………………………………187
渡辺又四郎 …………………………129, 184, 209
渡辺村男 ………184, 209, 211, 240, 242, 256, 257
渡辺元春 …………………………………………187
綿貫寅雄 …………………………………………256
綿貫洋二郎 ………………………………240, 267
綿貫吉直 …………………219, 220, 222–224, 246

著者略歴

一九七四年、静岡県に生まれる

一九九六年、九州大学文学部史学科卒業

二〇〇五年、九州大学大学院比較社会文化研究科博士課程単位取得退学

現在、大阪経済大学経済学部准教授、博士（比較社会文化）

〔主要論文〕

「旧誼と朝臣」（『日本史研究』六五五、二〇一七年）

「贈位と旧藩主家」（『柳川古文書館開館三十周年記念誌』二〇一七年）

「『士族の商法』再考」（『大阪経大論集』七一―二、二〇二〇年）

明治期の旧藩主家と社会
華士族と地方の近代化

二〇一五年（平成二十七）十二月一日 第一刷発行
二〇二二年（令和 四 ）四月一日 第二刷発行

著者 内《うち》山《やま》一《かず》幸《ゆき》

発行者 吉川道郎

発行所 株式会社 吉川弘文館
郵便番号一一三―〇〇三三
東京都文京区本郷七丁目二番八号
電話〇三―三八一三―九一五一〈代〉
振替口座〇〇一〇〇―五―二四四番
http://www.yoshikawa-k.co.jp/

組版＝株式会社 理想社
印刷・製本＝株式会社 デジタルパブリッシングサービス
装幀＝山崎 登

ISBN978-4-642-03848-5